판데믹
히스토리

질병이 바꾼 인류 문명의 역사
판데믹 히스토리
ⓒ장항석, 2018

초판 1쇄 2018년 1월 8일 발행
초판 4쇄 2022년 1월 25일 발행

지은이 장항석
펴낸이 김성실
책임편집 박성훈
디자인 채은아
제작 한영문화사

펴낸곳 시대의창　　**등록** 제10−1756호(1999. 5. 11)
주소 03985 서울시 마포구 연희로 19−1
전화 02)335−6121　　**팩스** 02)325−5607
전자우편 sidaebooks@daum.net
페이스북 www.facebook.com/sidaebooks
트위터 @sidaebooks

ISBN 978−89−5940−665−4 (03900)

한국출판문화산업진흥원 2017년 우수출판콘텐츠 제작 지원 사업 선정작입니다.
잘못된 책은 구입하신 곳에서 바꾸어드립니다.

이 도서의 국립중앙도서관 출판시도서목록(CIP)은
서지정보유통지원시스템 홈페이지(http://seoji.nl.go.kr)와
국가자료공동목록시스템(http://www.nl.go.kr/kolisnet)에서 이용하실 수 있습니다.
(CIP제어번호: CIP2017034615)

질병이 바꾼 인류 문명의 역사

판데믹
히스토리

장항석 지음

시대의창

일러두기

1. 외국 도서명의 경우 번역되지 않은 도서에만 원어명을 병기했습니다.

2. 중국 고유명사는 신해혁명 이전의 경우 우리말 한자음으로 표기했습니다.

3. 《성경》구절이나 기독교 관련 표기는 개정개역 4판에 따랐습니다.

4. 직접인용문의 일부 고유명사와 띄어쓰기는 한글맞춤법에 따라 고쳐 표기했습니다.

5. 본문에 사용한 이미지 가운데 저작권이 확인되지 않은 이미지는 추후 확인되는 대로 적절한 절차를 거쳐 저작권을 표기하겠습니다.

질병의 역사는 생명의 역사

인류의 역사는 질병, 그리고 질병에 대한 극복과 좌절의 역사다. 이렇게 말하면 역사를 한 측면에서만 바라본다고 할지 모른다. 그러나 인간의 개인적·집단적 고통 가운데 질병만큼 시간과 공간을 초월하여 인류를 괴롭혀온 것이 없으며, 인간의 노력 가운데 질병의 고통에서 벗어나기 위해 기울인 것만큼 지속적인 활동을 찾기도 어렵다. 이뿐만 아니라 질병은 나라의 흥망성쇠를 좌우하기도 하고 더 크게는 사상적·정치적·경제적·사회적으로 문명의 모습과 역사의 향방에 지대한 영향을 미치기도 한다.

우리는 역사 속의 전쟁을 떠올리며 전율한다. 그러나 전쟁은 질병이 인류에게 준 고통에 비하면 그야말로 사소한 일에 지나지 않는다. 또한 전쟁의 비극은 그것과 동반하는 질병의 만연으로 더욱 증폭되곤 했다. 그리고 역사를 통해 의학은 그 자체의 발전을 지향하기도 했지만, 의학의 주된 목표는 언제나 각 시대마다 문제되는 질병을 극복하는 것이었다.

전성기를 구가하던 도시국가 아테네와 로마 제국 멸망의 중요한 원인으로 많은 역사가가 역병의 만연을 꼽고 있다. 14세기의 페스트(흑사병) 대유행은 중세 유럽을 끝장낸 재앙이었을 뿐만 아니라 서양의 근대를 연 중요한 요소이기도 했다.

질병은 인간의 사회적 의식에도 큰 영향을 미친다. 예를 들자면, 1980년대부터의 에이즈 대유행은 인류의 현재와 미래에 관한 암울한 전망을 낳기도 했고, 동성애자에 대한 '부당한' 핍박 등 성性과 관련한 인간의 태도에도 큰 영향을 미쳤다.

기근이 드는 경우에도 그 피해를 더욱 악화시키는 요인은 질병이다. 기근이 들면 말 그대로 먹을 것이 없어서 굶어 죽는 사람도 생기지만 그보다 더 많은 사람이 병 때문에 목숨을 잃는다. 제대로 먹지 못하니까 영양 상태가 나빠지고 이로 인해 병에 대한 저항력이 떨어진다. 정상적인 생활을 할 때라면 너끈히 견뎌낼 수 있는, 어쩌면 별것도 아닌 병에 힘없이 쓰러지고 마는 것이다. 역사적으로 악명 높은 기근이 있다. 그 하나가 1847년에 발생한 아일랜드 대기근이다. 당시 아일랜드는 주요한 식량인 감자 농사의 흉작으로 전체 인구의 4분의 1에 이르는 200만 명가량이 졸지에 사망하고 만다.

이때에도 기근 자체보다는 영양 상태가 악화돼 저항력 부족으로 병을 이겨내지 못해 사망한 사람이 더 많을 것으로 추산한다.

인류의 역사는 곧 질병의 역사라 했지만, 질병은 인류보다 몇백 배나 더 긴 역사를 가지고 있다. 이런 점에서 질병의 역사는 생물의 역사, 생명의 역사라고 말해야 한다. 인간이 겪는 질병의 바탕에는 그런 자연사적인 특성도 있지만, 인류가 문명을 이룬 뒤로는 질병의 사회사적인 측면이 더 중요한 특성으로 작용해왔다. 인류는 역사와 문명의 진전에 따라 끊임없이 새로운 질병 문제에 직면해왔으며 앞으로도 그러할 것이다.

우리나라에서도 위와 같은 관점에서 질병과 역사와 문명의 관계에 관해 서술한 책이 여러 권 나와 있는데 이 책도 거기에 속한다. 또 책마다 그 나름의 특성과 장점이 있듯이 이 책도 고유한 개성과 미덕을 뽐낸다. 갑상선암 전문가인 장항석 교수의 다양한 임상 체험과 사념이 깃든 이 책을 통해, 질병 그리고 역사와 문명에 대한 식견을 가다듬어보기를 권한다.

황상익(서울대학교 의과대학 명예교수, 대한의사학회 전 회장)

인류 문명의 숨은 지배자

현대인은 수많은 질병에 노출돼 있다. 과거에는 듣도 보도 못한 병까지 생겨난다. 몇 해 전 우리나라는 메르스MERS(중동호흡기증후군)라는 생소한 병으로 몸살을 앓았다. 언론에서는 사망률이 60퍼센트를 훨씬 넘는다는 등 연일 호들갑을 떨었다. 그 병에 걸린 사람과 같은 공간에만 있어도 감염된다는 공포가 한국 전역을 감염시켰다. 실제로 어느 모임에 환자와 함께 있던 사람들이(심지어 환자보다 먼저 참석했다 환자가 도착하기 전에 나온 사람들까지) 죄다 격리되기도 했다.

병원 근처에 얼씬하지 말라는 풍조도 사회에 번졌다. 병원에 근무하는 사람들은 저들 나름대로 전전긍긍하며 지낼 수밖에 없었다. 의학계에서도 메르스가 발생한 특정 병원 의사가 나오는 회의에는 참석하지 않겠다는 사람이 많았다. 그 병원 측에서는 학회나 사람이 많이 모이는 장소에는 직원들이 가지 말도록 조치를 취했다.

더구나 정부의 근거 없는 지침까지 생겼다. 이 와중에 정부 역시 혼란에 빠져 자충수를 둔 셈이다. 정확한 지침과 방향을 제시해 국민 안전을 위한 정책을 수립해야 할 보건복지부에서 황당무계한 권고 지침을 발표했다.

낙타와 밀접한 접촉을 피하세요.
멸균되지 않은 낙타유 또는 익히지 않은 낙타고기의 섭취를 피하세요.

이 지침은 크나큰 파장을 불러왔다. 만약 세간의 관심을 끌고자 한 것이었다면 제대로 성공했다. 요샛말로 완전 '대박'을 터뜨렸으니까. 인터넷 반응은 가히 폭발적이었다. 몇 개만 예로 들어보자.

출근할 때 당분간 낙타는 타지 말아야겠다.
오늘 통학낙타 못 타고 버스 타는 바람에 지각할 뻔.
요즘 길이 너무 막혀서 낙타 1종 따려 했는데….
휴, 정부의 조치가 아니었으면 낙타유를 마실 뻔했지 뭐야!

여기에다 난데없이 서울대공원이 낙타를 격리시켰다는 보도가 나오자 사람들은 폭소를 금치 못했다. 중동이 어딘지도 모르는 '한 국 태생'의 이 낙타는 중동 지역의 단봉낙타도 아닌 몽골 지역의 쌍 봉낙타였다. 이 모든 것은 아마도 정부가 나서서 병마에 지친 국민 을 위로하고자 '자해 개그'를 한 것이리라.

그런데 우리는 이 같은 질병에 대해 과연 얼마나 알까? 도대체 질 병은 얼마나 위험한 것일까? 전염되는 병 말고도 무수히 많은 질병 이 우리 생활에 어떤 영향을 미칠까?

과거와 달리 현대인은 거의 대부분 질병으로 사망한다. 2013년 통계청 보고서만 보더라도, 사람들이 대부분 막연하게 알고 있는 것과는 달리, 운수 사고나 기타 사고에 의한 사망은 겨우 2~3퍼센 트에 불과하고, 고의적 자해, 말하자면 자살은 5.4퍼센트로 나온다. 그 밖에는 모두 질병사에 해당한다. 자살 또한 정신적인 외상이나 질환에 의한 사고로 볼 수 있다는 점을 감안하면, 우리나라 인구의 97퍼센트는 질병으로 사망한다.

이제 현대 사회에서는 노화로 인한 질병과 물질 과잉으로 인한 질병이 더 문제다. 오래 살기 때문에 혈관이 망가지고, 이 때문에 뇌혈관질환이나 심장질환이 발생한다. 당뇨병 같은 만성병도, 몸 여기저기에 생기는 암도 이 때문이다. 우리는 과거에는 중요하지 않던 적을 눈앞에 두게 됐다.

그렇다면 예전에는 어땠을까? 물론 지금과는 매우 많이 달랐을 것이 분명하다. 의학이나 과학이 발달하지 않았기 때문에 어려움도 더 컸을 것이다. 질병은 그 자체로 무시무시했을 것이다. 인류 역사도 바꿀 수 있을 만큼.

이 책에서 이런 궁금증을 하나하나 살펴보고자 한다. 질병이 우리 인류에 미친 영향을 두루 살피고, 문명 속에 숨은 질병의 그림자를 찾는 여행을 떠나보도록 하자.

그런데 이 책을 쓰면서 첫머리를 장식할 주제를 무엇으로 할까 많이 고심했다. 시작할 때와 달리 시간이 지날수록 그리 간단한 문제가 아니라는 사실을 깨달았다. 꽤 긴 시간 동안 고심한 끝에 쓴, 다소 '딱딱'하게 느껴질 이 책의 첫머리는 질병이 무엇인지 설명하기 위한 준비 단계의 글이다.

질병은 인류 역사 이전부터, 아니 생명이 시작되는 순간부터 있었다. 질병이란 생명체가 외부 환경에 반응하는 생명 현상의 일부이기 때문이다. 예를 들어 감기에 걸리면 기침을 하거나 열이 난다. 이런 증상은 외부에서 우리 몸속으로 침투한 세균에 대항해 이를 죽이기 위해 몸이 반응하는 '생명 반응'이다. 우리 몸이 이 싸움에 이기면 며칠 이내에 증상이 가라앉는다. 그런데 독성이 강해 '생명 반응'으로 이길 수 없는 균이나 감당할 수 없을 만큼 대량의 균이 침투한 경우에는 우리 몸이 망가진다.

질병을 공부하기 전에 우리는 먼저 생물 간의 관계도 알아야 한다. 생물 간에 서로 이득이 되는 협력 관계를 '공생' 관계라 부른다. 악어와 악어새, 산호와 산호 물고기, 개미와 진딧물의 관계가 대표적이다. 그런데 한쪽이 일방적으로 희생하는 관계도 있다. 바로 '기생' 관계다. 기생 관계는 다른 생물에 침범한 생물이 숙주를 일방적으로 갉아 먹거나 이용하다 결국 죽음에 이르게 하는 관계를 말한다. 이런 생명 현상은 지구상의 어느 곳에서나 쉽게 볼 수 있다. 심지어 인간의 사회구조에도 비일비재하다. 사실 생명 현상은 태초에 인류의 시원始原이 되는 생물이 탄생할 때부터 시작돼 지금까지 이어지고 있다.

기생은 생명의 시작이자 질병의 시작이기도 하다. 5억 년 된 지층에서 오늘날 소구균이라 밝혀진 세균과 유사한 생물의 화석이 발견됐다. 3억 5,000만 년 전의 조개류 화석에서는 기생충과 외상의 흔적이 있다. 모두 기생의 증거다.

기생 외에 다른 질병의 증거도 많이 발견됐다. 공룡 화석에도 질병의 흔적이 있다. 몸집이 거대하게 진화한 이 생물은 골절이 자주 일어난 것으로 보인다. 자연 치유가 되기도 했지만, 골수염으로 진행되거나 골관절염으로 남기도 했다. 또 골종양이나 혈관종(공룡 화석에서 발견된 혈관종은 가장 오래된 종양의 증거로 인정된다)의 증거도 있다. 이처럼 공룡에게도 여러 질병이 있었으리라 추정한다.

뒤를 이어 번창한 포유류에게도 비슷한 증거가 발견된다. 역시 화석으로 남은 뼈 위주로 살펴볼 수밖에 없지만, 지금의 포유류와 마찬가지로 여러 질병이 있었으리라 추정한다.

질병은 기본적인 생명 반응이지만, 동시에 생명 자체를 위협하는 무서운 것이기도 하다. 특히 대규모로 창궐하는 질병은 한 생물군을 멸종시킬 수도 있다. 하지만 이 역경에서 살아남은 개체는 기존 개체보다 강인한 새로운 종족으로 재탄생한다. 질병으로 약한 종이 걸러져 환경에 더 잘 적응할 수 있는 종으로 진화하는 것이다. 이것이 질병의 생물학적 의미이자 질병이 생물군의 진화에 미치는 영향이다.

질병의 또 다른 일면은 사회적인 부분에 있다. 기본적으로 질병은 각 개체가 걸린다. 하지만 내가 아닌 남이 걸린 병이라 해도 그가 가족이거나 친척, 친지일 때 우리는 자기 자신이 아픈 것 같은 경험을 한다. 인간이 사회를 이뤄 살아가는 생물이기 때문이다. 사회를 이루는 근간은 결속과 이해인지라, 이런 경험은 상호 연민에서 비롯한다. 그래서 누군가 아프고 힘든 상황에 처했을 때, 그 상황을 이해하는 것은 물론 그 일이 자신에게 닥친 듯 공감한다. 또 실제 도움을 주거나 상호 협력하려고 한다. 나아가 조직적인 구제 활동을 할 수도 있고 사회제도를 새로 만들 수도 있다. 이를 테면 질병이 사회를 변화시킬 수도 있다.

이처럼 질병은 지극히 개인적이거나 생물적인 것이지만, 동시에 사회에 막강한 영향력을 휘두르기도 한다. 생명 탄생의 순간부터 존재해온 질병은 인류 역사에서 한 번도 비켜나 있던 적이 없다. 여러 문명이 일어나고 쇠퇴하는 과정에 질병이 개입하지 않은 시기가 단 한 번이라도 있었던가. 질병은 늘 인류의 주변, 보이지 않는 그림자 속에 숨어 우리에게 영향을 미친다. 과연 질병이야 말로 인류 문명의 숨은 지배자라고 불러도 손색이 없다.

우리 이야기는 바로 여기에서 시작한다.

이 책의 많은 부분은 기존에 나와 있던 여러 명저에서 자양분을 취했음을 밝힌다. 특히 윌리엄 맥닐의 《전염병과 인류의 역사》, 황상익의 《문명과 질병으로 보는 인간의 역사》, 마이클 매크론의 《이것이 서양 문명이다》, 로이 포터의 《의학, 놀라운 치유의 역사》가 큰 도움이 됐다. 지면을 빌어 감사의 뜻을 표하고자 한다.

목차

1 생명의 기원

태양의 일

생명 번개와 메데이아의 마술

어둠을 이용하는 다른 동물과는 달리 인간은 태양에 의존하는 성향이 높다. 그런데 우리는 이 '흔한 혜택'에 고마움을 잘 느끼지 못한다. 대기오염과 수자원 고갈이 화두로 떠오른 오늘날 우리 사회는 공기와 물의 소중함을 깨닫고 있긴 하지만, 태양의 '가치'에 대한 이해는 아직 미약한 수준이다. 그러나 모든 것이 태양 덕분에 존재한다는 사실을 잊어서는 안 된다.

일례로 우리가 먹는 모든 식품은 태양 에너지에서 생성된다. 태양 에너지는 식물 엽록체의 영양분 생성에도 필수적이다. 식물을 먹이로 삼는 초식동물에서 초식동물을 먹이로 삼는 육식동물로 이어지는 먹이사슬의 근간에도 바로 태양이 있다. 바다에서도 태양은 플랑크톤의 성장과 증식이 일어나게 해 먹이사슬을 비롯한다.

에너지는 어떤가? 과거 태양의 혜택으로 세상을 뒤덮은 식물과 동물이 땅속에 묻혀 광물화한 것이 석탄과 석유다. 조금 다르기는 하나, 전기 또한 기본 동력을 태양에서 얻는다. 화석 에너지는 물론이고, 태양열이 데운 대기의 움직임으로 생기는 바람의 에너지나 빗물이 모인 강물의 에너지로 전기가 생성된다. 원자력 발전의 경우에도 전기를 생성하는 물질과 과정의 대부분이 태양 없이는 만들어지지 않는다. 이처럼 지금 우리가 영위하는 모든 것, 심지어 무기물로 구성된 건축물조차도 태양 없이는 존재할 수 없다.

그런데 무엇보다도 태양은 지구에 생물을 출현시켰다. 많은 민족이 태양을 신으로 삼는 행위가 얼토당토않은 일이 아닌 이유가 여기에 있다. 태초의 지구는 이글이글 끓는 가마솥 같았다(물론 태양이 비치지 않으면 금방 얼어붙고 말았겠지만). 말하자면 하루에 두 번씩 끓었다 얼어붙기를 반복했다. 지구 표면의 모든 물질은 그야말로 곰탕처럼 걸쭉하게 들끓었다. 그렇게 시간이 오래 지나자 물질이 서로 반응하기 시작했다. 무기물질이 복잡하게 반응하자 덩치가 큰 유기화합물로 변했다. 물질은 단순 분자에서 복잡한 구조와 극성을 지닌, 고차원적인 반응이 일어날 수 있는 상태가 된 것이다.

바로 이 장면에서 생명이 출현할 수 있었다고 과학자들은 말한다. 비록 펄펄 끓었겠지만 물이 존재했고, 다양한 독성 물질이 가득 찬 대기와 오랜 세월 축적된 유기화합물이 뒤섞인 배지培地에 우연히 에너지가 공급되자 생명의 시초가 되는 존재(더 이상 '물질'이 아니다)가 생겨났다.

이를 처음 주장한 사람은 러시아 학자 오파린이었다. 1922년 그는 기존의 생명 발생설을 정면으로 비판하는 전혀 새로운 학설을 《생명의 기원》이라는 책에 발표했다. 그는 원시 지구의 바다에서 생명의 근원인 아미노산이 형성됐고, 이 구조가 모여 좀 더 복잡한 구조의 유기물 복합체인 코아세르베이트가 형성됐다는 가설을 세웠다. 그리고 이 유기체는 산소 없이 생육한다고 주장했다.

오파린의 이론은 원시 지구의 대기에 산소가 희박하고 독성 물질이 가득해 생명이 살 수 없다는 반론을 잠재웠다. 물론 그의 주장이 100퍼센트 다 맞지는 않다. 원시 지구 환경은 그가 주장한 것과는 달리 환원성 대기도 아니었다. 그러나 오파린의 이론은 30년 뒤 실험으로 증명됐다. 미국의 젊은 과학자 밀러가 세상을 깜짝 놀라게 한 실험에 성공한 것이다.

우리나라가 전쟁으로 한참 고난을 겪고 있을 때인 1952년이었다. 당시 겨우 스물세 살 청년이던 밀러는 하루에도 두 번씩 달아올랐다 식는 원시 대기와 바다를 실험실에서 비슷하게 재현해냈다. 원시 대기의 성분인 수증기, 암모니아, 메탄, 수소가 모인 방을 만들어, 고압 전류로 인공 번개가 내리치게 했다. 그러자 실험기구 안에 처음에는 없던 유기화합물이 일주일 만에 생겨났다. 그 유기화합물에는 아미노산도 있었다. 연이어 다른 과학자들도 생물체에 반드시

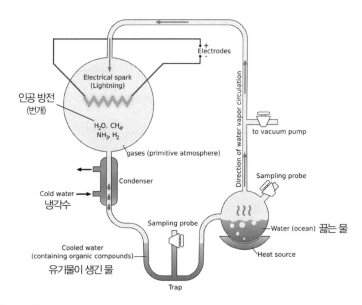

인공 방전
(번개)

Electrical spark
(Lightning)

Electrodes

H_2O, CH_4,
NH_3, H_2

gases (primitive atmosphere)

to vacuum pump

Direction of water vapor circulation

Condenser

Cold water
냉각수

Sampling probe

Sampling probe

Water (ocean) 끓는 물

Cooled water
(containing organic compounds)
유기물이 생긴 물

Heat source

Trap

밀러의 실험장치

필요한 아미노산과 핵산이 합성될 수 있음을 실험으로 증명했다.

이 실험에서는 모든 것이 '우연히' 함께 모여 있어야 하며 적절한 시간에 번개가 내리쳐야 한다는 점이 중요하다. 생명이 탄생하는 조건은 그야말로 경이로울뿐더러 과학적으로도 지극히 어렵고 확률적으로도 불가능할 정도다.

아무튼 에너지가 가장 중요하다. 모든 게 다 섞여(갖춰져) 있는 '솥' 안이라고 해도 갑자기 생명이 툭 생겨나지는 않는다. 결정적

메데이아가 펠리아스 왕의 딸들을 속여 펠리아스 왕을 죽이는 장면

계기가 없다면 말이다. 과학자들은 태양을 결정적 계기로 꼽는다. 태양이 번개(에너지)의 근원이기 때문이다. 물론, 화산 폭발 등 다른 요인을 꼽는 과학자도 있다.

　이 대목에서 나는 그리스 신화를 떠올렸다. '메데이아의 솥' 이야 기다. 콜키스 왕국의 공주인 메데이아는 고금을 통틀어 가장 독보 적이자 전설적인 마녀였다. 이아손이 숙부인 펠리아스 왕의 명령을 받고 황금 양피를 찾기 위해 콜키스를 방문했을 때, 메데이아는 이

아손과 사랑에 빠졌다. 이아손이 황금 양피를 얻을 수 있도록 도와준, 사랑에 눈이 먼 순진한 공주였다. 처음에는 말이다.

그러나 펠리아스 왕이 이아손의 아버지 아이손을 죽였다는 말을 듣고는, 왕의 딸들을 속여 왕을 가마솥에 넣고 삶아 죽이는 악독한 본성을 드러낸다. 앞서 메데이아는 늙은 양을 잘게 썰어 가마솥에 넣고는 주문을 외워 젊은 양으로 되살리는 것을 보여주어 딸들을 유혹한 뒤, 펠리아스 왕에게는 젊게 하는 마술을 쓰지 않고 그냥 끓어 죽게 만들어버렸다.

바로 결정적인 한방, '마술'이 있어야 젊은 양이 튀어나온다. 생명 탄생의 순간에 내리친 번개, 즉 '에너지'가 메데이아의 마술과 같다. 에너지가 세상을 연 것이다.

태초에 "빛이 있으라!".

《성경》 구절처럼 모든 것은 태양에서 비롯한다.

뭐니뭐니 해도 외계 기원설이 가장 매력적이어서, 많은 문학 작품이나 영화에 소재로 애용돼왔다. 외계의 폭발로 또는 혜성 등에서 지구로 떨어진 별똥별에 묻어온 생명 물질, 예를 들어 DNA나 핵산 같은 것에서 지구 생명체가 비롯했다는 가설에서부터, 외계의 지적 생명체가 직접 지구에 생명체를 이식했다는 가설이 있는가 하면, 우리 자신이 바로 외계에서 피난 온 (혹은 이주해 온) 생물이라는 가설도 있다.

이런 소재를 다룬 영화에 〈2001 스페이스 오딧세이〉가 있다. 이 영화는 단순하고 약한 동물에 불과한 인류가 어떻게 진화해 지구를 지배하고 우주까지 넘보게 됐는지 조명한다. 외계의 지적 존재가 선택한 유인원이 뼈 조각을 집어 들고 공격성과 지배 의식을 깨닫는 장면과, 유인원이 던진 뼈가 우주의 비행체로 변하는 장면 전환이 압권이다. 도구를 사용하면서 미래가 열리고 우주에까지 진출하게 됐음을 의미한다.

〈미션 투 마스〉라는 영화도 있다. 혜성이 충돌해 멸망하는 화성에서 모든 화성인이 탈출한다. 그런데 우주비행선 하나가 원시 지구를 향한다. 우주선에 실린 DNA가 원시 지구의 혹독한 환경에서 생명체를 탄생시켜 오늘날 다양한 생물로 진화했음을 보여준다. 즉, 지구인은 화성인의 후예라는 내용이다.

최초의 침입자

우리는 앞 장에서 생명의 탄생을 목도했다. 극한의 환경에서 찰나의 불꽃이 튀는 지극히 우연한 순간에 생명이 생겨났다. 이때 생긴 생명체는 구조가 매우 단순해 하루하루 연명하기에 급급할 정도였다. 그러나 지구의 환경은 여전히 혹독했다. 수많은 생명이 도태됐고 새로 태어나는 생물도 이런 환경에서 살아남을 수 있을지 미지수였다.

그러던 중 우연한 계기로 '그 일'이 시작됐다. 우리 '생명의 선조'에게 매우 특별한 일이 발생한 것이다. 한 작은 생명체가 우리의 조상이 될 세포에 우연히 침범한 사건이었다. 굉장히 우연한 일이었지만 위대한 시작이었다. 그 침입자는 바로 우리 몸에서 에너지 생

산을 담당하는 미토콘드리아였
다. 제대로 된 핵도, 세포질의
구분도 없었지만 이 '생물체'는
독자적인 DNA를 가졌다. 우리
몸의 세포와는 전혀 상관없는
자신만의 독립적 유전 체계를
지닌 것이다.

미토콘드리아

　미토콘드리아는 처음 탄생할
당시 원시 지구의 여느 생명체
처럼 약해 독자 생존이 어려웠다. 그러나 다른 세포 내로 들어가 그
일원이 된 뒤 끊임없이 에너지를 생성하고 숙주 세포를 발달시켰
다. 미토콘드리아가 생성한 에너지에 힘입어 처음에는 자발적으로
운동조차 할 수 없는 단순한 세포 생물이 거대 세포로 성장했다. 그
리고 단세포생물에서 다세포생물로 진화했고, 스스로 움직여 더 좋
은 환경을 직접 찾아갈 수 있었다. 바로 기적의 시작이자 우리 인류
의 출발점이었다.

　비슷한 사건이 식물에게도 일어났다고 생각하는 사람이 많다. 미
토콘드리아와 유사하게 엽록체가 생물과 공생하면서, 그 생물이 식
물로 진화했다고 본다. 물론 식물에도 미토콘드리아가 있으므로 이
사건은 미토콘드리아와의 공생이 일어나고 시간이 더 흐른 뒤에 발
생했다는 주장이다.

미토콘드리아의 침입(공생)과 에너지 창출에는 또 다른 중요한 의미가 있다. 세상의 모든 사물은 에너지가 높은 쪽에서 낮은 방향으로 흐를 수밖에 없다. 이것이 물리학에서 말하는 열역학 제2법칙이다. 지구뿐만 아니라 우주 전체를 보더라도 이 법칙을 거스를 수 있는 것은 아무것도 없다.

그런데 이에 위배되는 현상이 있다. 바로 진화다. 매우 단순한 미생물이 덩치 큰 고등 생물로 진화했다는 진화론의 치명적인 약점이기도 하다. 이에 대해 진화론자들은 "생명 현상을 단순히 에너지 차원으로만 판단하는 것이 불합리하다"라는, 뭐랄까, 조금 궁색한 논리를 펼 수밖에 없었다.

오늘날에는 미토콘드리아에 해답이 있다고 여겨진다. 비록 열역학 제1법칙에 위배되지만, 공생과 증진된 상호 발전적 협력으로 생성된 에너지가 자연의 법칙을 극복하고 진화를 가능하게 했다는 생각이다. 말하자면 현재 우리의 삶은 미약하고 작은 미토콘드리아에 빚지고 있다는 말이다.

우리의 기원이 어디일까. 이 의문은 누구에게나 있다. 종교적 신념이 투철한 사람은 인간이 하나님의 선택된 자손이라고 초지일관 믿을 테지만, 그렇지 않은 (다소 불경한) 나 같은 사람은 과학적 근거에 좀 더 목마르기 마련이다. 사실 아직까지는 인류의 기원이 이렇다 하고 속 시원하게 확언할 수 있는 사람이 없다. 결정적인 연구 역시 없다. 이런 까닭에 인간의 기원을 다룬 무수히 많은 책이 여전히 스테디셀러로 자리하고 있으리라.

2001년 옥스퍼드 대학의 유전학 교수인 브라이언 사이키스는 아주 흥미로운 주제를 다룬 책을 냈다. (그는 고대 인류의 유골에서 DNA를 추출하는 연구 결과를 《네이처》에 발표했으며, 인류의 가장 완벽한 DNA 가계도를 만든 일로 유명하다.) 그가 쓴 책은 바로 《이브의 일곱 딸들》이다.

우리는 아이가 어머니, 아버지를 반반씩 닮는다고 생각한다. 실제로 우리의 핵은 부계, 모계 유전자를 공평하게 물려받는다. 그런데 세포질과 그 내부 구조는 어머니(난자)에게서 유래하기 때문에 어머니를 조금 더 닮을 수밖에 없다. 미토콘드리아는 오로지 핵 물질만을 전달하기 위한 구조로 이루어진 정자로는 전달되지 않고 난자의 세포질에서만 전달된다. 결국 모든 양성생식 동물의 미토콘드리아는 어머니, 즉 모계에서 유래한다. 사이키스는 이 점에 착안해 연구했다.

아름다운 얼룩무늬를 가진 애완용 햄스터는 모두 1930년 영국

《이브의 일곱 딸들》 원서 표지

의 연구팀이 시리아에서 발견한 몸집이 큰 시리안 햄스터의 자손이다(최근에는 다른 지역에서 유래한 햄스터도 있다). 사이키스는 이처럼 계보가 확실한 생물군의 미토콘드리아 DNA를 조사했다. 세계 각지의 햄스터의 미토콘드리아 DNA를 역추적해 그 조상 DNA로 귀결되는지를 관찰한 것이다. 실험은 대성공이었다. DNA는 정확하게 모계를 짚어 올라가 최초 조상인 시리안 햄스터로 귀결했다.

이 실험을 근거로 그의 연구팀은 세계 전 인류의 유전자 검사를 시행했다. 핵 유전자로는 종잡기 힘든 인류의 계통 연구가 미토콘드리아 DNA 정보를 추적하자 놀라운 결과를 도출했다. 연구팀은 세상의 모든 인류를 일곱 미토콘드리아군으로 분류할 수 있음을 밝혀냈다. 말하자면, 우리는 일곱 명의 여성에게서 유래한 것이다. 물론 이들 역시 최초의 어떤 여성에게서 유래했겠지만 누구인지 알 수 없으니 그를 '이브'로, 인류의 조상이 되는 일곱 여성을 '이브의 일곱 딸'로 칭했다.

가끔 영화에서도 유사한 관점을 볼 수 있다.

조지 루카스 감독의 유명한 영화 〈스타워즈〉 시리즈에서 제다이가 되기 위한 조건으로 미디클로리언 수치가 높아야 한다는 대목이 나온다. 〈스타워즈 에피소드 1〉의 주인공인 어린 아나킨 스카이워커(후일의 다스 베이더)의 미디클로리안 수치가 무려 27,700으로 요다(17,700)보다 월등히 높았다. 그의 아들인 루크 스카이워커도 겨우 12,500밖에 되지 않았다.

그런데 대체 이것이 다 무슨 소린가? 나는 제다이 사회의 인사말에 주목했다. 그들은 주로 "May the force be with you!"라고 인사를 했다. 즉, 제다이는 힘을 최대선으로 추구한다. 그런데 그들의 일원이 되기 위해서는 세포 내 미디클로리언 수치가 높아야 한다. 힘과 에너지, 이 둘은 물리학적으로 동일하다. 단위도 같고 값도 동일하다. 그럼 힘을 생성하는 근원이라는 미디클로리언이 무엇이겠는가? 바로 에너지를 생산하는 미토콘드리아가 아닐까?

내가 비록 조지 루카스 감독과 친분(?)이 없어서 직접 물어보지는 못했지만, 아마도 그는 미토콘드리아를 알고 있어서 이런 설정을 한 것이 아닌가 짐작한다.

생명체, 상륙하다

앞서 말했듯, 지구상에 생명이 탄생한 것은 지극히 우연적이자 극적이었다. 천재일우의 기회를 잡아 생명이 탄생한 것이다. 하지만 지구에 생물이 생명과 에너지를 발전시킬 수 있는 조건을 갖추었다고는 하나 여전히 지구는 생명이 살기에 적합하지 않았다.

지구를 향해 쏟아져 내리는 태양 광선은 무서운 것이었다. 생명을 생겨나게도 했지만 겨우 목숨을 유지하는 미생물을 죽이기도 했다. 특히 자외선 양은 오늘날 지구 환경과는 판이하게 달랐다. 살갗을 보기 좋게 태닝하는 정도가 아니라 아예 조직을 태워 없애는 수준을 훨씬 넘었다. 말하자면 자외선 살균기 같은 환경이었다.

생물은 자외선에 그대로 노출되는 육지에서는 생존할 수 없어,

자외선이 조금이라도 차단되는 물속에서 살았다. 수면에서조차 생존 가능성이 거의 없었다. 그나마 깊은 물속에서 겨우 살아남은 생명체는 끊임없이 증식하고 호흡하면서 산소를 생성하기 시작했다(초기의 생명체는 지금의 생물과는 달리 유독한 황화화합물 등으로 대사했지만, 점차 남조류와 유사한 식물로 진화 발전하면서 지금의 식물과 동일하게 이산화탄소를 흡수하고 산소를 배출했다).

원래 지구의 대기에는 산소가 거의 없었다. 지구 탄생 뒤 40억 년이 지난, 지금으로부터 4억 년 전쯤에 이르자 바다에서 증식한 생명체가 생산한 산소가 지구 대기의 약 40퍼센트를 구성하게 됐다. 대기층 상부로 올라간 산소 분자는 태양 광선의 에너지에 의해 오존으로 전환돼 대기층 외곽에 두터운 오존층을 생성했다(산소O_2는 원자 두 개가 결합한 형태이나, 오존O_3은 산소 원자 세 개가 결합한 형태다. 오존은 자연 상태에서 쉽게 생성되지는 않으나 매우 높은 에너지가 공급되면 합성될 수 있다. 짧은 시간 기체 상태로 존재하다 곧 산소 분자로 환원된다). 자외선을 막아줄 안전한 방어막이 지구를 감싼 것이다.

지구 전 지역에 비로소 생명이 살 수 있는 환경이 갖춰졌다. 깊은 바닷속에서 나와 다른 신세계를 향해 생명이 발전할 시간이 된 것이다.

이렇게 지구의 생명체는 스스로 길을 열었다. 가까스로 목숨을 보존할 수 있는 깊은 물속에 숨어 산소를 생산한 덕분에 지구는 생명이 넘치는 행성이 됐다.

시간이 흘러 육지를 먼저 점령한 생명체는 식물이었다. 지금도 녹조가 심할 때면 강변이나 해안에 끼인 부유 해조류를 볼 수 있다. 아마도 처음에는 생명체가 그런 방식으로 공기 중에 모습을 드러냈을 것으로 판단한다. 화석 증거에 따르면, 오르도비스기(5억 900만 년 전~4억 6,000만 년 전)에 찾아온 빙하기 때 해수면이 낮아져 바다가 육지화하자, 노출된 식물은 살아남기 위해 진화할 수밖에 없었다. 바로 이 시기에 식물이 상륙했다고 본다.

식물은 내리쬐는 강렬한 태양빛에 무방비로 노출됐다. 물속과는 다른 환경에서 몸 속과 겉의 형태를 지지하고 보호할 구조를 가진 개체로 진화한 식물만이 살아남아 육상식물의 조상이 됐다(표면을 감싸는 보호막 역할을 하는 큐틴cutin과 형태를 유지하는 지지대 역할을 하는 리그닌lignin이 결정적이었다). 시간이 더 흘러, 수많은 실패를 거듭한 끝에 선구적인 식물이 땅에 포자를 뿌리고 새싹으로 자라났다. 이제 지구는 땅도 온통 초록색 생명으로 가득 차게 됐다.

처음 지구에 생물이 등장한 시기를 정확하게 알 수는 없다. 다만 최초의 단세포 진핵생물eukaryote의 화석이 약 18억 년 전의 지층에서 발견된 점으로 보아 그 시기가 그보다는 이전이라고 추측한다. 약 10억 년 전부터는 다양하고 복잡한 형태의 진핵생물이 출현하는데, 이때 생물은 식물이라고 하기에도 동물이라고 하기에도 적절하지 않은 중간 형태를 띠었다. 이로부터 동물이 갈라져 나왔다.

약 5억 년이 더 지나 캄브리아기(5억 7,000만 년 전~4억 8,800만 년

전)에 이르자 다양한 동물이 출현했다. 다세포생물과 고착형 동물(산호, 말미잘 같은 강장동물)뿐만 아니라 운동하고 위치를 바꿀 수 있는 진정한 의미의 동물이 출현했다. 이 시기에 가장 번성한 동물은 삼엽충이다. 삼엽충은 마치 새우나 전갈, 지네 등을 섞어놓은 듯한 모습이지만, 지금의 갑각류(새우, 게 등)나 절지동물류(곤충과 거미류)와는 조금 다르다. 비록 외피가 형성됐으나, 바다를 벗어나 대기 중에서 생활할 수 있을 만큼은 아니었다.

시간은 계속 흘렀다. 식물이 먼저 상륙해 산소가 더 풍부해지자 뒤이어 육지에 출현한 생물은 진화한 절지동물이다. 이들은 든든한 외피로 무장했고, 대기 중의 산소를 직접 호흡했다. 이미 번성한 식물과 풍부한 산소 덕분에 다양한 종으로 진화하고 개체 수도 늘었다. 크기도 커져 석탄기(3억 6,000만 년 전~2억 8,000만 년 전)에 이르자 날개 길이가 75센티미터에 달하는 거대 잠자리 메가네우라가 나타나는 등, 거대 곤충으로 육지가 온통 왁자지껄했다.

하지만 이들은 우리와는 직접적 관련이 없는 생물이다. 우리의 선조는 척추동물인 어류로 보아야 한다. 실루리아기(4억 5,000만 년 전~4억 년 전)가 되자 물속에서 최초로 턱이 있는, 말하자면 '물고기'라 불릴 만한 생물이 나타났다. 절지동물이 본격적으로 육지에 상륙한 데본기(4억 년 전~3억 6,000만 년 전)가 돼서야 제대로 모습을 갖춘 어류가 물속을 노닐게 됐다. 데본기 후반기가 되자 열악한 환경이나 포식자를 피하기 위해 늪에서 늪으로 이동하는 물고기 종류

메가네우라 화석

에서 양서류가 진화해 갈라져 나왔다. 시간이 지나 이들 가운데 파충류로 진화할 가능성이 있는 생물이 출현했다. 이윽고 곤충의 진화가 절정에 달한 석탄기가 되자 파충류가 지구상에 모습을 드러냈다. 파충류 일부는 현재까지도 모습을 그대로 유지하고 있지만, 어떤 부류는 다들 잘 아는 것처럼 어마어마한 크기로 진화해서 한때지구를 호령한 공룡이 됐다.

진화의 역사에는 우리가 잘 모르는 부분이 많다. 공룡이 멸종되고 나서야 포유류가 나타났다고 대부분 알고 있는데, 실제 파충류가 번성할 무렵에 디메트로돈 같은 포유류형 파충류가 가장 먼저번성했다. 이들로부터 포유류가 일찌감치 진화해서 갈라져 나왔다.

디메트로돈

공룡의 진화와 거의 같은 시기에 포유류 역시 독자적으로 진화한 것이다. 하지만 공룡이 활보할 무렵에는 이들에 밀려 몸집이 작은 포유류만 겨우 살아남아 '시기'를 기다리고 있었다.

진화의 길은 멀고도 멀다. 인간에까지 이르려면 책 수권을 써도 지면이 모자랄지 모른다(아직 몇억 년이 남았다). 그래서 장구한 지구 생명의 진화는 이쯤에서 접어두고 우리 인류가 출현한 극적인 시기로 바로 가보도록 하자.

2 인류 여명기

질병과 마주하다

찰스 다윈의 여행

인간의 기원은 무엇일까. 이 질문 역시 끊임없이 반복됐지만 아직도 명확한 답은 알 수 없다. 세계 곳곳에 천지창조와 시원에 관한 신화가 무수히 많은 점만 보아도, 이 궁금증은 풀리지 않는 인간의 화두였음이 분명하다.

처음에는 아주 소수의, 그러나 아주 용감한 과학자 몇몇이 '진화'라는 개념을 생각했다. 생물이 간단한 형태에서 복잡한 형태로 진화한다는 생각은 1800년대 초부터 여기저기 퍼져 있기는 했다. 그러나 어느 누구도 선뜻 이 사상을 정립한다거나 구체화할 엄두를 내지 못했다.

찰스 다윈은 겨우 스물두 살에 비글 호를 타고 여행하면서 진화

찰스 다윈

라는 개념을 정립했다고 한다. 하지만 그가 처음부터 잘 짜인 이론을 수립한 것은 아니었다. 6년간의 항해에서 수집한 자료를 모아 정리하면서도, 진화가 일어난 것은 분명한데 도대체 왜 일어났는지를 그는 확신할 수 없었다.

그렇게 7년이란 시간이 지나갔다. 1838년에 다윈은 40년 전 토머스 맬서스가 쓴 《인구론》을 우연히 읽게 됐다. 이 책의 요지는 인구가 늘어나는 속도가 식량이 늘어나는 속도보다 늘 빠르기 때문에, 인간은 항상 굶주림·질병·전쟁을 경험할 수밖에 없고, 결국 인구가 줄어든다는 것이다. 바로 이 대목에서 다윈은 '대오각성'한다. 비로소 그는 생물에도 이와 같은 현상이 일어나 환경과 역경에 가장 잘 적응하는 생물만이 살아남아 종의 변화를 일으킨다는 가설을 정립할 수 있었다.

결정적 근거를 확보했고 논리에 허점이 없어 바로 논문을 낼 수 있는 만반의 준비를 갖췄다. 그런데 다윈은 매우 신중했다. 자신의 이론이 종교적 거부감을 불러일으켜 크나큰 역풍에 휘말리리라는 점을 정확히 알았다. 그래서 그는 무려 20년을 더 자료를 수집하면서 반박할 수 없는 증거를 찾으려 노력했다. 주변에서 빨리 책을 내라고 재촉했지만, 그는 진중하게 더 많은 증거를 모았다.

다윈의 책 《종의 기원》은 단일 저자로 발표됐다. 그런데 이보다 1년 앞서서 다윈의 학설은 두 명의 공동저자로 발표됐다. 오랜 시간 동안 다윈이 조심스럽게 준비하고 숙고할 무렵, 알프레드 윌리스라는 영국의 박물학자가 지구 곳곳을 여행하면서 생명체가 지역마다 어떻게 다른지를 관찰하면서 그 나름의 진화 이론을 정립하고 있었다. 그가 보르네오에서 말라리아로 앓아누워 꼼짝도 못할 때 지루함을 달래려고 책을 한 권 집어 들었는데, 바로 《인구론》이었다. 윌리스 역시 다윈과 똑같은 놀라운 경험을 해 진화론을 정립했다.

이때가 1858년, 말하자면 다윈의 '대오각성 시기'보다 20년이 늦은 셈이다. 그런데 윌리스는 다윈보다 성격이 급하고 야심만만한 사람이었다. 핵심에 도달했다는 느낌이 들자마자 그는 바로 무서운 속도로 논문을 쓰기 시작해 단 이틀 만에 탈고했다.

자신의 이론을 검증받고 싶어 한 그는 당시 이미 유명하던 다윈에게 이 논문을 보냈다. 1858년 6월, 이 논문을 받아 본 다윈은 크게 충격받았을 것이다. 자신의 생각을 이미 버젓한 논문으로 완성한 사람이 있으니 말이다. 다른 학자였다면 윌리스의 논문을 무시하고 자기 논문 출판을 서둘렀을 가능성도 있다. 과거뿐만 아니라 지금도 후배나 제자의 업적을 가로채 자신의 것으로 삼는 '관행'이 비일비

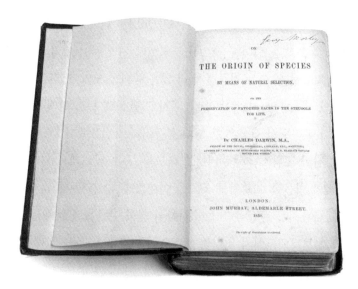

《종의 기원》

재하지 않은가. 하지만 다윈은 그런 치졸한 인간이 아니었다.

그는 월리스의 논문을 다른 학자들에게 알렸고, 월리스에게 자신의 연구와 합쳐 공동 출간하는 것이 어떠냐고 제안했다. 월리스가 이를 받아들여 이 역사적인 논문이 학회지에 발표됐다. 막상 당시 반응은 다윈이나 주변 사람들이 걱정할 정도로 뜨겁지는 않았다. 예나 지금이나 일반 대중에게 학술 논문은 버겁기 때문이 아닐까?

이듬해인 1859년, 다윈은 그동안 연구한 자료를 총망라해 드디어 《종의 기원》을 출간했다. 이 책은 논문과는 달리 선풍적인 반향을 일으켜, 초판 1,250권이 단 하루 만에 다 팔렸다. 이 책은 당시 사회에 큰 혼란을 몰고 왔다. 신중한 만큼 혹시나 말썽이 생길까 두려워한 다윈은 인류의 진화에 관해서는 책에 전혀 언급하지 않았다.

일단 책이 출간되자 그는 거칠 것이 없었다. 그는 1871년, 인간의 진화에 관한 자료를 정리해 《인간의 유래와 성선택》을 출간했다. 이 책이 나오자 다윈은, "모든 사람은 다 하나님의 자손인데 당신네 집안 조상은 원숭이냐?" 등의 온갖 조롱과 협박에 시달렸다. 그러나 결국 그의 이론은 오늘날 학술과 문화의 근간이 됐다. 자연선택에 의한 진화가 대세가 된 것이다.

물론 사회적인 각성 혹은 '받아들임'이 있기까지 다윈을 둘러싼 숱한 논란과 이야기가 있다. 그 가운데 유명한 이야기 하나를 소개한다.

다윈이 책을 내고 1년 뒤인 1860년 6월 30일, 영국 옥스퍼드 대학교의 자연사박물관에서 두고두고 유명해질 회의가 열렸다. 영국 과학진흥협회의 연례 회의였지만 그날의 주제는 《종의 기원》 토론이었다. 반대하는 측의 대표는 달변가로 유명한 옥스퍼드 주교 새뮤얼 윌버포스였다. 별명이 '매끈거리는 샘'(요즘 표현으로는 '뺀질거리는' 정도일 것이다)이었다 하니 가히 짐작되지 않는가? 한편 진화론을 옹호하는 측에는 토머스 헨리 헉슬리가 있었다. 토론 기록마다 조금 차이가 있지만 개요는 거의 비슷하다. 윌버포스 주교의 교묘한 화술에 휘말려 옹호자들이 거의 기를 펴지 못했는데, 거기에다 윌버포스가 결정타를 한 방 더 날렸다고 한다.

"그러니까 당신들의 주장은, 당신들 조상 가운데 원숭이가 있다는 거죠? 그렇다면 내 한 가지 물어봅시다. 그 원숭이는 댁들 할아버지 쪽입니까, 아니면 할머니 쪽입니까?"

여기저기서 폭소가 터졌지만 옹호자들은 대꾸도 못했다. 바로 그때 헉슬리가 나섰다.

"나는 원숭이가 내 조상이라는 점보다는, 뛰어난 재능이 있으면서도 진실을 왜곡하는 주교님 같은 분과 혈연관계(똑같은 인간)라는 점이 더 부끄럽습니다."

순식간에 강연장은 아수라장이 돼버렸다. 박수와 함성이 터져 나왔고, 너무 놀란 나머지 기절하는 여성도 있었다고 한다. 결국 다른 사람들이 토론을 이어가, 윌버포스가 《종의 기원》을 읽어보지도 않았고 과학에 대한 기본 이해도 없이 반대만을 위한 반대를 한다고 논박됐다. 결국 말 잘하기로 유명한 윌버포스가 패배하는 상상치 못한 결과를 낳았다. 이 논쟁은 역사상 과학의 위대한 승리를 보여주는 한 장면으로 남게 됐다.

헉슬리는 무례하게 인신공격을 했다는 비난을 받기도 했지만, 뛰어난 재치로 논쟁을 승리로 이끌었다는 평가도 받았다. 그는 이를 계기로 열정과 재치를 겸비한 논객으로 인정됐다. 게다가 과학과 진화론의 옹호자라는 의미에서 '다윈의 불독'이라는 별명을 얻었다. 사실 그는 윌버포스 주교가 인신공격적이고 모독적인 발언을

하는 순간 이렇게 중얼거렸다고
전해진다.

"하나님께서 이렇게 저 인간
을 내 손에 넘겨주시는군!"

인간은 포유강 영장목 인간상
과 인간과에 속하는 동물이다.
분류상으로도 알 수 있듯 인간
과 유인원, 원숭이는 거의 한집
안이다. 이들의 특징은 두뇌가
다른 동물에 비해 크고 사지의
회전이 비교적 자유로우며 특히
직립보행이 가능하기 때문에 손

토머스 헉슬리

을 자유롭게 사용할 수 있다는 점이다. 쌍안시雙眼視의 특징이 있어
서 물체를 입체적으로 파악할 수 있으며 색을 구별하는 능력이 있
다. 특히 언어능력이 있다. 과거에는 언어능력이 인간만의 특징이
라고 했지만, 최근 연구에서 유인원도 언어 습득 능력이 있음이 입
증됐다(물론 반대 학설도 있다).

그럼 유인원이란 정확하게 무슨 뜻일까? 영장류, 즉 원숭이 계통
의 동물은 반원류半猿類와 원류猿類로 나뉜다. 반원류는 가장 원시적
인 종류로, 안경원숭이나 여우원숭이 등이 이에 속하고 원류는 다
시 꼬리 유무에 따라 유미원류와 무미원류로 나뉜다. 우리가 흔히

원숭이라고 불리는 개체는 꼬리가 있는 원숭이류이고, 꼬리가 없는 개체가 바로 유인원이다. 유인원에는 침팬지, 고릴라, 오랑우탄과 긴팔원숭이 등이 있다. 이들은 모두 신생대 초기인 6,000만 년 전에 존재한 한 조상에서 갈라져 나왔다는 게 정설이다.

약 200만 년 전에 이르자 드디어 인류가 나타났다. 이들은 비로소 두 발로 걷고 도구를 사용하기 시작했다. 최초의 인류는 오스트랄로피테쿠스, 파란트로푸스, 진잔트로푸스로서 아프리카 남동쪽에서 진화했으며 현대인의 약 3분의 1 정도 크기였다. 이들을 원숭이 사람, 즉 원인猿人이라고 부른다. 뒤를 이어 호모 하빌리스, 호모 에렉투스가 나타나, 아프리카에서 아시아·유럽 등지로 퍼져 나갔다. 이들의 뒤를 네안데르탈인이 이었다. 네안데르탈인은 동굴 생활과 채집, 수렵 활동을 했고 공동체를 이루어 살았으며 언어를 사용했을 것으로 추정한다. 이들은 호모 에렉투스의 후예로 현생 인류의 직계 조상은 아니다. 약 4만 년 전 나타난 크로마뇽인이 인류의 조상으로 여겨진다. 하지만 크로마뇽인과 네안데르탈인은 상당히 오랜 시간 공존했으므로, 크건 작건 현생 인류의 유전자에 네안데르탈인의 흔적이 남아 있다.

네안데르탈인에 관한 상식에는 잘못된 부분도 있다. 네안데르탈인은 기구를 사용하기는 했지만 원시적이었고, 사회를 구성할 능력이 없었으며, 언어능력도 없어서 결국 크로마뇽인으로 대표되는 호모 사피엔스 사피엔스에 의해 멸종되고 말았다고 알려졌다. 그런데 최근 알려진 바로는 네안데르탈인도 공동체 사회를 구성해서 생활했고, 죽은 사람을 애

네안데르탈인

도하고 매장 문화가 있어 무덤을 장식할 정도였으며, 언어능력도 있었다. 이들이 현생 인류에 의해 사냥됐는지 아니면 다른 이유로 멸종했는지 분명하지는 않지만, 그냥 단절되지 않고 현생 인류에 일정 부분 유전자 흔적을 남겼다(외국에서도 가끔 농담으로 네안데르탈인을 조상으로 가진 사람이 주변에도 있다는 말을 하곤 한다. 주변을 한번 둘러보시라).

세균, 나무에서 인류를 내쫓다

앞서 말한 대로 인류는 진화했다. 그런데 종이 바뀌어온 점만을 고려해 인류의 진화를 파악하면 가장 중요한 부분을 놓치게 될 가능성이 있다. 왜 원숭이는 아직도 원숭이고, 또 인류의 사촌뻘인 유인원은 왜 아직도 나무 위에 있을까. 이 점에 관해서는 좀 더 신중하게 접근하고 근본적으로 문제를 인식할 필요가 있다.

유인원 가운데 꼬리가 없어진, 말하자면 많이 진화한 개체도 있지만 그렇다고 해도 그들을 인간과 동일하다고 보아서는 안 된다. 물론 그들이 인간과 다르지 않고 존중받아야 마땅한 생명이라는 점을 부인하는 것은 아니다. 인간이 왜 인간으로서, 지구의 지배자로서 자리매김했는지를 이야기하려는 것이다.

그 시작은 나무에서 내려온 것이었다. 인류의 조상이 살던 열대 우림은 기온이 높고 습했지만, 일정한 온도와 우거진 나무 덕분에 환경 변화가 급격하지 않았고 천적에게서 보호될 수 있었다. 나무 위는 몸을 보호할 만한 특징이라고는 단 하나도 없는 몸집이 작은 유인원이 살기에 아주 적합한 곳이었다. 그런데도 인류의 조상은 나무를 내려와 초원에 섰다. 지금도 나무 위에서 살고 있는 꼬리가 있거나 없는 동류를 뒤로하고 위험이 가득한 미지의 세계, 지상에 내려섰다. 이 일은 천지개벽이라고 해도 좋을 만큼 엄청난 사건이었다. 그런데 도대체 왜 그랬을까?

오늘날에도 유인원류나 다른 원숭이류에 만연한 여러 질환, 특히 세균 전염성 질환은 인류의 조상이 나무에서 내려오기 전에 걸린 질환과 거의 같을 것으로 본다. 진드기, 벼룩, 파리 등 원숭이류에 기생하는 생물 역시 원시 인류를 상당히 괴롭혔을 것이다. 원시 인류가 살던 고온 다습한 열대우림에서는 기생생물이나 세균이 숙주의 몸에서 벗어나서도 독자적으로 꽤 긴 시간을 생존했을 가능성이 높다. 이들은 오랜 시간 도사리고 있다가 숙주가 나타나기만 하면 바로 침입했을 것이다. 그래서 나무 위에 거주하던 원시 인류는 거의 평생 세균과 기생충 질환으로 고통받았고 생존율도 매우 낮았다. 특히 모기나 흡혈 곤충이 퍼뜨리는 말라리아 같은 질병은 개체 수를 급감시킬 만큼 치명적이었다.

초원은 나무 위보다 건조하고 햇빛이 강해 거의 대부분의 기생충이 살기 힘든 환경이기 때문에 곤충이 퍼뜨리는 몇몇 질병을 빼고는 미생물에 직접 감염될 가능성은 매우 낮다. 나무 위에서 시달리던 수많은 질병에서 해방될 수 있는 쾌적한 환경이다. 결국 인류의 조상은 질병을 피해 초원으로 내려왔을 가능성이 있다. 오늘날 나무 위에서 살고 있는 오랑우탄 같은 다른 유인원류의 개체 수가 증가하기는커녕 멸종 위기에 시달릴 만큼 준 사실을 보면, 이 이론은 꽤 설득력이 있다.

아무튼, 획기적이고 쾌적한 환경으로 이주한 원시 인류는 변화에 완벽하게 적응했다. 처음에는 들판에서 아주 약하고 어린 동물을 잡아먹거나 맹수가 남긴 먹이를 차지하는 정도였지만 곧 능률적으로 사냥할 수 있는 방법을 터득했다. 도구를 만들고 언어를 습득해 의사소통을 하면서 공동 사냥을 하기에 이르자 일거에 초원의 지배자이자 최상위 포식자로 우뚝 설 수 있었다. 이제 인류의 조상은 지구를 지배할 만한 종족이 될 탄탄한 기반을 갖췄다.

생각해보면, 인류 역사에서 결정적인 진화의 계기를 제공한 존재가 다름 아닌 인류를 괴롭히던 질병인 셈이다. 인류의 진화 과정 가운데 가장 혁명적인 장면을 바로 질병이 연출했다.

생태계

생물이 살아가는 생태 환경은 매우 복잡하고 유기적이며, 그 나름의 균형과 조절 능력이 있어 안정적이다. 특히 포식자와 먹잇감 같은 큰 관계 외에도 눈에 보이지 않는 미생물이나 기생생물도 생태계 균형을 이루는 데 중요한 축을 담당한다. 먹거나 먹히는 문제 말고도 죽고 사는 일을 결정하는 다른 요인이 있기 때문에 단순하게 볼 일이 아니다. 게다가 모든 관계가 상호 복합적으로 작용해서 생태계를 유지한다. 그러나 한편으로는 한 관계(구조)에 이상이 생기면 생태계 자체가 근본부터 흔들려 결정적인 변화가 생긴다.

말라리아

현재까지 조사된 바에 따르면, 아프리카 지역의 야생 원숭이류에 침범할 수 있는 말라리아는 대략 20종에 이른다. 반면, 사람이 걸리는 말라리아는 대략 4종에 불과하다. 이는 인류 진화 과정에서 이전 세대와는 다른 모종의 변화가 생겼다는 증거로 볼 수 있다. 과연 어느 시점이었을까.

초원의 지배자 앞에 나타난 적

원시 인류에게 초원이란 요샛말로 '블루 오션'이었다고 보는 견해
가 지배적이다. 이와 관련한 재미있는 연구가 있다. 1963년에 발간
된 《아프리카의 생태와 인간의 진화*African Ecology and Human Evolution*》란 책
에서 보울리에르는 수렵시대에 사냥감의 분포량을 무게(kg)로 환산
해 토지 면적으로 나눈 결과, 다른 어떤 지역보다 아프리카 초원 지
역에 사냥감이 가장 많았다고 주장한다. 육식동물끼리 치열하게 경
쟁하지도 않았으며, 인류처럼 교활하고 지독한 사냥꾼을 본 적이
없는 사냥감을 인류는 쉽게 잡았을 것이라 추정한다(물 반 고기 반이
란 표현이 들어맞는 곳이었으리라). 다시 말해 인류의 조상이 나무에서
막 내려왔을 때는 거칠 것 없는 환경에서 마음껏 사냥하며 살 수 있

었다.

마치 신화시대의 유토피아나 에덴동산이 떠오르지 않는가? 신화 속 이야기가 마냥 허무맹랑하지만은 않다. 인류의 조상은 경쟁자나 포식자를 피해 숨어 다니며 먹이를 훔치던 보잘것없는 작은 원숭이가 아니라, 너른 초원을 지배하는 당당한 사냥꾼이었다. 쾌적하고 먹잇감이 넘치는 이상향이 인류의 첫 무대였는지도 모른다.

그런데 원시 인류는 갑자기 이 안락한 발상지를 떠나 세계 각지로 이동해 흩어진다. 안락하고 풍족한 태초의 고향을 떠난 이유는 도대체 무엇일까?

인류의 조상이 발원한 아프리카 동남부의 초원 지대는 오늘날까지도 거의 변화가 없다. 이 때문에 급격한 환경 변화 탓에 살기 힘들어져 이동한 것은 아니라고 추측한다. 아무튼 인류는 발상지를 떠나 아시아로 유럽으로 점진적으로 이동했고, 지금은 발상지에 소수의 사람만 남아 처음과 유사한 수렵 생활을 하고 있다.

인류의 이동을 단순하게 설명하기는 어렵다. 다양한 이유가 복합적으로 작용해 일어난 사건이었을 테다. 윌리엄 맥닐은 책 《전염병과 인류의 역사》에서 이를 참신하게 해석했다. 인간과 주변 환경 그리고 기생 관계에 있는 생물의 행동 양식을 살펴보면 실마리를 풀수 있단다.

처음에 인류는 초원에서 안락하게 생활했을 것이다. 이미 이야기한 대로 먹이가 풍부하고 경쟁자가 없는 환경에서 인류는 진화를 거듭했다. 인류의 경쟁 상대는 오로지 다른 인류 종족뿐이었다. 종족 간 경쟁으로 기술이 뛰어나고 체격과 체력이 우월한 종족이 생존경쟁에서 살아남아 진화를 거듭했다. 사회화와 공동 작업으로 이전에는 상상할 수 없던 규모의 일을 해냈고, 대량 사냥을 할 수 있는 역량까지 길렀다. 인간은 먹이사슬의 최상위 존재가 되자 인구가 폭발적으로 증가했다. 그런데 상위 포식자 같은 자연 조절 장치가 없어진 인류는 주변 환경에 암적인 존재가 됐을 가능성이 높다. 다른 위협이 없어진 마당에 (인류 종족 간의 치열한 경쟁으로) 서로를 죽이는 것이 인구를 조절하기 위한 인류의 유일한 수단이었을 것이다. 이는 인간이 도구를 능수능란하게 다룬 50만 년 전부터 10만 년 전쯤 일어난 일이다.

그러나 거칠 것 없던 인류에게 새로운 천적이 나타났다. 인구가 늘자 한정된 지역의 인구밀도가 높아지면서 자연히 먹잇감이 줄었고, 이전에는 경험하지 못한 기아 문제에 직면했다. 영양 상태가 나빠지면서 기생충 질환을 비롯한 전염성 질환이 발생해 인류의 체력과 번식력은 저하됐고, 이는 결국 인구 감소로 이어졌다(다윈의 학설에 밑거름이 된 토머스 맬서스의 이론에 부합한다). 특히 전염성 질환은 인구밀도가 높을수록 감염될 가능성이 높아지기 때문에 그 위력이 더 커지기 마련이다. 바로 이 전염병을 일으키는 생물이 초원의 지배자인 인류 앞에 나타난 새로운 천적이었다.

오늘날에도 아프리카 초원 지역에 만연하는 기면병嗜眠病은 체체

파리가 옮기는 기생충 트리파노조마 때문에 발생하는 질병이다. 기면병에 걸리면 심한 전신 쇠약에 빠져 말 그대로 계속 졸다가 불과 며칠에서 수주 이내에 사망하게 된다. 이 병원체는 유제류有蹄類나 다른 초식동물에 기생할 때는 증상을 일으키지 않지만 인류에게는 치명적이다. 초원에 인류가 별로 없고 초식동물이 많았을 때는 체체파리에게 충분한 먹이가 있기 때문에 생활환(생명 사이클 life-cycle)이 안정적이었다. 그런데 인류가 많아지면서 초식동물 수가 줄자 체체파리는 다른 대상을 찾아야 했다. 바로 인류에 붙어 흡혈한 것이다. 인류는 기면병에 걸려 속수무책으로 죽어갔다. 지금도 이 질병은 치명적이다.

결국 인류는 초원에서 맞이한, 스스로 초래한 환경 변화와 새로 등장한 치명적 질병 탓에 또 다시 먼 길을 떠나는 모험을 감행해야 했다. 이에 대한 반론도 만만치는 않지만, 인류가 다시 이동하게 된 수많은 원인 가운데 질병을 중요한 요인으로 꼽는 데는 큰 무리가 없다. 물론 또 다른 요인도 있다. 몸에 털이 없는 인류는 태초의 발상지를 벗어나 추운 지역에서는 살기 힘들었다. 인류가 아프리카 초원을 떠날 수 있었던 것은 결정적으로 불을 사용했고 의복을 갖췄기 때문이다. 새로운 발견과 발명의 힘으로 인류는 좀 더 넓은 영역으로 용이하게 퍼져 나갔다.

열대를 벗어나자 인류는 기생충과 병원균의 감염에서 자유로워졌다. 건강과 활력이 증진되고 인구 증가가 가속화됐다. 드넓은 지역에 퍼진 인류는 다양하고 강인한 종족으로 발전했다. 질병을 피해 달아나듯이 이주한 이 사건이 새로운 세상에서 이전보다 더 급속하게 진화할 수 있는 계기가 된 것이다.

처음 나무 위에서 내려왔을 때와 마찬가지로 초원을 등지게 한 질병이 또 한 번 인류의 획기적인 진화에 기여하게 된 셈이다.

살아남으니까 강한 것이다

한 지역에 인구가 급속도로 증가할 경우 환경에 심각한 피해를 끼치게 되고 심할 경우 생태계마저 파괴되기도 한다. 하지만 큰 틀에서 보면 아무리 인간이 파괴적으로 행동한다 하더라도 결국 거대한 자연의 흐름을 벗어나기는 힘들다. 일반적으로 생물의 일생을 요약해서 설명하는 생활환이라는 개념을 인간 사회에 적용해보면, 우리 생활도 여느 생물과 크게 다르지 않다는 사실을 발견할 수 있다.

먼저, 좋은 환경에 먹이도 풍부한 곳에서는 정착 인구가 늘어나고 출산과 양육도 활발해지기 마련이라 인구가 급증한다. 그러나 시간이 지나면서 한정된 지역 내에서는 물자와 환경 문제가 필연적으로 발생한다. 인구가 지나치게 증가하면서 먹잇감이 감소하고 주거 환경이 열악해지며 오염이 증가한다. 그러면 세균이나 기생충 감염도 쉽게 발생하고, 기생생물이 한 숙주에서 다른 숙주로 옮겨 갈 기회도 많아진다. 이제 감염증은 개인의 질환이 아니라 사회에 만연하는 폭발적 과잉감염 상태outbreak가 된다. 이 상태가 오래 지속되면 인간은 정상적으로 활동할 수 없다. 식량 생산량이 줄어들어 점진적으로 사회 전체가 영양 결핍과 기아에 시달리게 된다. 상황이 악화돼 먹이 사냥 등 생산 활동이 축소되면 출산과 양육에 문제가 생긴다. 더 심각해질 경우 사망하는 사람이 늘어 인구가 급감해 결국 그 지역의 인구밀도는 이전 상태가 된다.

인구가 줄어들 때는 가장 약한 노인과 아이와 체질적으로 약한 사람이 먼저 도태된다. 어느 정도 면역력을 갖췄거나 적어도 병과 기아를 극복할 정도의 강인한 체질을 가진 사람은 살아남는다. 이들이 다시 활발하게 활동하면서 식량 생산이 늘어나고 환경도 개선되고 인구도 조금씩 회복된다. 이들은 인구를 격감시킨 질병에 어느 정도 면역력이 있는, 말하자면 전보다는 강하고 진화된 집단이된다. 하지만 시간이 흘러 인구가 늘어나 임계치에 이르면 또 다른 질병이 발생하고 다시 인구가 격감한다. 처음으로 돌아가 새로운 사이클을 돌게 되는 것이다.

그럼, 역경이 닥쳤을 때 어떤 사람이 살아남을까. 강인한 자가 살아남는다고 생각하겠지만, 무조건 그런 것만은 아니다. 인류 진화과정에서는 가장 강인한 종족인 네안데르탈인이 멸종됐다. 가장 거

대하고 강력한 동물인 공룡은
물론 포유류 가운데 가장 크고
강한 스밀로돈(고양이과 맹수)도
멸종을 피할 수 없었다. 결국 환
경에 가장 적합한 생물이 살아
남아 번창할 기회를 잡는다.

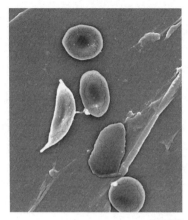

겸상적혈구

 아프리카 지역에서 흔히 볼
수 있는 말라리아는 아주 치명
적인 질환이라 인류 진화에까지
큰 영향을 미칠 정도다. 그런데
현재 아프리카 토착민 가운데
말라리아에 아주 강한 면역력을 가진 특별한 사람들이 존재한다.
외부 사람들은 거의 살아남기 힘든 환경에서 아무 문제없이 살아가
는 이들을 조사해보니, 이들의 적혈구에는 특별한 '질병'이 있다는
사실이 밝혀졌다. 적혈구는 일반적으로 가운데가 오목한 원반 형태
이나 이들의 적혈구는 낫 모양이었다. 이는 유전성 질환인 겸상적
혈구빈혈증이다.
 겸상적혈구빈혈증은 헤모글로빈을 구성하는 146개의 아미노산
베타사슬에서 아미노산 하나가 다른 것으로 치환되는 질환이다. 산
소가 부족하거나 스트레스가 있는 환경에서는 이런 헤모글로빈이
산소를 잘 운반할 수 없다. 그리고 겸상적혈구는 쉽게 파괴되기 때

문에 감기에만 걸려도 심한 빈혈을 앓게 된다. 또 모세혈관을 잘 통과하지 못해서 혈관을 막고 혈류를 방해할 가능성이 높아, 만성 피로와 통증에 자주 시달리게 된다. 심할 경우 뇌혈관을 막아 뇌졸중과 뇌출혈을 유발하기도 하고 심장혈관을 막으면 심근경색이 발생할 수 있어 급사할 가능성이 매우 높다. 즉 생존에 절대적으로 불리한 전형적인 열성 인자인 셈이다.

하지만 이 유전성 질환이 있는 사람들은 정상 적혈구와 겸상적혈구를 동시에 가진 덕분에 말라리아에 잘 걸리지 않았다. 말라리아 원충은 적혈구에서 증식하고 퍼져 감염을 일으키는데, 겸상적혈구는 감염되자마자 파괴돼버려 원충이 더 이상 증식될 수 없었다. 그래서 말라리아에 잘 걸리지 않고, 걸리더라도 정상 적혈구를 가진 사람보다도 증세가 약하게 나타났다. 말라리아가 만연한 지역에서는 겸상적혈구를 가진 사람이 살아남을 확률이 훨씬 높은 것이다.

다시 한 번 정리해보자. 정상 적혈구를 가진 사람은 겸상적혈구를 가진 사람보다 생물학적으로 강하고 우월한 개체다. 하지만 말라리아에는 취약하다. 이와 반대로 유전자에 이상이 있는 사람은 가벼운 질병에도 사망할 만큼 매우 취약하지만, 오히려 말라리아에는 저항력이 있고 더 잘 살아남을 수 있다. 초원에서는 바로 이들이 '살아남는 자'가 된다. 즉, 강한 자가 살아남는 것이 아니라 환경에 적합한 자가 살아남는다.

〈퐁드곰 동굴에서 매머드를 그리는 크로마뇽인 예술가〉

지금까지 알려진 바에 따르면 크로마뇽인은 사망 당시의 연령
이 40세 이하가 88.2퍼센트였고 30세 이하가 61.7퍼센트였다.
이에 비해 네안데르탈인은 40세 이하가 95퍼센트, 30세 이하가
80퍼센트였다. 그러나 살아 있는 동안 네안데르탈인은 대체로
건강했을 것으로 추정한다.

가장 지독한 역병

인류는 성공적으로 수렵 기술과 도구를 개발하고 의복과 불을 이용해 미지의 영토를 개척해나갔다. 약 4만 년에서 3만 년 전에 이르자 인류는 극지방을 제외한 거의 모든 지역에 터전을 잡았다. 바다를 건너 오스트레일리아 대륙으로 들어갔고, 베링 해를 건너 아메리카 대륙을 점령해 서기전 8000년쯤에는 남아메리카 대륙 끝자락에 이르렀다.

대부분의 동물은 환경의 장벽을 넘지 못하고 일정한 지역에 격리돼 독자적으로 진화했다. 오스트레일리아 대륙에서 오랫동안 격리된 동물이 다른 지역의 동물과 달리 특이한 종류가 많다는 점이나, 마다가스카르 같은 섬 지역의 생물학적 분포를 보면 확인할 수 있다. 하지만 인류는 지리적, 생물학적 한계를 뛰어넘었다. 지구 역사상 어떤 동물도 인류처럼 짧은 시간 동안 지구 전역으로 퍼져 나가 분포한 개체는 없었다. 그런데 인류는 어떻게 장벽을 극복하고 번성할 수 있었을까?

인류는 기본적으로 온난한 기후에 적합하다. 열대에서 발생한 생물답게 몸에 털이 없어 조금만 추워도 동사하거나 심하게 손상을 입는다(해외 토픽을 보면 가끔 열대나 아열대 국가에서 영상의 기온에도 사람이 동사하는 경우가 있다). 하지만 인간은 자연을 극복하고 심지어 자신에게 맞는 환경으로 변화시킴으로써 영역을 넓힐 수 있었다. 서기전 4만 년에서 1만 년 사이에 인류는 이미 자연을 극복했다. 이 과정에서 기후에 적응하는 방법을 알아냈고 새로운 먹잇감을 찾아 자연의 장벽을 넘어서는 창의력을 발휘했다는 점이 중요하다. 인류가 지구를 지배하는 최상위 생물로 우뚝 선 것이다.

그런데, 한번 뒤집어 생각해보면 어떨까?

인간 무리가 한 지역에 거주하면서 생길 수 있는 필연적인 결과는 자연 훼손과 자원 고갈이다. 인간 무리는 곧 다른 지역으로 이동하거나 새로운 자원을 찾아 영역을 넓혀갔다. 집단이 대규모화하고 조직적으로 변할수록 환경 황폐화와 이동은 가속됐다. 문화, 즉 문명이 발전하면서 자연과 다른 생명에 가해지는 인간의 폭력이 급진적으로 증가해 많은 동물을 멸종시켰다.

빙하기에 얼어붙은 베링 해를 건너 아메리카 대륙으로 들어간 인류가 매머드를 포함해 남북 아메리카 대륙의 대형 동물을 모조리 멸종시키는 데는 채 1,000년도 걸리지 않았다. 그리고 인류는 적어도 200종 이상의 야생동물을 직접 멸종시켰다. 말하자면 인류는 자연에게는 치명적인 질병과 같은 존재다. 멈추거나 균형을 이룰 줄 모르는 악성 전염병과 같다.

그렇지만 결국 인간도 자연의 한 부분이다. 자연에 영향받아 발전하고 도태하는 존재일 수밖에 없다(인류가 초원으로 내려왔다 다시 초원을 떠난 이유를 생각해보라). 인류가 발전해 너른 지역으로 퍼져 나갈수록 몸집이 큰 사냥감이 급격하게 감소했다. 이런 변화는 부메랑처럼 되돌아와 사냥을 기반으로 살아가는 인류에게 심각한 타격을 입혔다. 게다가 기후 변동으로 단순 이동만으로는 사냥터를 확보할 수 없는 지경에 이르렀다. 인류의 영양 상태가 나빠지고 대규모의 새로운 질병마저 돌아 인구도 급격히 줄었다. 인류라는 지독한 역병이 환경의 역습, 즉 질병에 걸려 타격을 입게 됐다. 오묘하고 위대한 자연의 힘을 느끼게 된다. 칼로 흥한 자 칼로 망하듯, 역병은 역병으로 다스려진다.

인류는 더 이상 사냥만으로는 가족을 부양할 수도, 영양 상태를 유지하기도 힘든 상황이 됐으며 질병과 기아로 많은 사람이 죽어갔다. 나무에서 내려온 직후의 생활 방식대로 작은 동물이나 물고기, 식물에 의존할 수밖에 없었다. 그렇다고 인류가 과거로 회귀한 것은 아니었다. 이전에는 거들떠보지도 않던 물고기나 조개를 식량으로 삼았고, 나무뿌리나 열매의 독성을 잿물 등으로 제거하는 방법을 알아냈다. 심지어 발효시키는 방법까지 찾아냈다. 그러나 이럼에도 불구하고 노력은 더 드는데 늘 곤궁과 굶주림에 시달렸다.

결국 인류는 다른 길을 모색할 수밖에 없었다. 바로 식물을 재배하고 동물을 사육하는 방법이었다. 지역마다 키울 수 있는 식물이나 동물 자원이 조금씩 달랐지만, 경이롭게도 대부분의 집단에서 자연 발생적으로 그 방법을 터득했다. 인류는 야생동물 가운데 유용한 특성을 지닌 개체를 골라 교배시키거나 인위적인 방법을 써서 종자를 개량했다. 식물에도 같은 방법을 적용해 처음에는 잡초와 다를 바 없던 야생 쌀이나 밀을 식용으로 개량하고 생산량을 늘렸다.

이제 더 이상 들판을 헤매며 먹이를 채집해야 할 필요가 없었다. 하지만 일이 줄었거나 편해진 것은 아니었다. 자연에 순응하지 않는 방향으로, 즉 자연의 균형을 깨뜨리고 밭이나 터전을 일궈 특정 식물이나 동물을 기르는 일은 그에 상응하는 막대한 노동력과 노력을 요구했다. 《성경》〈창세기〉 편에 하나님이 에덴에서 쫓겨나는 아담과 하와에게 "네가 흙으로 돌아갈 때까지 얼굴에 땀을 흘려야 먹을 것을 먹으리니 네가 그것에서 취함을 입었음이라. 너는 흙이니 흙으로 돌아갈 것이니라"라고 예언하는 장면을 기억할 필요가 있다. 이제 인간은 종신토록 노력해야 살 수 있게 됐다.

사실, 이런 노동은 사냥꾼으로 길들여진 인간의 본성과는 맞지

〈에덴동산에서 추방당한 아담과 하와〉

않았을 것이다. 그렇다고 해도 매일 반복되는 중노동을 하지 않고
서는 살아갈 방법이 없었다. 노동에 맞지 않는 사람은 도태될 운명
에 처했다. 한편, 사냥꾼 기질은 다른 면에서 쓰임새가 있었다. 자
연계의 먹이사슬을 인위적으로 변화시킨 인류 앞에 새로운 적이 나
타났다. 광범위한 땅을 경작하기 위해 삼림을 파괴해 다른 동물의
먹이인 식물을 없애고, 특정 식물 몇 가지만 재배하고 특정 가축 몇
종만을 사육하다 보니 생태계가 파괴돼버렸다. 다른 동물의 먹잇감
과 서식지가 줄어들다 보니 작물과 가축을 공격하는 야생동물이 늘

어났다. 인류에게는 이들에 맞서 가축과 작물을 지켜야 하는 또 다른 '일'이 생긴 것이다.

원래 뛰어난 사냥꾼인 인류에게 이런 일쯤은 그리 큰 문제가 아니었다. 문제는 따로 있었다. 살기 어려워지면 남의 것을 탐하고 도둑질하는 사람이 생기게 마련이다. 특히나 공격적인 성향을 지닌 인류에게 이 문제는 심각했다. 인류는 다자 간, 집단 간 무한한 경쟁과 싸움에 휘말리게 됐다. 사람들은 서로를 지키기 위해 공동체를 만들고 외부의 침입자를 막기 위해 싸움에 능력이 있는 사람들을 활용했다. 지금도 원시 공동체를 유지하고 있는 아프리카 종족 가운데 전사 집단을 따로 둔 공동체가 있다. 원시 인류도 비슷했으리라 충분히 짐작할 수 있다. 전사 집단이 형성되자 대부분의 부락민은 안전하게 생산에 전념할 수 있었다.

이들을 권력의 시작점이라고 보는 견해도 있다. 처음에는 순수한 동기로, 자신이 속한 마을을 보호하려는 목적으로 전사 집단이 외부 침략자를 격퇴했겠지만, 자신들의 힘을 인지한 뒤부터는 이에 대한 보상을 바라는 심리가 작용했을 가능성이 있다. 이런 부류의 사람이 늘어나자 그들 내부에 서열이 생기며 마침내 조직화돼 '권력'이 탄생했다는 가설이다. 황당무계한 것만은 아니다. 결국 이런 과정을 통해 정치 조직과 권력이 생긴다. 그러다 원래 목적인 공동체를 지키는 기능보다 사회의 물산에 '기생하는' 조직으로 변했을 것이다.

오늘날에도 아프리카의 마사이족 등에서 '전사'들은 다른 일을 하지 않고 오로지 마을을 지키고 보호하는 일만 한다고 한다. '결정적인 때'가 오기 전까지는 거의 대부분의 시간을(그런 '때'가 일생 동안 한 번도 오지 않을 확률이 거의 99.99퍼센트다) 장신구로 멋지게 치장하는 등 몸을 가꾸며 빈둥거리면서 마을의 '부담'으로 존재한다. 특별한 몇몇 예를 제외하면 이들은 사회의 생산에 도움되는 일을 거의 하지 않는다. 말하자면 이들은 일종의 '기생 상태'가 되는데, 생각보다 꽤 많은 지역에서 사회의 역병과 같은 고약한 존재로 남아 있다(마사이족이나 유사한 종족의 이야기만은 아니다. 생산적인 일은 아무것도 하지 않고 오로지 마을을 '지키고 보호하는' 일만 한다며 해악을 끼치는 자들은 역사 전반에 걸쳐 아주 빈번하게 관찰된다. 지금도 마찬가지다).

3 문명 초기

문명의 길목에서

아노펠레스 모기와 인구 증가

문화와 문명은 거의 비슷하면서도 많이 다른 개념이다. 영어로 문화 culture는 경작, 재배의 개념을 내포한다. 개인적인 삶이나 철학, 풍습 등을 포함하는 의미로 좀 더 포괄적이다. 주로 정신적인 면이나 지적인 면을 의미한다. 문화는 크고 넓은 개념이어서 문명도 그 안에 포함된다. 문명 civilization은 도시화, 사회화, 집단화의 의미를 지닌다. 정신세계의 발전을 의미하기도 하지만 주로 물질이나 기술, 사회 구조의 발전을 뜻한다. 인류 발전 과정에서는 문화가 먼저 생기고, 뒤이어 집단화 사회화가 이루어지면서 문명이 형성된다.

 인류의 모든 집단이 문명을 이룬 것은 아니다. 한 집단이 결성된다 하더라도 그 집단이 적어도 한 해를 넘겨 살아남을 수 있어야 비로소 연속성이 생기고 '사회'라는 구조가 생길 수 있다. 한 해 동안 생산 작업을 해서 다음 해를 준비할 수 있는 집단만이 살아남아 문명을 이룰 가능성이 있다.

미래를 준비하려면 먼저 시간 개념도 알아야 한다. 계절이 어떻게 변하는지, 다음 일이 어떻게 될지를 파악할 수 있는 지적 능력과 경험이 축적돼야 한다.

인간이 집단을 이뤄 사회구조를 갖춘 촌락이 형성되면 다양한 직업과 물산이 생겨난다. 다양성은 한 집단 내에서 발전적 요소로 작용할 가능성이 매우 높지만, 때로는 분쟁의 실마리가 되기도 한다. 그래서 이를 조정하는 관리 체계가 필연적으로 생겨난다. 또 서로 다른 물산을 거래하면서 비로소 경제활동과 시장 개념이 등장한다.

이쯤 되면 이제 이 집단은 적어도 한 해를 넘겨 존립할 수 있는 기초가 만들어진 것이다. 그런데 아직도 뭔가가 부족하다. 좁은 지역에 기반을 둔 이 집단에게는 이제 겨우 생존할 수 있는 가능성이 생겼을 뿐이다.

정착 생활 초기에 인류는 약탈농법掠奪農法이라는 원시 농법을 사용했다. 매우 자연적이며 원초적인 농법이었다. 숲을 태워 씨를 뿌릴 수 있는 땅을 만들어 경작하다 땅이 기운을 잃으면 다른 땅에 불을 지르는, 초기의 화전火田을 말한다. 이렇게 농사를 지으면 점점 더 많은 땅이 필요하게 될뿐더러 인력 또한 점점 더 많이 요구된다. 한 집단의 인구로는 감당하기 힘든 때가 오기 마련이다. 그래서 인류는 다른 방법을 써야 했다.

바로 다른 집단을 약탈하는 방법이었다. 약탈과 전쟁을 통해 식량과 땅을 확보하면서 동시에 인력을 흡수한 것이다. 전쟁에서 승리한 집단은 점점 더 크고 강력하게 성장했다. 넓은 땅을 확보해 안정된 미래를 계획하자 급속히 성장해 도시로 발전했다. 도시 내, 도시 간 네트워크와 제도 등 시스템을 잘 갖춘 집단은 지역 강자로서의 자리를 넘어서 일대를 망라하는 강력한 세력으로 성장했다. 바로 고대국가가 성립되는 시기였다.

인류 역사를 보면, 고대국가가 세워지고 고대 문명이 탄생한 지역은 메소포타미아, 이집트, 인더스 강, 황허 강 등 적어도 네 곳 이상이다. 이곳 외에도 알려지지 않았거나 규모가 작은 문명이 많았을 것이다.

자, 그럼 이제 이 내용을 질병이라는 코드로 살펴보자.

초기 농경사회에서는 약탈농법으로 단일 혹은 소수의 식물만을 집중적으로 경작한 탓에 일정 시간이 지나면 소출이 줄었고 땅은 더 이상 경작하기에 적합하지 않은 상태가 됐다. 따라서 사람들은 다시 삼림을 파괴해서 경작지를 만들어야 했다.

그 결과, 이전에는 문제가 되지 않던 새로운 기생생물이나 질병의 위협이 증가했다. 인류를 초원에서 내몬 말라리아 같은 감염병이 다시 위협적으로 발생한 것이다. 넓은 공지가 생기자 말라리아를 매개하는 아노펠레스 모기가 쉽게 번식했다. 아노펠레스 모기는

아노펠레스 모기

다른 동물이 드물어졌기 때문에 인간의 피를 빨아 먹었다. 결국 다시 말라리아가 만연하게 됐다.[1]

이 현상을 잘 설명할 수 있는 비슷한 예가 있다. 19세기 이후 아프리카를 정복한 유럽인이 펼친 식민정책 때문에 발생한 사건이다. 멀리건은 1971년 《아프리카인의 기면병 The African Trypanosomiases》에 유럽인이 아프리카에 새로운 농경법을 적용하고자 도입한 가축 탓에 발생한 일을 기록했다. 전에 없던 질환인 우역牛疫이 퍼져 야생동물이 거의 몰살당했고, 야생동물이 사라지자 이들의 피를 빨던 체체파리가 사람을 공격해 기면병이 발생했으며, 결과적으로 수많은 사람이 죽었다고 지적했다. 그 결과 이 지역은 늘어난 체체파리 때문에 지

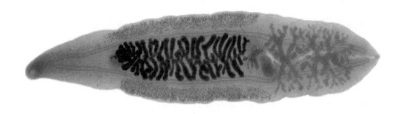

흡충과의 대표적 생물인 간디스토마

금도 사람들의 정착이나 농경지 경작이 어렵게 됐다. 인류는 집단화와 문명화 과정에서 과거에는 볼 수 없던 새로운 질병을 발생시켜 자기 자신을 위협하고 만 것이다.

정착 생활과 농경의 발달이 가져온 또 다른 문제도 있었다. 농사를 지으려고 끌어들인 물속에 존재하는 기생충이 일으킨 감염도 늘 수밖에 없었다. 디스토마라고 알려진 주혈흡충이 일으킨 감염이 대표적이다.

관개농업이 발달한 지역일수록 얕은 물에서 작업해야 하는 사람에게 감염 위험이 클 수밖에 없다. 오히려 인류가 처음 생활한 열대 우림 지역보다 더 위험했을 것이다. 늘어난 인구가 좁은 지역에 농사를 집중하면서 촌락 주변으로 폐기물이나 배설물이 쌓이게 되고, 이런 환경에 서식하는 세균과 기생충이 늘어나게 됐다. 결국 인체 감염이 일어나고 인체 간 전파 가능성도 높아졌다.

그런데 초기 문명기에는 정착 생활 탓에 발생한 감염병으로 인구가 줄어들기보다는 오히려 늘었다. 당시 인구밀도가 원시 수렵시대에 비해 10~20배가량 증가한 것으로 알려졌다. 감염병이 심각한 문제를 일으켰을 가능성도 물론 있지만, 오랜 시간이 지나면서 사회 구성원 대부분은 질병 면역력이 커졌고, 기생체가 지속적으로 감염을 일으키기에는 사회 구성원 수가 적었기 때문으로 보인다. 한 연구 결과에 따르면, 한 지역 내에서 감염 경로의 사슬이 끊어지지 않고 전염병이 지속적으로 창궐하려면 인구가 적어도 40만 명은 돼야 한다. 인류 초기에는 인구 40만 명을 유지할 수 있는 초거대 문명이 없었다.

실제 인류 문명을 살펴보더라도, 초기 단계에는 많은 질병이 생기고 새로운 질병으로 고생하기도 했지만, 지금까지 알려진 바에 따르면 어떤 문명도 한 질병에 지속적으로 고통받았다거나 멸망했다는 증거는 없다. 게다가 질병 대부분은 점점 약화되고 토착화하면서 더 이상 사회에 위협이 되지 못했다.

정작 심각한 문제는 문명이 확장하는 시기에 발생했다. 사람 수가 늘고 자원이나 노동력이 더 필요해지면 영역을 넓힐 수밖에 없다. 이때 필연적으로 주변 지역과 접촉하게 된다. 그 과정에서 문명권 밖의 새로운 지역 병을 만나거나, 반대로 문명권 내의 병이 주변 사회로 퍼지면서 한 지역에서 안정돼 있던 질병에 변화가 생긴다. 그동안 경험하지 못한 새로운 병을 맞닥뜨린 문명에 무시무시한 질병이 창궐하게 되는 것이다. 이 단계에서는 인구가 이미 충분히 늘어나 있어 전염병은 막강한 파괴력으로 지속적으로 창궐할 수 있다. 이제 질병이 한 문명을 좌지우지할 수 있는 시대에 접어든 것이다.

지금까지 살펴봤듯 인류는 문명 초기에 이와 비슷한 일을 경험했다. 기록을 남기지 못한 과거 오랜 세월 동안 인류는 사회 확장과 질병 피해 또 이로 인한 필연적 변화를 겪었다. 우리가 그 모든 것을 다 알 수는 없다. 하지만 인류가 기록을 남길 수 있는 능력을 습득한 이후로는 이야기가 다르다. 이제 우리는 역사 속에 기록된 질병이 어떠했는지 알아보는 모험을 떠나보도록 하자.

인간은 농경을 하고 정착하면서 시간 개념을 깨달았을 것이다. 씨를 뿌리고 거둬들이는 알맞은 계절, 즉 시간을 정확하게 알아야 살아남을 수 있었다.

원래 영어의 season이라는 말에는 'sow', 즉 '씨를 뿌리다'라는 의미의 어원이 있다. 말하자면 씨를 뿌리는 시기를 뜻하던 말이 경작하고 가꾸는 여름, 추수하는 가을, 저장하는 겨울까지 포괄해 계절을 뜻하는 말로 변화했다.

season의 변형 가운데 seasoning이라는 단어가 있다. '양념을 치다'라는 뜻인데 일견 원 뜻과 연관되지 않은 듯하다. 그런데 마치 봄에 씨를 뿌리듯 양념을 술술 뿌리는 장면을 떠올리면 된다. 이 단어가 seasoned technician(노련한 기술자)처럼 사용되면 '경험 많은'이라는 뜻이 된다. 세월이 흘러 경험이 쌓였다는 의미다. 씨를 뿌리고 시간이 흘러 경험이 쌓이면서 발전하는 문명이, 마치 다양한 양념이 곁들여지듯 다채롭게 발전한다는 의미 같다.

오스트레일리아 토끼와 아스테카의 운명

인구밀도가 일정 수준 이상 높아지면 세균이나 기생체 등이 사람에게서 사람으로 직접 전파될 수 있다. '세균―중간숙주(여러 포유류를 포함한 동물)―종말숙주(인간)'라는 기본 생활환과 감염 경로를 거치지 않는다는 뜻이다. 사람 간 직접 전염이 발생하면 질병이 급속하게 전파된다. 사람들이 활발하게 접촉하고 교류할수록 오염원을 중심으로 전파되는 속도와 범위는 넓어질 수밖에 없다.

그렇다고 세균이나 기생체 전파가 무한정 일어나지는 않는다. 동물이나 인간에게는 특유의 면역체계가 있기 때문에 한 번 감염되면 몸속에 항체가 생겨 짧게는 수년에서 길게는 일생 동안 유지된다. 그래서 동일한 세균에 반복적으로 감염되기는 어렵다.

한 질병이 지속적으로 유지되고 전파되려면 면역력이 없는, 말하자면 그 질병에 노출된 적이 없는 사람이 '꾸준히 새로' 공급돼야 한다. 새로 태어나는 인구가 많거나, 외부에서 유입되는 인구가 일정 수준 있어야 가능하다. 통계에 따르면, 한 질병이 지속적으로 창궐하려면 집단 내에 감수성이 있는(면역력이 없는) 새로운 인구가 적어도 7,000명 이상 유지돼야 한다. 이 조건을 충족하려면, 앞서 말했듯, 그 집단의 인구가 적어도 40만 명 이상이어야 한다.[2]

인구가 충분하고 외부에서 유입되는 사람이 있다 하더라도 시간이 흐를수록 면역력을 획득한 사람이 더 많아지기 마련이기 때문에, 몇 세대가 지나면 초기에 맹위를 떨치던 전염병도 인간이 잘 견딜 만큼 증상이 약화된다. 또 성인은 거의 잘 걸리지 않을뿐더러 새로 태어난 아이만 걸리는 소아 전염병으로 전락한다. 이 과정을 거치면 전염병은 단순한 풍토병이 돼버려, 적어도 그 지역 사람에게는 더 이상 위험하지 않다.

사회가 질병에 적응하는 과정을 보여주는 좋은 예가 있다. 인간에게 일어난 일은 아니었고, 아주 '우연한' 사건이었다.

1859년 영국에서 오스트레일리아로 이주한 사람들이 식용 목적으로 토끼를 들여왔다. 온난한 기후의 '신대륙'에서 야생으로 풀려난 토끼는 천적이 없어 그 수가 폭발적으로 늘어났다. 불과 100년이 되지 않아 토끼는 오스트레일리아 전역을 장악했다. 이 탓에 소나 양이 먹을 목초지가 없어지고 산림이 황폐해지는 지경에 이르렀다(황소개구리가 생태계를 위협하던 한국의 상황과 매우 유사하다). 고심하던 오스트레일리아 정부는 1950년, 야생화한 토끼에게 치명적인 바이러스를 감염시키기로 결정했다. 브라질 토끼의 점액종 바이러스를 이식하기로 한 것이다. 오스트레일리아 토끼에게 이식한 점액종 바이러스는 브라질 토끼에게는 이미 토착화한 질병이었다. 하지만 브라질 토끼와는 달리 오스트레일리아 토끼들에게는 치명적이었다. 이는 놀라운 결과를 보여줬다. 한 해가 지나자 오스트레일리아 전역의 야생 토끼 99퍼센트가 죽었다. 2년째에는 치사율이 90퍼센트에 이르렀다.

그런데 시간이 지나면서 치사율이 점점 낮아지더니 7년째가 되자 치사율이 25퍼센트로 줄어들었다. 야생 토끼에서 채취한 바이러스의 독성도 해마다 약해진 사실을 발견했다. 결국 오스트레일리아의 야생 토끼는 멸종되지는 않았고, 토끼 개체 수는 최소에 이른 뒤 조금씩 회복했다.[3]

이를 사람의 경우에 대입해보면 아주 흥미로운 결과를 얻을 수 있다. 오스트레일리아에서 토끼 수가 가장 많이 준 때는 1950년부터 1953년까지 3년이었다. 토끼의 출생부터 생식까지 시간이 대략 6개월에서 10개월 정도인 것을 감안하고, 인간의 한 세대를 25년이라 가정해 시간을 환산해보자. 토끼에게 3년이라는 기간은 인간에게는 대략 90년에서 150년 정도에 해당한다. 한 사회가 치명적인 전염성 질병에 타격을 입어 인구가 줄어드는 기간이 90년에서 150년이라는 말이다. 그리고 다시 안정되는 데 걸리는 시간은 120년 정도다. 즉, 한 사회에서 전염병이 발생한 이후 (특별한 의학적 조치가 없는 상태에서) 자연적으로 사망과 생존 사이의 균형이 맞춰져 안정화되는 데는 네다섯 세대 정도가 필요하다.

중요한 대목이 하나 더 있다. '안정화됐다'는 말은 사회 구성원 모두가 그 질병을 극복했다는 의미가 아니다. 질병으로 사망하는 개체와 내성을 획득하고 살아남는 개체 사이에 균형이 생겼다는 뜻이다. 감염 사망률이 감소했지만 그 뒤 오랜 시간이 흘렀음에도 오스트레일리아 토끼의 개체 수가 더는 증가하지도 감소하지도 않았다.

이와 유사한 사례가 인류 역사에도 있었다. 아스테카 문명이 수가 많지 않은 에스파냐군에게 정복된 사건이다. 전력 차이가 아니라 에스파냐인이 들여온 천연두 때문임은 널리 알려졌다. 이방의 침략자를 전설 속의 신, 케찰코아틀로 여겨 무방비 상태로 맞아들이긴 했지만, 몬테주마 황제가 살해되자 사실을 깨닫고 봉기한 아스테카군이 역공을 가했을 때 에스파냐군은 패퇴할 수밖에 없었다. 하지만 침략자들과 함께 침범한 천연두가 불과 얼마 되지 않는 시간에 아스테카 부흥군의 지도자와 수많은 병사를 몰살시켰다. 결국 아스테카 문명은 재기하지 못하고 멸망했다. 유럽에서는 그다지 치명적이지 않은 세균이 위대한 문명을 속절없이 몰락시킨 결과를 낳은 것이다(에스파냐군은 병이 창궐하는 전쟁터에서 피해 입지 않은 것을 두고는 자신들이 '신의 축복을 받는 일을 하기 때문'이라고 여겼단다).

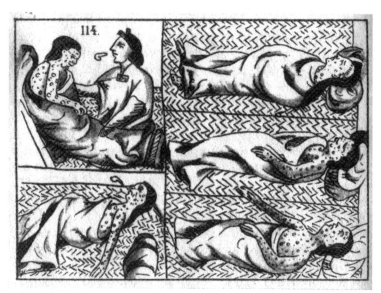

천연두에 걸린 아스테카인

　이런 '사건'은 비단 전쟁만이 아니라 문명 교류에서도 일어날 수
있다. 소수라 할지라도 외부 세계에서 들여온 물건이나 문화에는
필연적으로 생소한 질병이 묻어올 수밖에 없다. 서양에서 전염병이
전파되는 경로를 연구한 한 논문에서 이 현상을 지적했다. 교육과
징집 제도가 마련된 뒤 젊은이 사이에 전염병이 만연한 사례다. 소
아 전염병을 전파하는 데 가장 중요한 역할을 한 곳이 아이러니하
게도 아이들을 모아서 교육한 학교였다. 마찬가지로 군대에 소집된
청년 사이에도 질병이 번져나갔다. 특이하게도 허약한 도시 청년보

다 건강한 시골 청년이 병에 더 잘 걸렸고 더 많이 희생됐다. 시골 청년은 도시 청년보다 병에 덜 노출됐기에 훨씬 불리했다고 한다.[4]

인류가 집단화하면 필연적으로 여러 질병이 발생한다. 다행히 질병에 희생되지 않고 살아남은 집단은 질병과 균형을 이뤄 살다가 문명을 이룬다. 그러나 문명이 확장해 주변 지역과 교류하면서 예상치 못한 엄청난 결과를 초래한다. 이제 이 이야기를 해보자.

수메르, 질병으로 무너지다

인류 역사상 최초의 문명이 탄생한 지역은 비옥한 초생달 지대라고 불린 땅이었다. 두 거대한 강 사이에 걸쳐진 곳이다. 이 지역을 원래 땅의 지형을 설명하는 말 그대로 메소포타미아라고 부른다. 이 지역은 땅이 비옥하고 강에서 물을 끌어 대는 관개농업을 하기에 용이했다. 이 덕분에 매우 이른 시기부터 정착 생활이 가능했다.

처음 메소포타미아 지역에는 다른 지역과 마찬가지로 소규모 공동체 사회가 성립됐다. 곧 점점 더 많은 인력과 경제활동을 위한 자산이 필요해지면서 여러 공동체가 합쳐 영역을 넓혀갔다. 그 결과 이 지역에서는 도시 단위의 국가가 나타났다.

메소포타미아 문명의 역사가 중요한 이유는 최초의 기록을 남겼

이라크에 있는 고대 지구라트

기 때문이다. 이 덕분에 동서양의 문명이 서로 영향을 주고받으면
서 발전할 수 있었다. 게다가 오늘날 인류가 누리는 문명의 상당 부
분이 거슬러 올라가면 메소포타미아에 이르게 된다는 사실은 그리
놀랍지 않다.

잠시 메소포타미아 지역의 역사를 살펴보자. 서기전 4000년경부
터 초기 농경사회 세력이 합쳐지면서 인류 최초의 문명인 수메르
문명이 탄생했다. 《성경》에 수메르 문명은 바벨탑을 세웠다고 기록
돼 있다. 바벨탑은 우루크(이라크 남부에 있는 수메르의 도시 유적)의 거
대 지구라트(고대 바빌로니아, 아시리아 유적에서 발견되는 피라미드 모양
의 성탑) 가운데 하나일 가능성이 매우 높은 것으로 알려졌다. 수메

르는 독자적인 언어를 가진 문명이었지만 그 기원은 밝혀지지 않았다. 다른 지역에서 이주해 온 사람들이 이룩한 수메르 문명은 독자적이라기보다는 토착 세력과 융합됐다고 보는 편이 타당하다.

수메르 문명에는 지역적 환경에서 기인한 특징이 많다. 석재나 골재를 구하기 어려워 진흙을 볕에 구워 건물을 지을 수밖에 없었기 때문에 비와 강풍으로 건물이 무너지는 재해를 자주 겪었다. 그래서 신에게 올리는 제사를 중요하게 여겼고, 덩달아 사제의 역할이 매우 중요할 수밖에 없었다. 수메르인은 변신(인간이 다른 형태로 탈바꿈하는 일), 환생, 점성학을 믿었다. 다른 사회와 마찬가지로 기형아 출생을 불길한 징조나 악마의 농간으로 여겼다.

당시 기록이 많지 않기도 하지만, 질병에 관한 기록은 더더욱 없다. 다만, 《함무라비법전》에 의료와 관련한 보상과 징벌 기준이 기록돼 있다. 이 기록을 살펴보면 수준이 상당한 의사들이 있었음을 알 수 있다. 물론 점성학이 발달한 사실을 볼 때 미신적인 부분도 있었음을 짐작할 수 있다. 그러나 별의 움직임에 따라 계절이 바뀌고 질병이 발생한다고 믿은 점에서 질병 관련 기록을 (그 피해가 적지 않았음을) 엿볼 수 있다. 또한 세계에서 가장 오래된 이야기라는 《길가메시 서사시》에는 대홍수보다도 무서운 네 재앙 가운데 하나가 '전염병을 몰고 오는 역신이 찾아오는 일'로 기록돼 있다.

수메르 문명은 오랜 시간 동안 번성했지만 서기전 2500년경 외부에서 이주해 온 셈족이 세운 아카디아 왕국에 무너졌다. 시작과 마찬가지였다. 결국 이 지역에서는 수메르어가 점차 쇠퇴해 학술 언어(오늘날의 라틴어처럼)로만 남았다. 일상, 사회, 행정, 정치 등에는 셈어가 사용됐다. 서기전 3000년부터 서기전 2000년에 이르는 시간 동안 메소포타미아 지역 대부분에서 셈어가 수메르어를 대체한 '사건'을 두고, 셈어를 쓰는 이주민(침략자)이 수메르인을 몰아냈기 때문이라고 생각할 수도 있다. 그런데 전 세계 모든 문명 발상지의 역사를 살펴보면, 메소포타미아 지역의 이 사건은 이상하지 않을 수 없다. 한 지역에 천재지변이라 할 크나큰 재앙이 닥쳐 지역 주민 거의 대부분이 희생되지 않고서는 좀처럼 일어나기 힘든 일이 벌어진 것이다. 하지만 이 시기 메소포타미아 지역에 큰 전쟁이나 대기근 등 천재지변이 일어났다는 증거는 아직 없다.[5]

이 사건에 관해 흥미로운 주장을 한 사람이 있다. 윌리엄 맥닐은 《전염병과 인류의 역사》에서 이 사건을 단순히 '정복/피정복' 관계로 봐서는 안 된다고 말한다. 대부분의 문명을 무너뜨리는 세력은 상대적으로 문화 수준이 낮은 변방 민족이다. 그런데, 변방 민족이 문명권을 지배하게 되더라도 수준 높은 문화에 동화돼 얼마 지나지 않아 기존 문명권에 흡수돼버리기 마련이다. 맥닐은 셈족이 들어오자마자 사회의 기본 언어가 곧바로 셈어로 바뀐 점을 지적하면서 그 원인으로 질병을 지목했다. 앞서 말했듯 기존 문명이 붕괴될 만큼의 천재지변이나 사회 변화가 있지 않고서는 이런 일은 불가능하다. 그는 메소포타미아 지역에 어떤 질병이 창궐했기 때문에 지배 계층이 몰락했고, 기존 언어를 쓰던 사회 체계마저 무너져 문화 수준이 낮은 이민족인 셈족이 그 지역을 지배할 수 있었다고 주장했다.

맥닐은 근대 합스부르크 제국에서 일어난 일을 근거로 들었다. 합스부르크는 오늘날 발칸반도 지역과 동유럽, 오스트리아, 독일, 스위스에 걸친 대제국이었다. 제국이 번성할 무렵 사람들은 자신들의 언어 대신에 독일어를 배울 수밖에 없었다. 두세 세대만 지나면 모두 다 독일어를 썼고, 문화 면에서도 완벽하게 동화됐다. 그런데 1830년 콜레라 대유행 당시 많은 사람이 희생되자 합스부르크 제국의 문화 체계와 지배 구조가 붕괴됐다. 사람들은 더 이상 독일어를 배워야 할 이유가 없었다. 헝가리, 체코 등 과거 합스부르크 왕가가 지배한 모든 지역에서는 각자의 언어를 쓰는 사람들이 지도층으로 부상했다. 그러자 민족주의가 대두됐고, 합스부르크 왕가의 지배도 종식을 고했다.[6]

이처럼 한 문명에 급격한 변화가 생겼다면 그 배경에는 원인이 분명 있을 수밖에 없다. 더불어 인간 집단이 살아가는 지역에 질병이 없다는 것은 말이 되지 않는다. 크건 작건 질병으로 인한 고통은 끊임없이 이어진다. 어떤 경우에 질병은 사회에 영향을 미쳐 문명의 흐름까지도 바꾼다. 하물며 문명 내에서 일어나는 일보다 문명 간 충돌이 일어났을 때 벌어지는 일은 더욱 큰 문제를 일으킬 수 있다.

기나긴 메소포타미아 문명의 역사에서 잠시 주목할 만한 장면이 있다. 신앙의 아버지로 추앙받는 아브라함이 바로 이 지역과 관련 있다. 재건된 수메르 왕국이 동쪽의 야만적인 유목민에게 침범받을 무렵, 아브라함은 지금의 이라크 남부 지역인 우르를 떠나 지금의 터키 지역인 하란으로 이주했다. 그러나 《성경》(〈창세기〉 12:1~4)에 따르면, 아브라함이 고향 집을 떠나 가나안으로 가도록 하나님의 부름을 받은 장면의 배경은 우르가 아니라 하란이다. 그래서 가나안 지역에 유대인이 정착할 수 있었다. 이들이

가나안으로 향하는 아브라함

셈족 계통의 언어를 사용한다는 점을 볼 때, 이들을 수메르족 일파가 아니고 이 지역에 정착해 살던 셈족 일파로 보아야 한다. 이들은 훗날 세계의 역사를 바꿀 불씨가 된다. 바로 그 뿌리가 메소포타미아에서 비롯했다.

메소포타미아의 의학

메소포타미아 지역에서 발생한 전염병에 관한 기록은 최소한 서기전 2000년 정도까지 거슬러 올라간다. 서기전 5세기경에는 이 지역에 많은 사람이 모여 사는 공동체가 형성됐고, 거듭되는 전염병에 대한 대책을 세울 정도였다고 한다. 이집트와 메소포타미아 지역의 의사는 아주 오래전부터 전문 직업이었다. 서기전 17세기경 바빌로니아 의학 관련 문헌을 살펴보면 "한 여인이 전염병을 앓고 있으므로 이 여자가 쓴 컵이나 식기로 물을 마셔서는 안 되며, 그녀가 사용한 의자나 침대를 써도 안 되며, 그녀의 숙소를 방문하는 것도 금지한다"라는 언급이 있다. 이런 견해는 상당한 의학적 지식이나, 전염병에 관해 축적된 오랜 경험이 있다는 것을 반증한다.

4 고대

역사의 기록자

이집트 탈출과 람세스 2세의 천연두

메소포타미아 문명을 최초의 문명으로 인정하는 데는 크게 무리가 없다. 간혹 이보다 더 빠른 문명이 있었다고 주장하는 사람들이 있지만, 그 주장을 뒷받침할 만한 증거는 아직 발견되지 않았다. 메소포타미아 지역이 비약적으로 발전해 서아시아 일대와 북부 아프리카, 지중해 연안 등 다른 지역에 영향을 끼쳐 이들 지역의 발전을 자극했다는 주장에도 이견이 없다. 메소포타미아 지역에서 여러 나라가 각축을 벌이며 명멸하고 성장하고 있을 무렵, 인근 지역 아프리카에서는 이집트가 자리 잡았고 지중해 연안에서는 해양 세력이 성장했다.

초기에 막강한 위세를 떨치던 바빌론 제국이 말기에 이르러 세력이 약화되자, 메소포타미아의 새로운 패권자로 히타이트가 등장한다. 같은 시기에 아프리카에서는 나일 강을 중심으로 이집트가 성장하고 있었다. 서기전 5000년경 신석기 문명이 발생한 뒤 서기전 31세기가 되자 상, 하 이집트 통일 왕국이 탄생했다.

전형적인 다신교 신앙을 유지하던 이집트는 제18왕조에 이르러 일대 변혁을 일으킨 왕이 등장했다. 제18왕조의 10대 왕 아멘호테프 4세는 태양신 아톤을 유일신으로 모시는 일신교를 주창하고 수도를 옮기는 등 과감한 정치를 펼쳤다. 자신의 이름을 '암몬이 기뻐한다'라는 뜻의 아멘호테프에서 '아톤을 섬기는 자'라는 뜻의 이크나톤으로 개명하기까지 했다. 그러나 그의 개혁은 실패로 돌아갔다. 아멘호테프의 세력을 숙청한 뒤 제19왕조가 세워졌고, 제3대 왕이자 이집트 역사상 가장 위대한 왕으로 추앙받는 람세스 2세의 시대가 열렸다. 람세스 2세는 소설로 우리에게 잘 알려진 인물이자 《성경》〈출애굽기〉 편의 주인공이기도 하다.

먼저 그의 치세에 벌어진 출애굽 사건과, 이집트와 서남아시아의 시대상을 살펴보자.

애굽(이집트) 탈출을 이끈 유대 민족의 지도자 모세는 유대인 가정에서 태어난다. 유대인 사내아이는 태어나는 즉시 죽이라는 당시 파라오의 명을 피해 모세는 나일 강에 버려진다. 다행히 파라오의 딸에게 구출돼 그녀의 양아들이 된다. 이집트 왕실에서 성장하면서 람세스 2세와 유년 시절을 함께 보낸다. 하지만 자신이 유대인이란

람세스 2세 석상

사실을 알고는 유대인을 학대하던 관리를 살해한 뒤 쫓기는 신세가
된다. 친척에게 몸을 의탁하고 있을 무렵 그는 여호와의 부름을 받
아 유일신 신앙을 갖게 되고, 유대 민족을 구원할 지도자로 선택된
다. 《성경》에는 유대인이 애초에 가지고 있던 유일신 신앙을 모세가
직접 체험해 깨달았다고 나온다. 한편으로는 이크나톤 치세에 성립
된 유일신 신앙에 영향받은 결과라는 주장도 있다.

유대인은 원래 메소포타미아가 근거지였으나 민족의 시조로 추
앙받는 아브라함 시절에 가나안으로 이동했다. 세월이 흐른 뒤 유
다 일족을 중심으로 한 유대인이 기근을 피해 이집트로 옮겨가 살

았다. 이 시기 이집트는 힉소스의 지배를 받았다. 처음에 유대인은 지식과 성실함, 현명함을 인정받아 정치적 영향력이 있는 고위 집단으로 자리 잡았다. 하지만 약 200년이 지나자 상황이 판이하게 변했다. 람세스 2세가 즉위할 당시 유대인은 모두 강제 노역에 동원되는 등 노예로 살았고, 유대인 인구를 제한하기 위해 사내아이를 학살하는 등의 횡포가 자행되고 있었다.

람세스 2세는 현명한 왕이었다. 왕권을 강력하게 세우고 정복 활동을 왕성하게 했다. 물론 시리아의 지배권을 두고 벌인 히타이트와의 전쟁에 16년간이나 시달리기는 했지만, 이집트를 가장 융성하게 성장시킨 왕인 것만은 분명하다. 그런데, 이상한 일은 그의 치세에 이집트 노동력의 중요한 부분을 차지하는 노예들이 대규모로 탈출하는 사건이 벌어졌다는 점이다. 유대인은 앞선 왕들의 시대부터 학살을 통한 인구 억제 정책을 써야 할 만큼 수가 많았다. 이집트의 위대한 건축 상당 부분을 맡은, 말하자면 필수 인력인 셈이다. 어느 누가 이런 인력이 탈출하도록 방치할 수 있겠는가? 더구나 이집트의 국력이 최전성기에 이른 바로 그 시점에 말이다.

《성경》에는 하나님의 기적으로 유대인이 탈출에 성공할 수 있었다고 기록됐다(실제 '기적'이라고 받아들여도 무방하다. 기적이 아니고서는 상상하기 힘든 사건이다). 《성경》에 따르면 모세의 말을 듣지 않는 왕에게 하나님은 끔찍한 벌을 내린다. 모세의 열 가지 기적을 뜻하는데 오늘날에도 의견과 해석이 분분하다. 하나하나 다 들여다볼 필

〈홍해에 빠지는 파라오의 군대〉

요는 없고, 몇 가지만 살펴보자.

먼저 이집트의 젖줄인 나일 강이 핏빛으로 변하고 악취가 나 먹을 수 없게 됐다. 뒤이어 이와 등에 같은 해충이 들끓었고 가축이 병들어 죽었고 부스럼, 독종毒腫, 전염병이 번지는 재앙이 닥쳤다. 또 이집트의 장자가 모두 하룻밤 새 죽었다. 게다가 이집트 전역이 어둠에 휩싸여 천지를 분간할 수 없었다. 유대인이 탈출하는 과정에 홍해가 갈라지는 결정적인 '기적'도 일어났다. 결국 모든 유대인이 이집트를 탈출해서 자유를 얻었다.

과학자들은 이 사건이 실제로 벌어졌을 가능성이 매우 크다고 판단한다. 특히 홍해가 갈라진 사건을 두고는, 인근 지역에서 지각변동이나 대규모 화산 폭발에 이은 쓰나미 같은 천재지변이 일어난 일을 근거로 든다. 이는 지중해의 아름다운 섬 산토리니가 화산 폭발로 하룻밤 새 섬 중앙부 대부분이 폭삭 가라앉은 사건을 말한다. 이 주장에 따르면 출애굽은 서기전 15세기에 일어난 사건이어야 한다. 그런데 출애굽은 서기전 13세기에 일어났다는 게 정설이다. 산토리니 화산 폭발을 근거로 대기에는 시간 간극이 너무 크다.

그렇다면 이 모든 기적을 어떻게 해석해야 할까? 타당성이 있는 해석은 이렇다. 정확한 원인을 알 수는 없지만 람세스 2세 시대에 천재지변이 이집트 전역을 덮쳤다. 나일 강이 범람했으며, 하늘이 밤낮을 가리지 않고 어두워졌고, 해충이 들끓었고, 가축과 사람에게 전염병이 번졌다. 이집트 지도층이 더 큰 피해를 입었는데, 왕과 대신들의 지배력이 약해져 행정조직이 와해된 틈을 타 유대인이 탈출을 감행했다. 실제 서기전 13세기경 이집트 지역에 질병이 창궐했다는 증거가 있다. 천연두일 가능성이 높다고 한다. 그 증거로 람세스 2세(미라)의 피부에 보이는 천연두 자국이 거론된다.

이 이야기에서 빼놓아서는 안 될 사건이 하나 더 있다. 바로 람세스 2세와 무와탈리 왕, 즉 이집트와 히타이트 사이에 16년간 벌어진 카데시 전투다. 고대에는 꽤 오랫동안 전쟁을 하는 경향이 있었지만, 16년간이나 전쟁을 벌였는데 양쪽 모두 성과가 없었다는 점은 분명 이상하다. 당시 두 왕국의 군대는 모두 근거지를 벗어나 시리아의 카데시에서 전쟁을 벌였기 때문에 보급이 수월하지 않았을 것이다. 전술적으로 볼 때 결국 속전속결이 가장 유리하다. 그런데 무엇 때문인지는 모르나 두 군대는 첫 전투 말고는 그저 대치 비슷한 상태로 장장 16년을 허비하다가 평화협정을 맺는다.

이 전쟁을 두고도 역시 여러 해석이 가능하다. 둘 다 기마전차 부대라는 당대 최고의 군사력을 보유해 전력의 우열을 가리기는 힘들었고, 두 왕 역시 탁월한 능력과 지혜가 있었기에 승패를 쉽게 가릴 수 없었다. 타당한 해석이다.

그런데 나는 조금 다르게 본다. 두 왕국의 군대는 장거리를 이동해 오늘날의 시리아 부근에서 전쟁을 치렀다. 당연히 보급에 문제가 생기고 피로가 쌓이는 등, 두 군 모두 '체력'이 저하됐을 것이다. 게다가 낯선 환경에서 생소한 질병에 노출됐을 가능성이 매우 높다. 이런 이유로 양측 모두 많은 병사가 속절없이 죽었을 것이다. 실제로 첫 전투 빼고는 이렇다 할 전투가 없었는데, 양측 모두 전력 손실이 컸기 때문에 먼저 과감하게 공세를 취할 수는 없었을 것으로 본다. 역사서에는 서로 승리했다고 기록했지만(물론 양쪽 모두 패하지도 않았다), 사실 질병이 승리한 것이 아닐까.

해석을 확대해보자. 보통 전쟁을 오래 끌다 보면 뭔가 '깔끔하게' 마무리되지 않는다. 보급 물품과 지원 부대를 보충받아야 하고 부상병을 후송해 치료해야 하는 등 지속적으로 자국과 접촉해야 한다. 이런 과정에 전장에서 발생한 질병이 이집트로 유입됐을 가능성도 충분히 있다. 아무튼 전쟁에서 발생한 질병이 이집트 전역에 타격을 주었다고 본다. 특히 고대의 전쟁에서는 귀족이나 지배층이 병역을 담당했기 때문에 이들이 더 큰 피해를 입었을 것이다. 이는 지배력 약화로 이어졌고 결국 '모세의 기적'에 나오는 한 장면이 연출됐다면, 너무 무리한 가정일까?

그런데 긴 세월을 끈 이 전쟁의 결과는 어땠을까? 이집트의 경우 영토 확장을 더 이상 하지 못했다. 패퇴하지는 않았지만 람세스 2세를 정점으로 국력이 점차 쇠약해졌다. 히타이트의 경우도 마찬가지다. 시리아에서 퇴각한 뒤 국력이 급속도로 쇠퇴했다. 결국 얼마 되지 않아 서방에서 침입한 세력에 무너졌다. 질병이 바꾼 전쟁의 결과, 당대 최강의 군사력을 자랑하던 히타이트가 속절없이 멸망하고 만 것이다.

사실 카데시 전투의 중요한 점은 따로 있다. 바로 이때 오늘날까지 이어지는 세계 분쟁의 씨앗이 잉태됐다. 질병이 창궐해 유대인이 애굽을 탈출한 뒤 세계에서 가장 중요한 둘 이상의 종교가 만들어진다. 역사에 가정이란 적절하지 않지만, 만약 이때 질병이 발생하지 않았다면 유대인은 노예로 살다가 결국 이집트인에 동화돼 민족 자체가 흔적도 없이 사라졌을 가능성도 높다. 만약 그랬다면, 지금 서구 정신세계의 큰 축을 이룬 기독교는 생기지도 못했으리라. 이슬람교 역시 마찬가지다. 혹시 계열이 비슷한 다른 셈족의 종교가 생겨났을지 모르지만, 오늘날처럼 종교 갈등이 심하지 않았을 가능성도 있다. 너무 희망적이고 순진하기까지 한 가설이긴 하지만.

이집트는 서기전 31세기 무렵 메네스(혹은 나르메르) 왕이 통일했다. 나일 강이 매년 일정하게 범람해 토지가 비옥했고 농업이 발달했다. 매년 범람하는 강물 탓에 토지의 경계가 없어져 경계를 계측하고 측량하는 기술도 일찍부터 발달했다. 그 결과, 수학과 기하학, 천문학 등 과학과 건축과 토목 등이 발전했다.

온난한 기후와 관개농업 덕분에 생산량은 많았지만, 동시에 이런 환경에서 잘 발생하는 질병 탓에 고통받는 사람도 많았을 것이다. 4,000년 전의 이집트의 미라에는 주혈흡충증과 골질환, 결핵, 신장결석, 동맥경화증 등 여러 손상의 흔적이 남아 있다. 일부 미라에는 피부에 천연두를 앓은 흔적을 볼 수 있다.

이집트의 신화를 보면, 건강의 신 토트, 의료의 신 레와 이시스, 역병의 신 세트, 질병의 여신 세크메트가 나온다. 가장 중요한 의신은 임호테프다. 히포크라테스가 '의신'으로 추앙받듯 임호테프 역시 실존 인물이 신격화됐다. 그는 파라오 조세르 시대의 대신으로 서기전 2650년에서 서기전 2600년까지 생존한 것으로 알려졌다. 역사상 최초의 건축학자이자 공학자이며 동시에 의사이기도 한 천재였다. 그는 건축과 공학의 신이며 동시에 의신으로 절대적인 추앙을 받는다. 그의 후계자들이 작성한 파피루스가 남아 있는데, 그 가운데 하나는 수술에 관한 완벽한 논문이다. 다양한 손상 환자 48명에 대한 진단과 치료 과정을 정확하게 기술하고 있다.

임호테프 좌상

시카고 대학의 고고학자 제임스 브레스테드는 서기 전 1700년경 쓰인 에드윈 스미스 파피루스를 번역했다. 그는 이 파피루스가 임호테프와 후계자들의 지식을 총망라한 것임을 발견하고, 의학의 아버지를 히포크라테스가 아닌 임호테프로 정정해야 마땅하다고 주장했다.

임호테프의 후예는 의학 집단medical cult 으로 추앙받았는데, 이를 이은 것이 '의학의 신' 아스클레피오스를 추종하는 집단이다. 이렇듯 이 위대한 의학자 임호테프가 이룬 업적은 에게 해 인근 지역과 그리스에 영향을 끼쳐 아스클레피오스를 거쳐 히포크라테스에게 이어지면서 서양 의학의 뿌리가 됐다.

호루스의 눈

처방전을 보면 약 이름이 나오기 전에 이상한 글자 하나를 발견할 수 있다. 이 글자는 영어 대문자 R과 비슷하게 생겼는데(R) 이

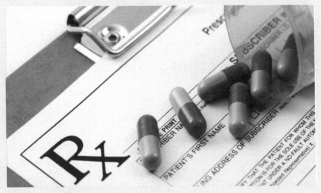
호루스의 눈을 상징하는 R

집트에서 유래했다.

이집트 신화에서 매로 형상하는 태양의 신 호루스는 죽음과 부활의 신 오시리스와 최고의 여신이자 의신이기도 한 이시스의 아들이다. 이시스는 세트에게 죽임을 당해 산산조각 난 채 나일 강에 버려진 오시리스를 조각조각 맞춰 부활시켰다. 오시리스를 살해한 세트가 호루스의 시력과 힘을 잃게 하자 토트가 시력과 힘을 재건해줬다. 결국 호루스는 아버지의 원수를 갚고 이집트 최고의 신으로 등극한다. 이후 호루스의 눈은 신의 보호와 치유의 상징으로 사용된다.

바로 R이 호루스의 눈을 상징하는 글자다. 이런 의미로 오늘날 처방전에도 이 글자를 쓴다.

네발로 기는 왕

신바빌로니아 왕국의 2대 왕 네부카드네자르 2세(《성경》에는 '느부갓네살'로 표기)는 서기전 589년 이집트 편에 서서 반란을 일으킨 유다 왕국을 점령했다. 《성경》에 따르면, 서기전 586년 예루살렘을 정복한 네부카드네자르 왕은 유다 왕 시드기야의 눈을 멀게 하고 그의 두 아들을 죽였다. 솔로몬 성전을 파괴했고 성전 안의 물건도 죄다 바빌론으로 실어 날랐으며, 특히 유대인 수천 명을 끌고 가 노예로 삼았다. 이 사건을 바빌론 유수라고 한다.

바빌론으로 잡혀간 유대인 가운데 다니엘이라는 젊은이가 있었다. 신앙심이 깊었고, 예지 능력과 하나님의 말을 들을 수 있는 은혜를 받은 사람이었다.

하루는 네부카드네자르 왕이 묘한 꿈을 꾸었다. 머리는 순금이고, 가슴과 두 팔은 은, 배와 넓적다리는 청동, 종아리는 쇠, 발은 흙과 쇠가 섞인 재료로 만들어진 묘한 조각상이 꿈에 나왔다. 아무도 이 꿈을 풀지 못했는데, 다니엘이 풀어냈다. 순금 머리는 네부카드네자르와 그의 강대한 치세를 의미하는데, 아래로 내려갈수록 은, 동, 쇠, 흙으로 재료가 변하는 것은 왕국이 후대로 갈수록 점차 쇠퇴한다는 점을 경고하는 예언이었다.

왕은 다니엘의 해석을 듣고는 크게 기뻐하면서 신을 찬양했다. 그러나 제 버릇 개 못 준다고, 왕은 자신을 신격화하고 숭배를 강요하는 등 악정을 행했다.

그러다 왕은 또 꿈을 꾸었다. 이번에는 그늘을 드리운 커다란 나무가 나왔는데, 하늘에서 내려온 '거룩한 자'가 그 과일을 따는 꿈이었다. 다니엘은 왕이 장차 왕위를 잃고 짐승처럼 네발로 기며 소처럼 풀을 뜯어 먹게 될 것이라 해몽했다(이렇게 해몽하고도 다니엘이 어떻게 살아남았는지 참 신기하다).

1년 뒤에 그 꿈은 바로 현실이 됐다. 정신이 이상해진 왕은 짐승처럼 행동하다가 왕위에서 쫓겨나 7년 동안 소처럼 들에서 풀을 뜯어 먹고 살았다. 그리고 난 후에는 정신이 돌아와 자신의 오만을 뉘우치고 신에게 감사드렸다.

여기까지가 《성경》 내용이다. 그런데, 좀 이상하지 않은가? 7년 동안이나 짐승처럼 사는, 이상한 병이 걸린 왕이 어떻게 다시 제위

네발로 기는 네부카드네자르 2세

를 찾았을까? 어떻게 그의 사후에나 왕자가 왕위를 물려받았을까? 인류 역사상 신체나 정신이 위험한 상태에 처한 왕을 7년이라는 긴 시간 동안 기다려주는 효자 왕자는 어느 나라에도 없었다.

그런데 왕이 실제로 병을 앓았다면, 과연 어떤 병이었을까? 더구나 7년이나 병을 앓고도 살아남아 정상으로 회복해 왕위를 다시 차지했다니, 정말 놀랍지 않은가?

이를 '과학적'으로 해석하기란 매우 어렵다. 그럼에도 굳이 《《성경》을 그대로 믿지 못하고 불경스럽게도) 분석해보자. 네부카드네자르 왕은 정신이 이상해지고, 눈빛이 짐승처럼 변하고, 침을 흘리고, 말할 수 없는 상태가 되며, 급기야 근육을 제대로 움직일 수 없게 돼, 서지도 걷지도 못하는 상태에 이른다. 의학적으로는 신경계를 침범하는 어떤 바이러스에 감염된 것으로 보인다. 감염으로 인한 근육-신경계통의 병일 가능성이 높다. 가장 유사한 질병으로는 광견병을 들 수 있다.

광견병이건 아니건 이런 질병은 현대 의학으로도 고치기 힘들다. 또 이런 병에 걸려 7년을 견디기란 정말 어렵다. 만약 원인을 알아 치료할 수 있다고 해도, 그리고 치료 후유증까지도 최첨단 재활치료를 한다고 해도, 정상 상태로 회복할 가망은 거의 없다고 본다. 하물며 당시에는 두말할 것도 없다.

그렇다면 이 사건을 어떻게 해석할 수 있을까. 물론, 기록 그대로 '하나님의 기적'이라고 해야 옳겠다. 기적 같은 일이니까. 그런데, 좀 더 현실적으로, 말하자면 좀 더 타당하게 설명할 수 없을까?

내 생각은 이렇다. 이 병은 네부카드네자르 왕 개인이 겪은 게 아니라 당시 그의 제국에 퍼진 역병을 말하는 듯하다. 7년 동안 질병이 창궐하자 지배층이 흔들리고 왕권도 약화됐다는 뜻이다. 7년이 지나 겨우 진정됐지만 더 이상 제국은 예전 같지 않았다. 역사에도 네부카드네자르 왕이 죽자 제국이 급격히 쇠퇴해, 불과 30년이 채 되지 않아(서기전 539년) 멸망하고 말았다.

이런 사건의 원인은 나라 안팎의 여러 상황을 살펴서 철저하게 고증해야 한다. 다만 고대 기록에는 비유와 신화가 많아서 진실을 정확하게 간파하는 일은 참으로 어렵다. 네부카드네자르 왕 이야기에도 몇 세대에 이르는 세월을 응축해 담은 숨은 코드가 있을 것이다. 그래서 진실을 알 수는 없지만 조심스레 상상해본다. '신의 저주를 받아 7년간이나 네발로 기는 왕'과 같은 심정으로 살아야 한, 암울한 질병의 시대를 말한 것이 아닐까 하고.

아폴론의 분노가 창궐하다

고대 그리스는 비교적 후발 문명이다. 에게 해를 중심으로 융성한 에게 문명에 뒤이어 등장했다. 에게 해 주변은 일찍부터 해양 교통이 발달해 교역이 왕성했다. 지역적 특성을 배경으로 성립한 에게 문명은 전기의 크레타 문명과 후기의 미케네 문명으로 구분한다.

크레타 문명은 서기전 3000년경부터 동지중해에 위치한 크레타 섬을 중심으로 발전했다. 이 지역 민족은 지중해 민족과 서아시아 민족이 혼합됐을 것으로 추정한다. 크레타 문명은 오리엔트와 이집트 선구 문명의 영향을 받은 것으로 알려졌다. 여러 도시국가가 성립돼 각자 해양 교역을 활발히 했다. 서기전 2000년경부터 크노소스를 중심으로 중앙집권화가 이뤄져 미노스 왕의 강력한 통치하에

크노소스 궁전 유적

경제, 정치, 군사, 예술 등이 고도로 발달했다. 이 때문에 크레타 문명을 미노스 문명 또는 미노아 문명이라고도 한다.

크레타 문명은 서기전 1400년경 그리스 본토에서 침입한 미케네인이 멸망시켰다. 시간이 지나자 점차 사람들의 기억에서도 사라져서 한때 전설로 여겨지기도 했지만, 가장 융성한 수도 크노소스가 발견돼 역사적으로 존재했음이 입증됐다.

크노소스 궁전은 당시의 기술이라고는 믿기 힘들 정도로 방 수백 개가 복잡하게 배치된 치밀한 건축술을 보여주는 걸작이다. 전설 속의 명장 다이달로스가 건설한 것으로 알려진 이 궁전은 라비린토스Labyrinthos(미궁)라는 이름으로 유명하다. 라비린토스는 크레타 어로 '양날을 가진 도끼Labris' 즉, 신권과 왕권을 의미한다. 두 권력 모두를 아우르는 '강력한 왕의 궁전'임을 암시한다. 그런데 궁전 내부 구조가 너무 복잡해 '미궁'이란 뜻으로 쓰이게 됐다. 오늘날에는 가늘고 복잡한 구조를 가진 내이內耳의 세반고리관Labyrinx을 가리키는 의학 용어로도 사용한다.

한편, 그리스 본토 쪽은 서기전 2000년경부터 북쪽 산지에서 남하해 침략해 들어온 아카이아인이 세운 미케네 왕국을 중심으로 번성했다. 이들 역시 해양 무역이 중심이었기 때문에 크레타 문명과의 격돌은 불가피했다. 서기전 1500년경부터 이들은 크레타 섬을 침략했다. 이후 크레타 문명의 영역을 차지하고 지중해 교역을 통해 미케네 문명을 발달시켰다. 서기전 1400년에서 서기전 1200년 사이에 미케네 문명은 절정에 이르렀다.

그런데 에게 해 건너편에는 세력이 만만치 않은 또 다른 해양 문명이 있었다. 바로 지금의 소아시아 서부 해안에 위치한 트로이였다. 역사상 가장 강대한 두 해양 세력이 만나 자웅을 겨룰 수밖에 없는 시간이 다가오고 있었다. 바로 그 유명한 트로이 전쟁이다.

이 전쟁 이야기는 호메로스의 대서사시 《일리아스》(그리스어로 일리움Ilium의 이야기란 뜻이다. 일리움은 트로이의 옛 이름이다)에 기록돼 전할 뿐 실체를 알 수 없었기 때문에 단순히 신화로만 알려졌다. 하인리히 슐리만이 트로이 유적을 발견하면서 대략 서기전 1250년경에

트로이 유적

실제 일어난 역사적 사실로 인정받았다.

대서사시 《일리아스》는 아킬레우스와 총사령관 아가멤논의 불화로 시작한다. 트로이 전쟁은 잘 알려진 것처럼 여신 테티스(훗날 아킬레우스의 어머니)와 인간 펠레우스의 결혼식에서 비롯했다. 결혼식에 초대받지 못한 불화의 여신 에리스는 불화를 일으키기 위해 '가장 아름다운 자에게 바친다'라는 글귀가 새겨진 황금 사과를 하객에게 던진다. 황금 사과를 차지하려고 헤라, 아테나, 아프로디테가 벌인 다툼이 바로 트로이 전쟁이 불씨가 됐다. '공정한' 심판을 위해 임명된 트로이의 왕자 파리스에게 세 여신 모두 '불공정한' 제의를 한다. 아프로디테는 미와 사랑의 여신답게 파리스에게 세상에서 가장 아름다운 여인인 헬레네와의 사랑을 약속한 것이다. 어처구니 없는 '신의 섭리' 덕분에 파리스는 헬레네를 트로이로 데려오지만, 아내를 빼앗긴 스파르타의 왕 메넬라오스는 형 아가멤논(미케네의 왕)에게 도움을 청한다. 곧 그리스의 모든 국가가 봉기해 트로이로 진격한다.

이 전쟁에 테티스 여신의 아들인 아킬레우스가 장성한 장군이자 한 나라를 거느린 군주로 참전한다. 테티스 여신의 결혼식에서 '아름다움의 심판'을 보았다는 파리스가 겨우 20세 정도의 젊은 왕자로 등장한다. 시간적으로 맞지 않지만 신들의 시간을 인간이 어떻게 이해할 수 있겠는가.

아무튼 동맹군이 트로이로 진격했지만 이렇다 할 성과 없이 9년이란 세월이 흘렀다. 그리스군은 트로이를 점령하지는 못했지만, 그나마 트로이 동맹국을 차례로 점령하며 세력을 넓혔다.

인근 지역에서 잡혀 포로가 된 사람 가운데 아폴론 신전의 사제인 크리세스의 딸 크리세이스가 있었다. 그녀는 전리품 분배 과정에서 아가멤논의 소유가 됐다. 크리세스는 딸을 구하기 위해 신관의 제복을 갖춰 입고 어마어마한 몸값을 들고 아가멤논의 진영을 찾아갔다. 그는 그리스 시민과 아가멤논에게 딸을 풀어달라고 간청했다. 사람들은 사제에게 경의를 표하고 아가멤논에게 크리세이스를 풀어주라고 권했다. 하지만 아가멤논은 사제를 내쫓았으며 무참

아가멤논에게 간청하는 크리세스

하게 모욕하기까지 했다.

크리세스는 처참한 기분으로 돌아와 아폴론 신에게 복수해달라고 기도를 올렸다. 분노한 아폴론은 활과 화살을 어깨에 메고 올림포스 정상에서 달려 내려왔다. 그 모습은 마치 "밤이 다가오는 것과도 같았다"라고 호메로스는 기록했다. 그리고 아폴론이 그리스군 진영을 향해 화살을 쏘아대기 시작하자 "그의 은궁銀弓에서는 무시무시한 소음이 일었다. 처음에 그는 노새들과 날랜 개들을 공격했고, 다음에는 대놓고 사람들을 향해 날카로운 화살을 쏘아댔다".

수없이 많은 군사가 속절없이 죽어나갔고, 그리스 진영에는 시신을 화장하는 연기가 끝도 없이 타올랐다고 한다.

꼬박 아흐레가 흐르자 그리스군에 막대한 피해가 발생했다. 아킬레우스는 그리스 전군을 소집해 회의를 열었다. 이 상태가 지속된다면 퇴각하거나 역병으로 전멸하는 길밖에 없다며, 이 저주의 원인은 아가멤논이 크리세이스를 풀어주지 않았기 때문이라고 덧붙였다. 격앙된 아가멤논은 크리세이스를 풀어줄 테니 아킬레우스가 포로로 잡은 브리세이스를 내놓으라고 요구했다. 명예를 무엇보다 중시하는 아킬레우스는 아가멤논의 모욕적인 발언을 듣고는 전쟁에서 손을 떼고 군대를 이끌고 그리스로 돌아가겠다고 한다.

이 전쟁에는 올림포스의 신들도 큰 관심을 보였고, 크건 작건 영향을 미치고 있었다. 아킬레우스의 어머니는 아들이 모욕을 당한 것에 크게 분노하여 곧장 제우스에게 날아가 트로이의 승리를 이끌어달라고 요청했다. 제우스는 이 청을 받아들여 트로이가 다음 회전에서 크게 승리할 수 있도록 했고, 그리스군은 배를 정박해 둔 해안까지 밀려가게 됐다.[7]

여기까지가 호메로스 서사시의 시작 부분이다. 전쟁 초반에 기선을 제대로 잡지 못한 그리스군은 우왕좌왕하면서 신마저 모독해 위험한 상황에 처했다. 그런데 이 이야기를 가만히 살펴보면 중요한 내용을 발견할 수 있다.

먼저, 아폴론의 모습이 밤이 다가오는 것과 같았다고 했다. 이는 태양신 아폴론이 '어두워졌다'는, 말하자면 뭔가 불길한 기상 변화로 낮과 밤이 구분되지 않을 정도로 어두운 날이 계속됐다는 의미로 생각할 수 있다. 그리고 아폴론이 쏜 화살에 처음에는 개와 나귀가 희생됐고, 나중에 사람들이 죽었다고 했다. 이는 일종의 인수공통 전염병이 그리스군 진영에 발생했다고 볼 수 있다. 유럽을 여러 차례 지옥의 공포로 몰아넣은 페스트가 대표적인 인수공통 전염병이다. 증상이나 질병 양상에 관한 기록이 없기 때문에 어떤 전염병인지 알 수는 없지만, 이 전염병 탓에 그리스군은 전력에 큰 손실을 입었고 진영 내부에 불화가 생길 정도였다.

만약 이 기록을 '시인' 호메로스가 아니라 '역사가'가 썼다면, 이 전염병이 무엇인지 알 수 있었을지도 모른다. 게다가 이 기록을 최초의 역병 기록으로 인정했으리라. 안타깝게도 이 위대한 작품은 그런 세세한 부분에는 신경 쓰지 않았다. 아쉽지만 역병에 관한 최초의 '언급' 정도로 여길 수밖에. 그런데 이 작품이 적어도 호메로스가 살아 있을 시절에 쓰인 것이니 아무리 이르게 잡아도 서기전 800년을 넘을 수 없다.

호메로스의 서사시 이전에도 많은 질병이 있었고 그 기록이 분명 있었을 것이다. 이런 주장에 근거가 될 만한 것으로 다른 지역의 신화나 기록이 있다. 서기전 2000년경 쓰인 것으로 추정되는 《길가메시 서사시》는 메소포타미아 우르크 왕조의 5대 왕 길가메시의 영웅담을 칭송한 서사시다. 《일리아스》에 비견할 만한 걸작이다.

길가메시는 죽음에 관한 의문을 풀고 영생의 비결을 알기 위해 우트나피슈팀을 찾는다. 그는 대홍수 때 거대한 방주를 지어 살아남아 영생을 얻은 현인이다. 그는 사후세계, 영생과 영원에 대한 인간의 갈망, 자연과 문명의 관계, 관계와 실존 등을 말하지만, 정작 영생의 비결은 알지 못한다고 답한다. 허무하게도 말이다. 아무튼 우트나피슈팀은 대답하면서 대홍수보다 무서운 네 가지 재앙을 언급한다. 그 가운데 하나가 '역병'을 몰고 오는 역신이란다. 아마도 이 서사시가 전염병의 위험을 경계한 현존하는 최초의 기록이 아닐까 한다.[8]

또 다른 기록으로는 서기전 2000년경 이집트 파피루스에 파라오의 위력을 역신에 비유한 글이 있다. 이것 역시 가장 오래된 역병 기록으로 볼 수 있다. 그리고 앞서 언급한 《성경》의 〈출애굽기〉 역시 역병에 관한 오래된 기록으로 볼 수 있겠다.

크레타 섬에는 독특한 건축양식의 궁전이 유명하다. 크노소스 궁전이 대표적이다. 유적이 남아 있어 그 규모나 정교함에 감탄을 자아낸다. 경기장으로 사용되기도 한 중앙 정원(경기장 혹은 대광장이 옳을지 모른다)을 중심으로 작은 방이 복잡하게 둘러싼 구조다. 마치 미로처럼 보여 '미궁'이란 이름의 기원이 됐다.

한편 당시 크레타 섬의 문화나 생활사를 알 수 있는 증거가 다수 발견됐다. 아직도 선명한 벽화를 보면, 크레타인은 해양 민족답게 돌고래를 사실적으로 묘사하는 등 여러 해양 생물을 정교하게 파악하고 있었다. 또 건강하고 아름다운 젊음이 돋보인다. 음악과 체육을 즐겼는데, 특히 젊고 강한 신체의 아름다움을 찬양했다. 젊은이가 달려드는 황소의 뿔을 잡고 황소 등을 뛰어넘는 독특한 운동을 즐긴 사실도 벽화나 도자기 같은 유물에 잘 나타나 있다. 아마도 소를 숭배하는 사회였을 것으로 추정한다. 젊음의 힘을 과시하고자 한 이 운동은 사실 매우 위험했다. 성공하면 영웅이 될 수 있었겠지만, 실패하면 죽을 수 있기 때문이다.

신화에는 미노스 왕의 어리석은 탐욕이(제물로 쓰라고 포세이돈이 보낸 하얀 소를 빼돌리는 신성모독을 범했다) 왕비의 저주스러운 욕정으로 이어져서 결국 미노타우로스라는 괴물을 낳게 된다. 격분한 미노스 왕은 괴물을 가둘 미궁을 만들라고 다이달로스에게 명하고, 결국 미궁에 미노타우로스를 가둔다. 그리고 신생 미케네를 억압할 겸, 매년 그리스의 소년 소녀를 공물로 바치게 해 미노타우로스의 먹잇감으로 삼았다. 그리스는 크레타의 위력에 굴복해 많은 젊은이를 희생시킬 수밖에 없었다. 그런데 '신의 섭리로' 불현듯 젊은 영웅 테세우스가 등장한다. 그는 스스로 제물이 돼 크레타의 미궁으로 들어가 미노타우로스를 죽이고, 미궁에 갇힌 소년 소녀를 구해 귀환한다.

이 신화는 크레타 문명이 신생 미케네 문명에 패퇴한 역사를 상징한다. 여기까지가 정설이다. 그런데 조금 다르게 해석할 수도 있다.

미노스 왕 시기에 번성한 크레타는 세계 최초의 문명인 오리엔트의 선진 문물을 받아들인 결과 세계 교역의 중심지로 번성했다. 선구 문명이라 일컫는 아틀란티스 문명의 후계 문명으로도 여겨진다(최근에는 화산 폭발로 섬 전체가 가라앉은 산토리니 섬을 아틀란티스로 추정한다).

크레타 문화에는 개방적이고 활달한 해양 문명의 특징이 있어서 모든 사람이 함께 어우러지는 행사나 경기(올림픽 같은)를 열었으리라 생각된다. 많은 주변국이 참여해 함께 축제를 벌였을 것이다. 특히 교역 상대국이자 경쟁 관계에 있는 미케네, 트로이 제국에서 주로 참여했다고 본다. 여러 경기가 있었겠지만, 특히 '황소 뛰어넘기'는 백미였을 것이다. 매우 위험한 경기라 외국 선수는 많이 부상도 당하고 죽기도 했을 것이다. 참여자(아마도 젊은이)에게 이 경기는 명예인 동시에 공포였다. 그래서였을까, 크레타로 끌려가면 살아서 돌아올 수 없다는 소문이 떠돌았고, 제비를 뽑아 '징발'됐을 가능성이 많다. 이렇게 선발된 젊은이는 괴물

크노소스 궁전의 황소 뛰어넘기 벽화

의 먹잇감으로 팔려가는 기분이 들지 않았을까.

바로 여기에서 공포스러운 미노타우로스 전설이 탄생한다. Mino-Taurus, 소를 의미하는 'Taurus' 앞에 미노아를 뜻하는 'Mino'를 붙여 흉악한 괴물을 창조한 것이다. 미노아의 소, 이 말은 미노아 궁의 안쪽 광장에서 벌어지는 공포스러운 운동 경기를 의미했다가, 미궁 안에 살고 있는, 저주받은 여인의 자식이자 탐욕스러운 왕의 괴물, 미노타우로스가 되지 않았을까.

미노타우로스를 물리친 테세우스는 곧바로 크레타에 침입해 영화로운 문명을 약탈하고 파괴했다. 크레타의 패권을 영원히 소멸시킨 신생국, 번성한 문명을 무너뜨린 미케네는 비로소 에게해의 패권을 차지하고 화려하게 만개했다. 그 이후 트로이마저 무너뜨리고 명실상부한 고대 세계의 주역이 됐다. 그러나 미케네 역시 북방의 야만족 도리아인에게 멸망했다.

　언제나 문명을 파괴하는 자는 야만인이었다. 이들이 선진 문명을 무너뜨릴 때는 물론 그만한 힘이 있어야겠지만, 힘만으로는 부족하고 명분 또한 필요한 법이다. 폭정, 압제, 광기 같은 이유나 괴력난신 이야기, 신비스러운 조화 같은 신화가 필요하다. 미노타우로스 신화가 바로 그런 이야기가 아니었을까.

예언의 올리브

고대 그리스에서는 시간 개념이 조금 모호했다고 한다. 시간을 정확하게 측정할 수 없어 자연 현상을 시간 기준으로 삼았다.

　파리스는 장차 나라를 망하게 할 것이라는 예언 탓에 낳자마자 산에 버려졌다. 우여곡절 끝에 자신이 태어난 트로이 궁으로 다시 돌아왔지만, 그가 버려진 이유와 같은 내용의 수없이 많은 불길한 예언이 그를 따라다녔다. 그 가운데 "파리스는 스무 살이 되기 전에 나라를 망하게 할 여행을 떠날 것이다"라는 예언이 있었다. 그럼에도 파리스는 건강한 청년으로 성장했다. 그 무렵, 미케네(그리스) 세력은 트로이에 교류를 요청했다. 그리스의 본심을 우려한 트로이 측에서는 논란 끝에 사절을 파견하기로 결정했다. 파리스는 사절단에 동참하고 싶었다. 자신의 존재를 인정받고 싶었기 때문이었다. 그러나 그의 누나인 카산드라를 비롯한 많은 예언자가 이를 경계했다.

설왕설래하면서 시간만 흐르던 차에 트로이 왕과 왕국에 기이한 현상이 일어났다. 원래 올리브 나무는 심은 지 꼭 20년이 되는 해에 첫 열매를 맺는다고 한다. 파리스가 태어난 날을 기념해서 왕궁 뜰에 심은 올리브 나무가 바로 그때 열매를 맺은 것이다. 예언에 따르면 파리스가 '스무 살이 되기 전'에 나라를 망하게 할 여행을 떠난다고 했다. 그런데 파리스의 올리브 나무가 열매를 맺었으니 이미 스무 해가 지나 예언은 무효가 됐다고 사람들은 여겼다. 결국 파리스는 예언대로 나라를 멸망시킬 여행을 떠나게 됐다. 바로 여행에서 위험하기 그지없는 여인을 트로이로 데려온 것이다.

그런데 파리스의 올리브 나무는 왜 하필 때 이르게 열매를 맺었을까? 그리스 신화는 운명을 거스를 수 없는 나약한 인간의 필연적인 현실을 말한다. 바로 '신들의 뜻으로' 올리브 나무가 예언의 열매를 맺은 것이다.

불운한 크세르크세스

기나긴 트로이 전쟁에서 승리한 미케네 문명은 에게 해와 지중해의 패권을 차지해 번영했다. 그러나 서기전 1100년경 북쪽에서 침입한 야만족인 도리아인에게 멸망한 뒤 약 350년간은 문자도 없는 암흑기를 보냈다. 겨우 씨족공동체로 머문 그리스인은 서기전 9, 8세기부터 도시국가(폴리스)를 형성해 스스로를 헬레네인(프로메테우스의 맏손자 헬렌의 후손)이라 칭하며 선민의식을 갖기 시작했다. 그리스는 아테네와 스파르타를 중심으로 민주주의 정치가 발달하면서, 철학·문학·연극·미술 등 문화가 눈부시게 발전했다.

한편 메소포타미아 지역에서도 여러 제국이 명멸을 거듭했다. 히타이트 세력이 약화되자 아시리아가 그 자리를 차지했다. 아시리아는 최고 전성기인 아슈르바니팔 시대에 팔레스타인을 포함한 지중해 연안과 메소포타미아 지역 대부분을 장악했다. 하지만 서기전 612년에 이르러 메디아와 신바빌로니아(칼데아 제국)의 협공에 멸망하고 말았다. 신바빌로니아 왕국은 제2대 왕인 네부카드네자르 2세가 서기전 605년에 이집트를 격파하면서 아프리카와 아시아의 패권을 잡았다.

이 무렵 소아시아반도에는 리디아 왕국이 있었다. 리디아는 최고 전성기인 크로이소스 왕 시대에 소아시아의 서해안까지 영역을 넓혔고 프리지아까지 점령했다. 크로이소스는 그리스 문화에 심취해 탈레스, 아이소포스 등 그리스 학자와 문인을 보호하기도 했다. 또 재산이 엄청나게 많아, "크로이소스처럼 부유한rich as Kroisos"이라는 비유가 오늘날 영어에 남아 있다.

한편 지금의 이란 지역을 차지한 메디아 왕국은 동쪽으로는 인더스 강 근방까지 서쪽으로는 소아시아 동반부까지 차지했다. 서쪽 경계는 오늘날 터키의 카파도키아에 이르렀다.

그런데 이들 중요 지역에서 멀리 떨어진 변방에 위치한 아케메네스 왕국(후일의 페르시아 왕국)에는 세상을 바꿀 운명이 태동하고 있었다. 사실 아케메네스는 이름만 왕국이었지 메디아 왕국의 변방 속국이나 토호국 정도 수준으로 겨우 명맥을 유지할 뿐이었다. 하지만 캄비세스 왕이 메디아 왕국의 공주와 혼인하면서 세력을 키워 나갔다.

키루스 2세의 무덤

    그의 아들 키루스 2세는 외할아버지의 나라인 메디아를 무너뜨리고 아케메네스조 페르시아를 명실상부한 왕국으로 만들었다. 지금까지도 '왕중왕'이라 칭송받는 키루스 2세는 여세를 몰아 리디아를 함락하고 뒤이어 신바빌로니아 왕국을 정복해 소아시아 연안의 세력을 수중에 넣었다. 그는 제국 내 수많은 민족에게 각자의 전통을 그대로 유지하게 했으며 각 민족의 종교에도 관용을 베풀었다. 또 바빌론에 억류된 유대인을 해방시켜 이스라엘로 돌아갈 수 있게 했다. 정복과 관용 정책을 동시에 펼친 까닭에 《성경》에도 그를 '위대한 왕', '기름 부음 받은 자'로 칭송한다(《성경》에는 "고레스왕"으로 기록됐다).

키루스 2세는 서아시아 전역을 통일하고 강력한 아케메네스조 페르시아를 세웠다. 그가 생전에 정복하지 못한 이집트는 그의 아들인 캄비세스 2세와 뒤를 이은 다리우스 1세가 정복했다. 소아시아와 메소포타미아, 이집트에 이르는 초강대국을 건설한 페르시아는 세력이 더욱 강대해져 드디어 지중해의 해양 문명과 충돌한다.

페르시아는 서기전 513년부터 지중해 연안 국가에 대한 지배력을 강화하며 발칸반도 원정에 나섰다. 다리우스 1세는 트라키아와 마케도니아를 점령하고 다뉴브 강을 거슬러 올라가며 영역을 확장했다. 그러고는 방향을 틀어 에게 해를 중심으로 트라키아와 이오니아 지방의 소도시 연합의 반란을 제압했다. 그리스 본토를 제외한 모든 지중해 지역을 손에 넣은 것이다. 이제 남은 땅은 그리스뿐이었다. 서기전 494년, 대규모 함대를 앞세워 트라키아로 진격한 페르시아군은 헬레스폰트 해협(지금의 다르다넬스 해협)을 통과했으나 아토스 곶*에서 폭풍을 만났다. 선단이 난파해 배 300척과 군사 2,000명을 잃었다고 헤로도토스는 기록했다. 이것이 1차 페르시아 전쟁이었다.

비록 페르시아 측의 손실이 컸지만 이 전쟁의 결과 트라키아 전역이 온전히 페르시아 지배하에 들어갔다. 페르시아가 트라키아를 침공했기 때문에 이 전쟁을 페르시아 전쟁에 포함시키지 않는 역사

마라톤평원

학자도 있다.

4년 뒤인 서기전 490년, 페르시아는 2차 원정에 나섰다. 1차 원정 때 아토스 곶에서 폭풍을 겪은 경험 탓에 이번에는 이오니아에서 바로 아테네로 향했는데, 헤로도토스에 따르면 약 20만 대군이 징집됐다. 이때 페르시아 함대가 상륙한 곳이 바로 아테네 북동쪽 마라톤평원이었다. 아테네는 스파르타에 지원을 요청했지만 스파르타는 미온적인 태도를 보이며 참전을 지체했다. 다급해진 아테네는 겨우 1만 군사로 침략군에 맞섰다. 페르시아군의 20분의 1밖에 되지 않았지만 아테네군은 대승을 거뒀다. 마라톤 경기를 탄생시킨 이 전쟁을 '마라톤 전투'라고 부르기도 한다.

2차 원정에서 패배한 페르시아는 재차 그리스 침공을 준비했다.

그러나 아테네의 승리에 고무된 바빌로니아와 이집트에서 반란이 일어나 페르시아는 수년간 원정할 수 없었다. 그사이 다리우스 1세가 사망하고 아들인 크세르크세스 1세가 아버지의 뜻을 이어 그리스를 침공했다. 서기전 480년이었다. 페르시아는 가능한 모든 군사와 물자를 동원했다.

그리스 역시 이전 전쟁 때와는 달리 스파르타를 포함한 30개 도시국가가 동맹을 결성했다. 그리스군 총지휘는 스파르타가 담당했다. 스파르타는 주로 육군을, 아테네는 해군은 맡았다.

수륙 양면으로 진격하는 페르시아군을 막기 위해 스파르타 왕인 레오니다스는 중부 그리스로 통하는 좁은 협로인 테르모필레 협곡에 진을 치고 페르시아군을 막았다. 이 전투를 소재로 한 영화가 〈300〉이다. 정확하게 300명은 아니었을지라도 병사 모두가 몰살될 때까지 단 한 명도 물러나지 않고 싸우다 장렬히 전사한 이 전투는 역사에 남았다. 바로 테르모필레 전투다.

스파르타 용사들이 전사한 곳에 훗날 기념비가 세워지는데, 그 비석에는 이렇게 써 있다.

"지나가는 자여, 가서 스파르타인에게 전하라. 우린 조국의 명을 받아 여기 잠들었노라고."

테르모필레의 요충지가 돌파되자 페르시아군은 거칠 것이 없었다. 아테네가 유린당했지만 아테네 시민은 손쓸 도리가 없었다. 그나마 아테네는 테미스토클레스 장군이 이끄는 그리스 함대를 바다

〈테르모필레 전투의 레오니다스〉

 의 테르모필레 협곡이라 할 만한 살라미스 해협에 배치했다. 규모로는 페르시아 함대에 상대도 되지 않았지만, 그리스 함대는 지형을 잘 활용해 페르시아 함대에 대승을 거뒀다. 명량대첩에서 이순신 장군이 거둔 승리에 비견할 수 있겠다. 이 전투가 바로 살라미스 해전이다.

 퇴각하던 페르시아군은 너무 대규모로 군사를 동원한 탓에 도리어 곤경에 처했다. 살아남은 해군은 바닷길로 어떻게든 퇴각할 수 있었지만, 머나먼 육로를 돌아 퇴각해야 한 육군은 길목을 지키던 스파르타와 아테네 연합군에 철저하게 괴멸됐다. 페르시아 전쟁은 결국 그리스의 승리로 끝났다.

페르시아가 겨우 도시국가 수준인 그리스를 상대로 무기력하게 패한 원인이 무엇일까? 아무리 도시국가 30개가 연합했다손 치더라도, 소위 '동맹'은 결국 자국의 이해에 따라 쉽게 와해될 수밖에 없었다. 이전 트로이와의 전쟁 때 그리스 연합군은 서로 손발이 안 맞아 곤경에 처하기도 했다. 게다가 서로 종주국이 되고 싶어 한 아테네와 스파르타가 긴밀하게 협력하기란 쉬운 일이 아니었다. 헤로도토스의 기록을 봐도, 스파르타는 육지에서 아테네는 바다에서 각자 독자적인 전쟁을 치렀는데도 말이다. 헤로도토스는 이 궁금증에 실마리가 될지도 모를 기록을 남겼다. 그의 명저《역사》제8권에 따르면, 그리스로 진격한 페르시아군은 보급로를 차단당해 악전고투하지만 '역병의 습격'을 받는다.

크세르크세스는 마르도니오스를 텟살리아에 남겨두고 서둘러 헬레스폰트로 행군하여 45일 만에 다리에 도착했으나, 그가 데려온 것은 데려간 군대의 극히 일부에 지나지 않았다. 행군 도중 어떤 곳의 어떤 부족에게 가게 되건 그들은 그곳의 곡식을 빼앗아 먹었다. 곡식이 없으면 그들은 땅에서 자란 풀을 먹었고, 야생하는 나무든 재배한 나무든 가리지 않고 나무껍질을 벗기고, 나뭇잎들을 훑었다. 그들은 배가 고파 아무것도 남겨두지 않았다. 게다가 역병이 군대를 엄습하여, 행군하는 내내 그들은 이질로 죽어갔다.

크세르크세스는 또 병든 대원들을 뒤에 남기며 이들을 보살피고 부양하도록 지나가던 도시들에 맡겼는데, 더러는 텟살리아에, 더러는 파이오니아의 시리스에, 더러는 마케도니아에 남았다.

 이 기록은 단편적이지만 사사하는 바가 크다. 크세르크세스의 패착은, 헤로도토스가 책에서 자주 언급했듯, 현명하고 경험 많은 장군의 조언에 귀를 기울이지 않았고 대군의 위력만을 과신해 부대 이동과 물자 보급 문제를 소홀히 여긴 데 있다. 하지만 비록 살라미스 해전에서 패해 전쟁 의지가 꺾였어도 육로로 페르시아군이 무사히 퇴각했더라면 후일을 기약할 수도 있었겠다. 하지만 역병과 기아가 치명타였다. 이렇게 페르시아군은 그리스군에 결정타를 맞아 회복할 수 없었고, 불운한 크세르크세스는 다시 재기할 수 없었다. 결국 질병이 전쟁을 좌지우지한 셈이다.

세상에 무수히 많은 신탁神託이 있었다. 그 가운데 가장 성공적인 신탁이 무엇일까? 그건 바로 유명한 그리스의 델포이 신탁이다. 그리스의 성산 파르나소스 기슭에 있는 델포이의 아폴론 신전에서 이뤄진 이 신탁은, 가장 영험해서 그리스뿐 아니라 주변국도 중요한 행사를 할 때면 이곳에서 신의 조언을 구했다 한다.

아폴론 신전의 여사제는 목욕재계하고 무아지경에 이르러 신과 교통해 신탁을 내렸다. 과학적으로 보면, 신전이 화산 지역에 세워진 터라 바위틈에서 나오는 아황산가스를 흡입한 여사제가 몽롱한 상태가 돼 말을 뱉은 것이 아닌가 추론한다. 그저 '나오는 대로' 말한 것을 신의 뜻으로 믿었을 것이다.

델포이 신탁에 관련한 유명한 이야기가 몇 개 있다. 오이디푸스 왕 이야기가 가장 유명하지만, 이는 소포클레스가 쓴 '창작'이었을 가능성이 높다. 또 너무 잘 알려진 터라 이 책에서는 생략하겠다.

다른 신탁으로 '노새' 이야기가 있다. 옛날 소아시아 지역에 리디아 왕국이 있었다. 이 나라에는 부자로 유명한 크로이소스 왕이 있었다. 그는 허영도 심하고 국력에 대한 자부심도 매우 강했다. 당시 인근 지역에서는 신흥 페르시아가 강국 메디아를 일거에 멸망시키고 새로운 강자로 떠올랐다. 이 신흥 제국의 위대한 왕은 키루스 2세로 후일 인류 역사상 최초의 정복 군주이자 세계의 왕으로 칭송받는다. 바로 인접국인 리디아는 큰 위협을 느껴,

델포이 아폴론 신전 유적

페르시아가 더 성장하기 전에 그 싹을 자르고 싶었다. 그러나 크로이소스 왕도 불안감을 떨칠 수가 없어서 아폴론 신전에서 신탁을 받았다.

"그대가 이번에 출정하면 위대한 왕국을 멸망시킬 것이다."

이 말을 들은 크로이소스는 너무 기뻤지만, 그는 매우 신중하고 현명했기에 한 번 더 신탁을 받았다.

"노새가 메디아의 왕이 되거든, 그대 리디아인이여, 자갈길을 따라서라도 도망을 쳐라!"

이건 뭐, 너무 분명하지 않은가! 노새가 왕이 되다니. 상식적으로 말이 안 됐다. 득의만만해진 크로이소스는 이집트, 칼데아(신바빌로니아)와 연합해 페르시아를 공격했다. 하지만 페르시아의 키루스 2세는 위대한 전략가였다. 왕의 지도력과 단결된 군사의 힘으로 페르시아는 연합군을 격퇴하고 소아시아와 메소포타미아 전역을 장악했다. 그때서야 크로이소스는 깨달았다. 그가 멸망시킬 위대한 왕국은 바로 조국 리디아였고, 노새는 바로 키루스 왕이었다. 키루스 왕은 메디아 공주와 페르시아인 사이에 태어난 혼혈, 즉 암말과 수나귀 사이에 나온 '노새'와 같았다!

델포이의 여사제는 후일에도 자주 위명을 떨치는데, 페르시아 전쟁에 관련한 이야기가 있다. 역대 왕의 눈부신 활약으로 동방을 통일한 페르시아는 다리우스 1세에 이르러 왕자인 크세르크세스와 함께 그리스를 침공했다. 곤경에 빠진 그리스 역시 델포이 신탁을 구했다.

"나무 벽만은 무너지지 않고 너희와 자식들을 지켜줄 것이다."

그리스인은 이런 일을 여러 번 겪어본 '베테랑'인지라 신탁을 있는 그대로 받아들이지 않고 열띤 토론을 벌였다. 내로라하는 사람들이 격론을 벌인 끝에 신탁의 "나무 벽"은 당시 가장 강력한 수군을 가진 아테네의 배(목선)라는 결론을 내렸다. 이 말을 믿지 못하고 "나무 벽"이 아테네 아크로폴리스를 둘러싼 가시방벽(목책)이라고 해석한 사람들은 페르시아군에 비참한 최후를 맞았다.

그리스인이 델포이 신탁을 곧이곧대로 듣지 않은 까닭은 그만큼 많이 고생해서가 아닐까? 도대체 얼마나 속았으면 '신의 말씀'을 그대로 믿지 않는단 말인가? 아무튼 델포이 신탁은 애매모호하기로 악명이 높았다.

현재 신탁을 말하는 오라클oracle이란 단어에서 '애매모호한'이란 뜻의 'oracular'가 유래했고, 델포이Delphi에서 '모호하다'란 뜻의

'delphic'이 유래한 데는 다 그만한 이유가 있다.

테르모필레Thermopylae는 '온도가 높은', '뜨거운'이라는 뜻의 'thermo'와 '문' '통로'라는 뜻의 'pylae'가 합쳐진 말로, '뜨거운 문' 혹은 '뜨거운 통로'라는 뜻이다. 바로 이 지역에서 스파르타와 페르시아의 수많은 젊은이가 꽃다운 청춘을 바쳤다. 조국에 대한 뜨거운 사랑을 상징하는 장소의 이름이 이보다 적절할 수 있을까.

《삼국지》에도 '낙봉파 落鳳坡'라는 곳이 나온다. 제갈량과 비견될 만큼 이름을 떨친 촉나라 전략가 봉추(방통)가 화살에 맞아 죽은 장소다. 전투에서 수세에 몰린 봉추가 "이 지역의 이름이 무엇이냐?"라고 물었다. 군사들이 "낙봉파"라고 대답했다. 봉추는 자기가 죽을 곳임을 깨닫고는 탄식했단다. '봉추'는 '봉황의 새끼'란 뜻이고 '낙봉파'는 '봉황이 떨어진 곳'이란 뜻이다.

투키디데스 역병과 아테네의 몰락

이제까지 살펴본 역사는 너무 오래돼 남아 있는 기록이 부족하다. 호메로스가《일리아스》와《오디세이》라는 대서사시를 남겼지만 너무 서정적이고 극적인 글이라, 역사적 사실을 파악하기에는 적절치 않다. 역사가 헤로도토스도《역사》라는 위대한 저술을 남겼지만, 질병과 관련해서는 그 내용이 만족스럽지 않다.

다행히 이들의 뒤를 이은 역사가들은 조금 다른 기록을 남겼다. 물론 헤로도토스에게 크게 영향받아 형식면에서는 비슷하지만, 실제 사실에 기초해 더 구체적으로 기록했다.

대표적으로 투키디데스를 들 수 있다. 그는 헤로도토스보다 대략 20년 뒤 태어난 인물이다. 투키디데스는 오로지 관찰하고 경험한 사실만을 기록했다. 기록자의 주관과 입장을 철저하게 배제하고 객관적으로 역사를 서술했다. 그리스가 페르시아 전쟁을 끝내고 크게 발흥할 무렵부터 몰락하기 시작한 때까지 산 그는, 자신의 투철한 역사관에 비친 세상의 일을 《펠로폰네소스 전쟁사》라는 걸작으로 남겼다. 투키디데스는 자신의 기록이 재미없을 수 있으나, 역사에

투키디데스 조각상

서 교훈을 얻고자 한다면 도움이 될 것이라고 말했다. 역사는 대중의 찬사를 받기 위해서가 아닌, 영원한 지식의 보고로 남기기 위해서 사실을 집적해 기술해야 한다고 말했다. 투키디데스를 본격적인 '과학적 역사가'로 여기는 사람이 많은 까닭이 여기에 있다.

페르시아 전쟁에서 승리한 그리스와 이 전쟁의 주역이 된 아테네는 건국 이래 최대의 번영을 누렸다. 특히 아테네는 외세 침략을 막고자 결성한 델로스 동맹의 맹주가 됐으며 동맹을 이용해 자국의 힘을 키워 주변 국가를 지배했다. 또 막강한 해군력으로 해상무역을 주도해 막대한 부를 축적했다. 페르시아 전쟁에서 공을 세운 중산층과 하층민도 참정권을 가지면서 진정한 민주주의가 시작됐고,

뛰어난 철학자와 예술가가 등장해 학문과 예술이 꽃을 피웠다.

반면, 아테네에 반발하는 세력도 늘어갔다. 델로스 동맹을 아테네 발전에 이용하는 것에 불만을 품고 동맹에서 탈퇴하려는 국가를 아테네는 무력으로 제압했다. 동맹국에 아테네의 법률과 문화를 강요했는데, 심지어 다른 나라의 중요한 법률적 판결을 아테네 법정에서 아테네 시민이 판결하도록 했다. 아테네에 위협을 느낀 국가들은 자구책을 찾기 위해 펠로폰네소스 동맹을 맺기에 이른다. 아테네의 오랜 맞수이자 전통 강국인 스파르타를 맹주로, 아테네의 식민지 확대 정책에 불안을 느낀 코린트 등 펠로폰네소스반도 국가가 동맹에 참여했다.

긴장이 고조돼가던 서기전 431년, 그리스는 내전의 소용돌이에 휘말린다. 코린트와 메가라 등 도시국가가 펠로폰네소스 동맹 회의를 열어 아테네와의 전쟁을 결의하고 스파르타를 설득해 전쟁을 일으킨 것이다.

전쟁의 서막은 막강한 육군을 보유한 스파르타가 열었다. 스파르타 아르키다모스 왕이 아테네를 침공해 10년간이나 벌인 제1기 전쟁을, 아르키다모스 전쟁 혹은 10년 전쟁이라 한다. 이때 아테네에는 페리클레스라는 현명한 지도자가 있었다. 그는 전력 손실을 피하기 위해 막강한 스파르타 육군의 공격을 회피해 농성 전술을 썼다. 한편으로는 최강의 전력을 지닌 해군으로 펠로폰네소스 동맹군의 해군을 습격해 타격을 입혔다. 전쟁은 아테네와 델로스 동맹에 유리하게 전개되는 듯했다. 하지만 곧 불길한 그림자가 아테네에 드리운다.

> 이듬해 여름이 시작되자 펠로폰네소스인들과 그 동맹군은 지난번 처럼 전군의 3분의 2만 이끌고 앗티케에 쳐들어왔는데, (중략) 그 들은 진을 치자마자 나라를 약탈하기 시작했다.
> 그들이 앗티케에 머물고 며칠 되지 않아 아테나이인들 사이에 처 음으로 역병이 돌기 시작했다. 전에도 렘노스 등지에서 역병이 돌 았다는 보고는 있었지만 이토록 역병이 창궐해 인명손실이 크게 났다는 기록은 아무 데도 없었다. 처음에는 무슨 병인지 몰라 의 사들이 제대로 치료할 수 없었다. 환자들과 접촉이 잦으니 실제 로 의사들이 가장 많이 죽었다. 인간의 그 밖의 기술도 전혀 소용 이 없었다. 신전에 가서 탄원을 해도, 신탁을 물어도, 그 밖에 그 와 비슷한 행위를 해도 소용없기는 매일반이었다. 마침내 사람들 은 불행에 압도되어 그런 노력마저 그만두기에 이르렀다.[9]

투키디데스는 자신이 역병에 걸린 적 있고, 다른 사람이 역병에 걸려 고통받으며 죽는 장면을 여러 번 목격했기 때문에, 역병을 설 명하는 데 가장 적합한 사람이 자신이라고 언급하며, 그 증상을 자 세히 기술했다.

간략하게 정리하자면, 처음에는 열이 심하게 나고 눈이 충혈되며, 연이어 입과 목구멍과 혀에서 피가 나고, 가슴이 아프면서 기침이 심해진다. 병이 복부까지 내려가면 복통이 일어나고 심한 구토가 동반된다. 이어 심하게 경련하고 피부에 작은 농포와 궤양이 생긴다. 몸속이 너무 뜨거워 열을 견딜 수 없고, 쉬거나 잠을 잘 수 없을 정도로 심한 고통이 지속된다. 설사한 뒤에는 탈수 탓에 갈증이 심해지고 헛것이 보인다. 고열이 심해지면서 쇠약해진 환자는 8일을 고비로 대부분 사망한다. 급성기를 넘기더라도 탈수가 심하고 몸이 쇠약해져 목숨을 잃는 사람이 많다. 증상이 처음에는 머리에서 나타나 온몸으로 퍼지며, 목숨을 겨우 건진 사람도 손가락, 발가락, 성기가 파괴되기도 한다. 일부는 실명하기도 하고, 회복한 뒤에도 기억을 상실해 친지는 물론 자신이 누구인지도 기억하지 못하는 사람도 더러 있다.

또 투키디데스는 이 병이 어디서 생겨났고 어떻게 전파됐는지도 《펠로폰네소스 전쟁사》에 자세하게 기록했다.

> 이 역병은 아이귑토스 남쪽 아이티오피아에서 처음 발생하여, 아이귑토스와 리뷔에와 페르시아제국 대부분에 퍼졌다고 한다. 이 역병은 갑자기 아테나이 시에 퍼졌다. (중략) 나중에 역병이 아테나이 시에까지 퍼지자 사망자 수가 크게 늘어났다.

이 전염병이 과연 무엇일까. 이 의문은 과거부터 지금까지 계속

제기돼왔다. 투키디데스가 증상과 질병의 전파 경로 등을 자세하게 밝혔으니 진단이 그리 어렵지 않다고 여길 수 있겠다. 그런데 너무 자세하게 기록돼 있어 오히려 진단하기 어렵다.

19세기 초에는 페스트란 주장이 제기됐다. 그러나 오늘날에는 거의 인정되지 않는다. 발진티푸스, 천연두, 홍역 그리고 특이하게도 맥각麥角 중독설도 있지만, 어느 하나로는 증상을 모두 설명할 수 없기 때문에 여러 전염병이 동시에 유행한 것이 아닐까 추측하기도 한다.

병명이야 무엇이든, 이 병은 펠로폰네소스 전쟁이 발발하고 한 해가 지난 서기전 430년에 아테네를 강타했다. 당시 그리스 시민 4분의 1이 사망했고 뛰어난 전략가이자 현명한 지도자인 페리클레스도 눈을 감았다. 전염병이 걷잡을 수 없이 번진 원인 하나는 전쟁이 발발하자 인근 주민이 모두 아크로폴리스로 이동해 인구밀도가 급격히 높아진 데 있다. 더구나 수성 전략을 써서 무더운 날 아크로폴리스의 좁은 수용소에 이주민이 몰려 있었기 때문이다.

투키디데스의 기록을 보면 이 병을 앓는 사람 가까이에만 가도 순식간에 전염됐기 때문에 사람들은 서로 가까이 있으려 하지 않았다. 모두들 환자를 버리고 떠났다. 환자는 치료받지 못하고 죽음을 기다릴 수밖에 없었다. 여기저기 버려진 시체도 문제였다. 또 다른 감염을 일으켰기 때문이다. 시체를 파먹은 들짐승이나 날짐승마저 죽자 공포와 처참함은 극에 달했다.

결국 아테네는 스파르타에 굴복할 수밖에 없었다. 그런데 이 질병은 펠로폰네소스 연합군에도 번질 가능성이 매우 높았다. 그래서였을까, 연합군은 아테네를 직접 침범하지는 못했다. 역병 소식을 듣고 그 참상을 목격한 연합군은 서둘러 철수했다.

이 전염병은 '아테네 역병'이라고 불린다. 자세하고도 처참한 기록을 남긴 투키디데스의 이름을 따 '투키디데스 역병'이라고도 한다. 아테네 역병은 2년간 돌다가 진정 기미를 보였으나, 3년 뒤 다시 크게 번졌다. 이 두 차례 역병으로 아테네에서 10만 명 이상이 목숨을 잃었다.

페르시아 전쟁에서 승리한 뒤 최고 전성기를 누린 아테네는 일시에 절망과 황폐의 나락으로 떨어지고 말았다. 결국 30년이 채 되지 않아 스파르타에 항복했다. 민주주의 정치도 스파르타식의 과두정치로 바꿔야 했으며, 지중해 교역권을 빼앗겨 겨우 도시국가로 명맥을 유지했다.

질병 하나가 전쟁의 향방을 갈랐을 뿐만 아니라, 세계를 주도하던 위대한 나라를 철저하게 몰락시켰다. 아테네가 우월한 정치, 경제 제도를 버리고 후진적인 스파르타의 제도를 답습한 결과, 그리스 전역이 쇠락과 멸망 길을 걷는다. 그런데 사람들 인식에 생긴 변화가 더 큰 문제였다. 아테네인은 모든 가치관이 무너질 수밖에 없었다. 투키디데스는 《펠로폰네소스 전쟁사》에 이렇게 기록했다.

아테나이는 이 역병 탓에 무법천지가 되기 시작했다. 운세가 돌변하여 부자들이 갑자기 죽고 전에는 무일푼이던 자들이 그들의 재산을 물려받는 것을 보고 이제 사람들은 전에는 은폐하곤 하던 쾌락에 공공연하게 탐닉하였다. 그래서 사람들은 목숨도 재물도 덧없는 것으로 보고 가진 돈을 향락에 재빨리 써버리는 것이 옳다고 여겼다. 목표를 이루기도 전에 죽을지도 모르는 판국에 고상해 보이는 목표를 위해 사서 고생을 하려는 사람은 아무도 없었다. 당장의 쾌락과 그것에 이바지하는 것이면 무엇이나 고상하고 유용하다는 것이 중론이었다.

신들에 대한 두려움도 인간의 법도 전혀 구속력이 없었다. (중략) 착한 사람이든 악한 사람이든 무차별적으로 죽는 것을 보자 그들은 신을 경배하든 않든 마찬가지라고 생각했다.

아테네에는 희망이 없었다. 그런데 아이러니하게도 이 시기에 철학이 융성했고 뛰어난 문학 작품도 많이 나왔다. 소크라테스와 플라톤, 아리스토텔레스가 철학을 꽃피웠고, 소포클레스는 《오이디푸스》를 집필했다. 이 작품은 역병이 도는 테베를 배경으로 삼아 아테네의 아픈 역사를 담아냈다.

아무튼 투키디데스의 기록은 가장 잘 정리된 최초의 '역병기'로 인정된다. 인간이 질병과 재난 앞에 얼마나 무기력한지, 그리고 질병이 어떻게 역사를 바꾸는지 제대로 보여준다.

미네르바(아테나)와 부엉이

미네르바는 그리스 신화의 지혜와 전쟁의 여신 아테나에 해당하는 로마 신화의 여신이다. 미네르바의 수호 새는 부엉이다. 독일 철학자 헤겔이 《법철학》 서문에 처음으로 "미네르바의 부엉이는 황혼녘에야 그 날개를 편다"라는 말을 썼다. 진리에 대한 인식은 시간이 지나 일이 끝날 (황혼) 무렵에 알 수 있다는 의미다.

글 속의 부엉이는 철학을 의미한다. 그 뒤 '미네르바의 부엉이'는 오랜 시행착오를 거쳐야만 지혜를 얻는다는 뜻으로 사용됐다. 늘 너무 늦게 깨닫는 인간의 태생적인 본성을 말하거나, 보편적인 오류와 한계 등을 의미하기도 한다.

아테네는 몰락하던 시기에 비로소 철학과 문화를 찬란하게 꽃피웠다. 이 역시 너무 늦은 시간에, 황혼녘이 돼서야 날개를 편 지혜의 부엉이에 비유할 수 있겠다.

알렉산드로스를 좌절시킨 병

헬레니즘은 헤브라이즘과 함께 서구 사상의 양대 흐름을 이룬다. 헬레니즘은 그리스 문화 전체를 지칭하기도 하지만, 역사적으로는 알렉산드로스 대왕 때부터 로마가 지중해 전체를 통일하기 전까지 약 300년간을 가리킨다.

펠로폰네소스 전쟁이 끝나고 아테네가 항복한 뒤 스파르타의 주도하에 있던 그리스는 계속 쇠퇴했다. 서기전 338년에 이르자 국경 변두리의 소국에 불과하던 마케도니아가 그리스의 패권을 잡는다.

마케도니아는 그리스 지역에 속했지만 그리스와는 조금 다른 민족이 세운 나라였다. 마케도니아인은 금발에 눈은 파랗고 피부는 하얬다. 국경 변두리 지역에 있는 까닭에 그리스에서는 이들을 '바르바로스(야만족)'라고 불렸다. 마케도니아는 그리스 문명을 받아들이려 애썼고 펠로폰네소스 전쟁에도 참전하는 등 끊임없이 노력해, 마침내 그리스 세계의 일원으로 당당하게 자리 잡았다.

그리스 제국의 영광을 재현할 위대한 왕이 바로 마케도니아에서 탄생한다. 바로 알렉산드로스 대왕이다. 알렉산드로스 대왕은 나라의 기초를 다져 조국을 그리스의 맹주로 올려놓은 필리포스 왕의 아들로 태어났다. 그는 부왕과는 기질이 조금 달랐다. 아버지처럼 충동적인 면도 있었지만, 현명한 어머니의 엄격한 교육 덕분에 자제하는 법을 익혔다. 책 읽기를 좋아해 호메로스의 시를 원정할 때도 지니고 다니면서 암송했다고 한다. 그는 위대한 철학자 아리스토텔레스에게 교육을 받았다. 그런데 어머니에게 신비주의 사상을 어릴 때부터 주입받아서인지 몽상가 기질이 농후했다. 자신을 신의 아들이자 신화의 주인공이라 여기기도 했단다. 이런 성향은 알렉산드로스가 이집트를 정복했을 때 자신을 아몬-라의 아들이라 칭하고 신탁을 받아 이집트를 지배한다고 한 일이나, 페르시아를 정복하고는 오리엔트의 전제군주로 스스럼없이 행동한 일에서 엿보인다.

그러나 알렉산드로스는 세계시민(코즈모폴리턴)으로서의 자질이 있는 최초의 사람이라고 할 수 있다. 그는 단지 영토를 넓히거나 패권을 차지하기 위해 원정하지는 않았다. 늘 수많은 학자를 대동해 다른 지역에 관한 학술 조사와 자료 수집을 하도록 했다. 아리스토

〈바빌론에 입성하는 알렉산드로스 대왕〉

텔레스는 그에게 "그리스인에게는 지도자, 바르바로스에게는 지배자가 되고, 그리스인에게는 친구 대하듯 하고 바르바로스는 동식물 대하듯 하라"라고 했단다. 불과 얼마 전까지도 마케도니아인이 그리스인에게 바르바로스 취급을 받은 점을 생각하면, 마케도니아의 왕에게 내리기엔 모순되는 가르침이었다. 아리스토텔레스 같은 위대한 철학자조차 민족주의적인 한계를 벗어나지 못했음을 보여주는 일화가 아닐까. 하지만 알렉산드로스는 이런 편견에서 벗어나 있었다. 그는 오리엔트 세계를 그리스에 알리고, 그리스 문화가 동방으로 전파되는 데 크게 공헌했다. 동서 문화가 융합되기를 바랐으며, 민족적으로도 융화되기를 기대했다.

알렉산드로스의 생애는 비록 짧았지만 그가 이룩한 대제국의 영향으로 이후 300년간 찬란한 문화가 꽃피었다. 이 시대를 헬레니즘 시대 혹은 헬레니즘 문명이라 부른다.

헬레니즘 시대에는 피정복민에게 정복 국가의 문화와 관습을 강요하지 않았기 때문에 그리스 문화와 오리엔트 문화가 결합해서 그때까지 존재한 문화와는 전혀 다른 문화가 탄생할 수 있었다. 종교에서도 그리스 신과 아시아 신이 혼합된 싱크리티즘syncretism이 나타났다. 이 영향으로 인도에서는 간다라 미술이 형성됐다. 헬레니즘 문명은 로마의 세계시민 의식과 라틴 문화를 형성했으며, 이슬람 문화를 형성하는 밑바탕이 됐다.

알렉산드로스 대왕이 서른셋에 요절하자, 제국은 그의 휘하 장군들이 분할했다. 카산드로스의 마케도니아, 셀레우코스의 시리아, 프톨레마이오스의 이집트로 비록 제국은 갈라졌지만 그 영향력은 사라지지 않았다. 서쪽으로는 시칠리아, 동쪽으로는 인더스 강 유역, 북쪽으로는 흑해 연안, 남쪽으로는 이집트에 이르기까지 고대 세계 거의 전체라 할 수 있는 지역이 하나의 교역권으로 묶여 동반 발전했다.

이집트의 수도 알렉산드리아에는 왕립연구소와 대형 도서관이 설립됐다. 세계 각지에서 학자들이 이곳에 몰려와 활발하게 연구를 했다. 학문이 눈부시게 발전했음은 당연하다. 특히 자연과학 분야의 발전은 지금 봐도 놀라울 정도다. 헬레니즘의 대표적인 학자로 에라스토테네스가 지구 둘레를 계산했고, 아리스타르코스는 코페르니쿠스보다 1,700년이나 앞서 지동설을 주장했다. 아르키메데스의 원리를 발견한 아르키메데스도 고향인 시라쿠사에서 활동하기 전 알렉산드리아에서 학문을 연구했다.

이쯤에서 다시 한 번 역사를 뒤집어 생각해보자. 알렉산드로스가 만약 요절하지 않고 좀 더 오래 세계를 지배했다면 과연 어땠을까?

사실, 알렉산드로스는 재위한 13년 가운데 10년가량은 정복 전쟁만 했기 때문에 제국을 안정시키지는 못했다. 정복 활동 자체도 자신이 계획한 '끝'을 보지 못하고 인더스 강에서 끝나고 말았다. 그는 갠지스 강 너머 더 넓은 세계가 있다는 사실을 알았다. 그 너머로 진출하고자 했으나 덥고 습한 인도의 기후와 사막에 가로막혀 마케도니아군은 더 이상 진격할 수 없었다. 알렉산드로스는 결국 회군할 수밖에 없었는데 그 과정에서 많은 병사가 기아와 갈증으로 목숨을 잃었다. 간신히 페르세폴리스로 돌아온 뒤 이듬해 바빌론으로 돌아가 아라비아 원정을 준비하던 중 알렉산드로스 대왕은 알 수 없는 병에 걸려 사망하고 말았다.

이 병에 관해 학자들은 저마다 다르게 주장한다. 2세기에 《알렉산드로스의 역사 History of Alexander》를 쓴 아리아노스는 독살설을 제기했으나 지금은 근거 없는 이야기로 여겨진다. 사망하기 14일 전부터의 역사 기록을 분석한 결과, 급성췌장염이 분명하다고 주장하는 학자도 있다. 하지만 '전염병'을 가장 유력한 원인으로 꼽는다. 과거에는 열대열 말라리아를 가장 많이 거론했는데, 증상이 기록과 많이 다르다. 그런데 아직도 말라리아로 알렉산드로스 대왕이 사망했다고 기록해놓은 책이 있다. 최근에는 장티푸스나 기타 기생충성 감염, 웨스트 나일 바이러스 감염도 거론된다.

애석하게도 정확한 원인을 알 방법은 없다. 다만, 젊고 건강한 왕이 예기치 않은 질병으로 대제국 건설의 꿈을 접을 수밖에 없었다. 만약 그가 더 살아 정복을 계속했더라면 세계가 지금과는 전혀 달랐을지도 모른다. 로마가 강성하지 못했을 가능성은 물론, 유럽 전역이 판이하게 달라졌을 것이다. 그의 제국이 인도를 넘어 동양으로 확장됐다면 우리의 역사도 분명 달라졌을 것이다.

알렉산드로스 대왕 이야기를 하면서 이 이야기를 하지 않는다는 것은 일종의 만행이다. 고르디우스는 프리지아의 초대 왕이며, '미다스의 손'으로 유명한 미다스 왕의 아버지다. 그는 원래 가난한 농부였다. 프리지아에는 오래전부터 "미래의 왕은 짐마차를 타고 온다"라는 신탁이 있었다. 때마침 짐마차를 타고 온 그를 사람들이 왕으로 추대했다. 그는 자신이 타고 온 짐마차를 신에게 봉헌하면서 튼튼한 매듭을 지어 광장에 묶어 두었다. 층층나무 껍질로 만들어 튼튼하면서 매우 복잡한 매듭이었다. 뒷날 이 매듭을 푸는 사람이 아시아를 지배한다는 전설이 퍼졌다.

알렉산드로스 대왕은 처음 페르시아 원정에 나선 서기전 333년, 지금의 터키 지역인 프리지아를 지나다 전설을 듣고는 매듭을 풀려고 했다. 하지만 그리 간단하지 않았다. 여러 차례 시도하다 화가 머리끝까지 난 알렉산드로스는 칼로 매듭을 잘라버렸다. 결국 그는 전설대로 아시아의 지배자가 됐다.

오늘날 '고르디우스의 매듭 Gordian knot'이란 말은 과감한 방법을 써야만 해결할 수 있는 문제를 가리키는 말로 쓰인다.

판데믹과 팍스 로마나

헬레니즘 문명이 300년가량 번성한 결과 지중해와 페르시아 지역 등 세계는 교류가 증가하면서 점점 더 좁아졌다. 하지만 아직까지는 여러 나라가 난립한 가운데 그리스의 영광스러운 역사를 이을 통일은 이루어지지 않았다. 새로운 시대를 연 나라는 바로 이탈리아반도 한구석에서 출발한 로마였다. 로마는 늑대소년으로 잘 알려진 쌍둥이 형제 로물루스와 레무스 가운데 형 로물루스가 서기전 753년에 건설했다. 자신의 이름을 따 나라의 이름을 로마라고 지었다고 알려졌다.

로마는 건국 이후 일곱 왕이 통치한 왕정 시대를 거치며 국가의 기틀이 닦였다. 그러나 로마가 대제국으로 발전한 계기는 독재 왕정을 벗어나 공화정 체제를 수립하면서부터다. 로마는 공화정 초기에 잠시 국력이 약해진 틈을 타 주변 국가의 외침이 잦아지자, 라티움 지역의 국가와 라틴연맹을 결성했고, 외침을 막아내면서 주변 도시국가를 점령해 꾸준히 세력을 넓혔다. 삼니움, 갈리아 등 이민족과 경쟁해 이기고 서기전 3세기에 이르러 이탈리아반도를 통일했다.

남은 경쟁자는 에피루스의 피루스 왕이었다. 그는 한때 마케도니아의 왕이기도 했다. 남이탈리아에 근거를 마련하고 동지중해 세력을 통일하고 카르타고를 공격해 세계를 손에 넣으려는 야심가였다. 시칠리아의 카르타고 세력을 몰아낸 그는 로마에 도전했지만 결국 패퇴해 그리스로 퇴각하고 말았다.

전 이탈리아를 통일한 로마 앞에는 오랜 악연을 가진 나라이자 강력한 숙적 카르타고가 버티고 있었다. 당시 카르타고는 로마보다 훨씬 더 강한 국가였다. 서지중해 연안을 전부 장악했고, 북아프리카, 이베리아반도, 몰타, 코르시카, 사르디니아와 시칠리아 동부까지 지배했다. 당시에는 "카르타고의 허락 없이는 바닷물에 손을 담글 수도 없었다"라는 말이 있을 정도였다. 또한, 카르타고의 본거지인 아프리카 지역은 곡창지대였다. 자국의 농업 생산력만으로도 자급자족이 가능할뿐더러 오히려 중부 유럽 지역에 생산품을 수출할 수 있을 정도였다.

아무튼 이처럼 국력이 강력한 카르타고와 한니발 장군의 막강 부대를 격퇴한 뒤, 로마는 세계의 주역으로 떠오른다. 로마와 카르타고와의 전쟁이 바로 포에니 전쟁이다. 무려 100년 이상에 걸친 이 전쟁을 통해 일개 도시국가에 불과하던 로마가 세계 최강대국으로 발돋움한다.

포에니 전쟁에서 승리한 로마는 동방으로 창을 돌린다. 서기전 146년, 마케도니아를 속주로 편입해 마침내 그리스 전역을 지배했다. 뒤이어 서기전 133년에는 페르가몬 왕국(터키 아나톨리아의 북서쪽 지역)이 로마의 속주가 됐으며, 이후 오리엔트 지역의 혼란을 틈타 서기전 63년에는 시리아를, 그리고 서기전 30년에 이집트를 정복해 지중해를 완전한 내해로 삼은 대제국을 최초로 건설했다.

이렇게 고대 세계의 강국으로 등장했지만 이후 로마는 오히려 혼란스러운 세월을 맞게 된다. 스파르타쿠스로 대표되는 노예의 반란과 지속되는 권력의 암투로 사회는 안정되지 못했다. 이 혼란을 정리하고 독재 권력을 확립한 사람이 바로 율리우스 카이사르였다.

카이사르는 왕성한 정복 활동으로 인기를 얻었으며, 경쟁자를 차례로 물리치고 서기전 49년에 명실상부한 일인자로 등극했다. 그는 세계 제국 로마의 지배 체계와 방향을 제대로 설정했다. 이전의 알렉산드로스 대왕은 정복하고 지배하되 지역의 특성을 고려하고 관용적인 정책을 썼고, 도시국가 단위의 체계로도 충분하다고 여겼다. 그러나 카이사르는 강력한 군사독재 권력으로 모든 지역을 하나의 지배 체계하에서 통제할 때 국가가 존립할 수 있다고 생각했다. 당시로서는 너무나 앞서 간, 탈시대적인 그의 발상은 반발을 불러왔다. 결국 카이사르는 꿈을 실현하기 전 암살당하고 말았다.

카이사르의 뒤를 이어 옥타비아누스가 아우구스투스(존엄한 자라는 뜻)라는 칭호를 받으며 권력을 장악했다. 제정 시대의 서막을 연 것이다. 아우구스투스는 "나는 벽돌에 불과하던 로마를 물려받아 대리석의 로마를 남겼다"라는 말을 남겼을 정도로 로마를 눈부시게 발전시켰다. 로마 제국의 영토는 대서양 해안에서 유프라테스 강까지 그리고 다뉴브 강에서 사하라 사막까지 이르는 광활한 세계가 됐다.

카이사르 흉상

로마는 이 넓은 지역을 다스리기 위한 수단이 필요했다. 바로 잘 정비된 도로였다. 로마인의 건축과 토목 기술은 당시 세계에 정평이 났다. 2,000년 전 건설한 도로가 오늘날에도 경외심을 느끼게 할 정도다. "모든 길은 로마로 통한다"라는 말이 괜한 것이 아니다. 도로는 로마를 세계로 잇는 관문이자 동맥이 됐으며 로마 발전의 근본 동력이 됐다. 로마는 오로지 무력만으로 세계를 정복한 것이 아니었다. 정치 문화를 포함해 서구 문명의 기초가 되는 모든 기틀을 로마가 닦았다고 봐도 무리가 없다. 그리고 이런 문명이 로마가 건설한 도로를 통해 세계로 전파됐다.

로마 제국이 아우구스투스에서 5현제賢帝 시대까지 200년간 발전하고 융성한 시기를 팍스 로마나(로마의 평화라는 뜻)라고 부른다. 그런데 이 시기가 이름과 달리 평화롭지만은 않았다. 당시 전 세계를 아우르는 대제국 로마 앞에 번영만 있지는 않았다. 잘 닦인 길을 통해 풍성한 물자만 들락날락한 것이 아니기 때문이다.

리비우스의 기록을 보면, 서기전 387년부터 공화정 시대가 종료되는 시점까지 적어도 열한 차례 전염병이 유행했다. 서기 65년에도 로마에 무서운 전염병이 창궐했다.[10] 하지만 이때까지는 전염병의 위력이 그다지 크지는 않았는지, 로마의 국력이 약해지거나 대규모 사망자로 인한 혼란이 있었다는 기록은 없다. 아마도 전염병이 국지적으로 발생했다가 짧은 시간에 소멸되거나 약화됐으리라 추정한다. 여러 차례 역병이 돌았음에도 피해가 적은 사실을 보면, 적어도 그때까지는 로마에 인구가 과도하게 밀집돼 있지 않았음이 분명하다. 또 국내외의 인구 이동이나 접촉이 빠르지 않았기 때문이다.

하지만 팍스 로마나 시기에는 이야기가 전혀 달라졌다. 강력한 중앙집권식 지배 체계와 맞물려 도로망이 잘 정비되자 교류가 그 어느 때보다 원활해진 '덕분'이자 '탓'이었다.

서기 165년 로마에는 이전에 보지 못한 무서운 역병이 발생한다. 메소포타미아 원정군에 의해 지중해로 퍼졌을 것으로 보는 이 역병은, 불과 몇 년이 되지 않아 로마 제국 전역을 휩쓸었다. 최소 15년 이상 창궐하면서 끊임없이 다른 지역으로 번졌고, 휩쓸고 간 지역에 다시 발생하기도 했다. 이 시대는 5현제 가운데 마지막 황제인 마르쿠스 아우렐리우스의 재위 기간이었다. 《명상록》을 집필한 철인哲人 황제인 그는 그다지 행복하게 살지는 못했다. 재위 기간 거의 대부분에 역병이 창궐해, 로마 시민 4분의 1에서 3분의 1이 죽었다. 아우렐리우스 역시 서기 180년 게르만 정벌 중에 역병으로 사망했다. 생각해보면, 아무리 명석하다 한들 '행복한 왕'이 깊은 사유를 담은 철학책을 쓸 수는 없었으리라. 모름지기 철학은 괴롭고 힘든 환경에서 탄생하는 것이 분명하다.

아우렐리우스의 사망을 시점으로 당시 시대상을 그린 영화가 리들리 스코트 감독의 〈글래디에이터〉다. 물론 영화에서는 역병이 아니라 노예 검투사를 극적으로 조명한다.

아우렐리우스가 사망할 즈음 로마 전역을 강타한 역병이 소멸했다(사실 소멸이라고 말하기에는 무리가 있다). 이후 서기 189년에 마치 밀려났다 밀려오는 파도처럼 역병이 로마를 다시 덮쳐, 하루 2,000명 이상이 죽었다고 한다. 영원히 지속할 것만 같던 로마의 평

갈레노스 초상

화 시대는 끝나고 있었다. 세기 말이면 늘 등장하는 기이한 황제와 폭군이 연이어 재위하자 로마 제국은 점점 기울어갔다.

마르쿠스 아우렐리우스 재위 기간에 창궐한 역병을 기록한 사람은 다름 아닌 당시 로마 황제의 시의侍醫 갈레노스였다. 그는 고대 그리스 의학자로 히포크라테스에 이어 서양 의학의 근본이 되는 의학 체계를 설립한 사람이다. 갈레노스는 이 전염병 와중에 살아남았음에도 이상하게도 이 질병에 관해서는 자세한 기록을 남기지 않았다. 황제의 시의였음에도 불구하고 전염병이 창궐하던 시기 절정에 로마를 떠나 있었다. 기록에 따르면 그는 서기 166년에 황급히 로마를 떠났다. 그래서 지금도 그의 비겁한 행동을 비난하는 역사학자도 많다.[11]

어찌됐든 갈레노스가 남긴 '부실한' 기록을 보면, 이 전염병은 목염증, 발열, 설사, 발진과 농포를 일으키는 폐에 생긴 농양의 일종이다. 지금 기준으로 평가할 때, 그 정체를 알 수는 없지만, 지중해 지역에 처음으로 홍역과 천연두가 발생했다고 추측하는 사람도 있다. 역사서에는 이 전염병을 '안토니우스 역병'이라 기록했다. 마르쿠스 아우렐리우스 황제의 정식 이름이 마르쿠스 아우렐리우스 안토니우스 아우구스투스Marcus Aurelius Antonius Augustus이기 때문에 이 이름을 딴 것이다.

이 기록은 역병의 범발汎發에 관한 최초의 것이다. 범발이라는 용어는 의학에서는 판데믹Pandemic, 즉 세계적 규모의 유행을 일컫는다. 팍스 로마나와 판데믹, 묘한 연관 관계를 느낄 수 있지 않은가?

서기 250년 무렵에는 새로운 판데믹이 로마를 강타했다. 이 시기에 로마는 이민족이 계속 침범해 힘들게 전쟁을 치르고 있었다. 당시 이민족보다 로마에 더 큰 타격을 입힌 이 전염병은 기독교 주교 키프리아누스가 기록을 남겼기 때문에 '키프리아누스 역병'이라 불린다. 에티오피아에서 처음 발생해 이집트를 거쳐 전 유럽으로 번졌는데, 스코틀랜드까지 포함해 유럽 대륙 전체를 휩쓸었다. 더구나 로마 제국 곳곳에서 전투가 벌어지고 있던 터라 전염병이 신속하게 확산했고, 사망률도 매우 높았다.

키프리아누스의 기록에 따르면, 이 전염병은 눈의 충혈과 실명, 목 염증, 설사, 구토, 다리 조직괴사까지 다양한 증상을 일으켰다. 림프절 페스트라고 추정하는 사람도 있지만 단정하기는 어렵다. 다만 여러 질환이 동시에 발생했다고 추측한다.

로마의 경제는 주로 세금에 의존됐다. 로마는 주로 해안 지역과 인근 내륙 지역에서 세금을 징수해 변방에 있는 주요 군대로 보냈다. 안토니우스 역병과 키프리아누스 역병이 창궐한 탓에 약 100년간은 수입이 위태로웠다. 특히 지중해의 무역 거점인 도시를 중심으로 역병이 창궐했기 때문에 주요 수입원에 결정적 타격을 입었다. 봉급을 제대로 받지 못하자 군벌 세력이 반란을 일으켜 혼란은 가중됐고, 경제가 더 쇠퇴하는 악순환이 이어졌다. 이렇게 되자 로마의 중앙집권제는 힘을 잃을 수밖에 없었다. 행정조직이 붕괴됐고, 외부 세력이 침입해도 대항할 능력이 없었다. 두 차례 전염병이 휩쓸고 간 뒤 로마는 멸망의 길을 걷고 있었다.

역사의 아이러니한 면이지만, 로마는 찬란한 절정에 이르렀을 때 몰락의 징조가 나타나기 시작했다. 세계를 장악하고 운영하는 일이 그리 쉬운 일은 아니었으리라. 광대한 지역과 수많은 민족을 오랜 시간 동안 철저한 규율하에 지배하는 일은 역시 어려울 수밖에 없다. 로마는 이런 일을 꽤 잘했음에도 불구하고 역병이 창궐하자 그 굳건한 기상이 허물어져버렸다.

인류 역사를 살펴보면 마치 한 인간의 삶과 비슷하다는 느낌을 받는다. 처음 나라를 세우고 발전해나갈 무렵에는 미약하더라도 순수함과 힘이 있어 욱일승천의 기세로 발전한다. 아름다움까지 느껴질 정도다. 하지만 아무리 아름다워도 열흘 붉은 꽃은 없다고 했다. 절정의 순간은 쇠락의 징조를 내포한다. 그리고 바로 질병은 그 쇠락의 징조 가운데 하나임이 분명하다.

여느 국가가 다 그렇듯이 로마의 건국신화도 극적이다.

티투스 리비우스는 가장 방대한 로마 역사서로 알려진 《로마
사_Ab Urbe Condita Libri_》를 서른 살에 쓰기 시작해 죽을 때까지 작업
을 계속했다고 한다. 총 142권을 썼는데, 지금은 35권이 남아 있
다. 그의 저술 방식은 조금 독특해서, 사실과 허구를 굳이 구분하
려고 하지 않았다. 리비우스는 그가 산 시기, 바야흐로 공화정이
무너지고 왕정으로 돌입하려는 때의 로마가 타락과 부패로 만연
했다고 판단해, 과거의 영광을 재조명함과 동시에 현실의 타락과
극명하게 대비시켜, 이를 대중이 깨닫게 하고 싶었다.

리비우스는 로마의 역사를 아이네아스(그리스어로는 아이네이아
스)가 멸망하는 트로이에서 로마로 도피하는 장면으로 시작했다.
아이네아스는 트로이 왕족 안키세스와 미의 여신 비너스(아프로
디테)의 아들이다(아이네아스는 율리우스 카이사르의 선조로, 카이사
르는 자신을 비너스의 후손이라고 말한다). 그는 헥토르가 죽은 뒤 트
로이에서 가장 용맹한 장수로 혁혁한 공을 세웠지만, 트로이의
목마를 앞세운 그리스군의 계략에 휘말려 멸망하는 트로이를 탈
출할 수밖에 없었다. 위기에 몰려 구한 아폴론의 신탁은 "옛 어머
니의 땅을 찾으라"라는 말이었다. 아이네아스 일행은 크레타 섬
으로 갔지만, 그곳에서 아이네아스는 "옛 어머니가 헤스페리아
(이탈리아)"라는 꿈을 꾸었다.

이탈리아로 향하는 이들의 여정은 처음부터 난관에 부딪혔다.

〈하피와 싸우는 아이네아스 일행〉

폭풍우를 만나 괴조 하피(여자의 몸을 가진 새)가 사는 섬 스트로파데스에 기항하게 됐으나, 음식을 마련하기만 하면 하피가 날아와 낚아채 갔다. 아이네아스 일행이 칼을 들고 저항하자 하피는 "너희는 굶주림에 지쳐 식탁을 갉아먹을 때까지 결코 나라를 세울 수 없을 것이다"라는 저주를 내리고 날아가 버렸다.

아이네아스는 긴 여정 중에 시칠리아 섬에서 아버지 안키세스를 잃는다. 다음 기착지 아프리카에서 막 나라를 세운 여왕 디도를 만난다. 여왕은 아이네아스의 일행을 극진히 대접해 두 민족은 돈독한 사이로 발전했다. 디도 여왕과 아이네아스는 연인이 됐다. 아이네아스는 새로운 터전에서 연인과 함께 나라를 다스리는 일도 나쁘지 않겠다고 생각했지만, 신의 뜻은 그를 헤스페리아로 향하도록 몰아세웠다. 꿈과 같던 열 달이 지나자 만류하는 디도 여왕을 남긴 채 아이네아스는 기어이 길을 떠난다. 사랑과 긍지를 모욕당한 디도는 높이 쌓은 장작 더미 위에서 자결을 해 결국 잿더미가 되고 만다.

디도는 원래 튀로스의 공주로 재산을 노린 동생의 손에 남편이 죽자 아프리카로 탈출해 오게 됐다. 그녀는 원주민에게 소가죽 하나로 덮을 땅을 허락해달라고 요청했는데, 원주민이 허락하자 소가죽을 가늘게 잘라 긴 끈으로 만들어 땅을 확보했다. 거기에 성을 지어 뷔르사(소가죽이라는 뜻)라고 이름 붙였다. 뷔르사를 중심으로 크고 강한 도시국가가 탄생했다. 후일 로마와 숙명의 대결을 펼치게 되는 카르타고다. 사랑이 지극할수록 원한은 깊어질까? 이 두 나라는 이렇게 시작부터 악연으로 얽혀버렸다.

아이네아스의 일행은 우여곡절 끝에 헤스페리아에 도착했다. 이들은 나라를 새로 세울 땅을 찾던 중 티베르 강가에 다다랐다. 식사를 준비하면서 딱딱한 빵을 식탁으로 삼아 음식을 올려놓았는데, 배가 너무 고파 식탁으로 삼은 빵까지 모두 먹어치웠다. 아이네아스의 어린 아들이 "우리가 식탁을 먹고 있네!"라고 말하자, 그제야 아이네아스는 신탁이 말한 약속의 땅에 도착했음을 알아챘다.

세월이 흘러, 아이네아스의 13대손인 프로카 왕은 장남 누미토르를 후계자로 지목했다. 이에 불만을 품은 차남 아물리우스는 왕위를 찬탈해 형 누미토르의 아들을 모두 죽이고 딸 레아 실비아는 난로의 여신 베스타를 지키는 신녀로 만들어버렸다. 신녀는 결혼할 수 없으니 후손을 낳을 수 없고, 그러면 후환도 없을 것이라 판단했다.

그런데 레아 실비아가 '마르스 신의 아이'라고 주장하는 쌍둥이를 낳았다. 아물리우스는 레아 실비아를 살해하고 쌍둥이를 익사시키라는 명을 내렸다. 하지만 티베르 강가에 버려진 쌍둥이는 늑대의 젖을 먹고 자라나, 양치기 무리에 들어가 건강하고 씩씩하게 컸다. 쌍둥이는 힘을 길러 결국 원수를 갚고 로마를 건설했다. 이 과정에서 갈등이 생겨 레무스를 죽인 로물루스가 로마의 건국 시조가 됐다. 서기전 753년으로 이 해를 로마의 건국 원년으로 삼았다.

상처뿐인 승리

피루스 왕은 서기전 307년에 불과 열두 살의 나이로 에피루스의 국왕이 됐다. 에피루스는 현재 그리스 북서부와 알바니아 남부 지역에 자리했다. 당시 그 지역의 패권을 쥔 마케도니아 왕국(알렉산드로스 사후 분리된 헬레니즘 국가의 하나)과의 전투에서 잇따라 승리를 거둬 지역의 강자로 떠올랐다.

피루스 왕은 서기전 208년 동지중해의 패권을 두고 로마와 격돌한다. 로마와 결전을 펼칠 때 피루스 왕은 지형을 잘못 택해서 진을 펼쳤다. 기병대가 돌파하기 힘든 언덕이 주변에 있었고, 동원한 코끼리 부대가 강을 건너 적을 공격하기에는 물살이 너무나 셌으며, 강을 건넌다 해도 울창한 숲에 가로막혀 코끼리 부대가 수월하게 공격할 수 없는 곳이었다. 피루스 왕은 악전고투를 거듭할 수밖에 없었다. 전장이 평지로 옮겨진 뒤에도 코끼리에 밟혀 죽을까 봐 죽기 살기로 덤비는 로마군 때문에 아군 사상자가 속출했다. 결국 로마군이 퇴각해 승리를 거뒀지만, 피루스 왕은 승리에 환호하는 군사들에게 이렇게 말했다고 한다.

"이기는 것도 좋지만 한 번만 더 이런 피해를 입었다간 우리는 망하고 말 것이다."

이 유명한 말은 1885년 영국의《데일리텔레그래프》라는 신문에 처음 나와 유명해졌고, 요즘에도 함축적이고 시니컬한 의미로 사용된다. '피루스의 승리 A pyrrhic victory'는 즉, '상처뿐인 승리'라는 뜻이다. 12

포에니 전쟁과 비운의 한니발

국력이 강력한 카르타고가 동지중해로 진출하려는 목적에서 첫 교두보로 겨냥한 곳이 시칠리아 섬이었다. 카르타고의 침략을 받은 동부 시칠리아의 도시들이 로마에 구원을 요청하면서 제1차 포에니 전쟁이 발발했다(서기전 264년).

제1차 전쟁 당시 시칠리아에서 용병대를 조직해 로마군을 패배 직전까지 몰고 간 카르타고의 장군이 있었다. 하밀카르 바르카스 장군이다. 그는 전쟁에 패한 뒤에도 국력을 기르는 데 열과

한니발 흉상

성을 다했으나 암살을 당하고 만다. 그에게는 세 아들이 있었다. 맏아들이 바로 명장 한니발 바르카스다.

한니발은 지금도 가장 위대한 전략가로 추앙된다. 그는 뛰어난 전략과 기존의 발상을 뒤엎는 기발한 생각을 가졌다. 병사들과 똑같이 먹고 자며 자신의 이익은 생각지 않고 오로지 나라에 충성했다. 한니발이 제2차 포에니 전쟁에서 보여준 뛰어난 전략은 카르타고의 해군만을 경계한 로마의 허를 찔렀다. 대군을 동원해 피레네 산맥과 알프스 산맥을 넘어 로마군을 공격하자, 이를 예상치 못한 로마군은 대패하고 만다. 로마는 군사 8만 명 가운데 5만 명을 이 전투에서 잃었다.

한니발은 이탈리아반도에 머물며 연전연승을 거뒀다. 그런데 그가 로마로 직접 진격하지 않고 17년간이나 빙빙 돌며 시간을 보낸 일은 지금까지도 수수께끼다. 아마도 금방 와해되리라 믿은 로마연맹의 결속력이 예상외로 굳건해서 그러지 않았을까 짐작할 뿐이다.

로마는 '한니발을 본받아 한니발을 이기자'라는 목표를 두고 젊은 스키피오 장군을 앞세운다. 그는 한니발이 온 길을 거꾸로 밟아 이베리아의 근거지를 정복하고 아프리카의 카르타고 본국을 공략했다. 이 전투를 성공적으로 치른 스키피오는 아프리카누스라는 별칭을 얻었다. 궁지에 몰린 카르타고는 전쟁의 모든 책임을 한니발에게 뒤집어씌우고 로마에 거액의 배상금을 바쳤다.

서기전 203년 소환된 한니발은 결국 카르타고로 압송됐다. 이듬해에 한니발은 군사를 은밀히 모아 재기를 노렸지만 북아프리카 전투에서 누미디아 기병에게 배반당해 로마군에 패하고 말았다. 한니발은 패배한 뒤에도 내정을 개혁하고 국력을 회복하고자 노력했지만 정적에게 공격받아 시리아로 망명해 결국 자살하고 말았다. 제2차 포에니 전쟁을 한니발 전쟁이라고 부르기도 한다.

한니발의 높은 기개와 불굴의 정신, 애국심에 비해 그의 조국은 영웅을 배반하고 죽음으로까지 몰고 갔다. 그의 충성을 받을 만한 자격조차 없는 나라인 셈이다. 군이 제3차 포에니 전쟁까지 거론하지 않더라도 카르타고는 이미 멸망한 나라나 다름없었다. 서기전 146년 로마의 장군 소小 스키피오가 침략해 카르타고는 완전히 멸망했다.

한니발이 얼마나 자부심이 강한지 보여주는 일화가 있다. 역사에는 그와 스키피오의 대화 내용이 이렇게 기록돼 있다.

한니발을 포로로 잡은 스키피오 아프리카누스가 한니발에게 질문했다.

"장군이 보기에 역사상 최고의 명장은 누구입니까?"

"두말할 것 없이 알렉산드로스 대왕이지요."

"그럼 두 번째는 누구라 생각합니까?"

"에피루스의 피루스 왕입니다."

"그럼 세 번째는요?"

"바로 나, 한니발이오."

내심 자신의 이름이 언제나 나올까 기대한 스키피오는 짜증이 나서 어이없다는 듯 한니발에게 물었다.

"아니, 장군은 내게 지지 않았습니까?"

"그렇지요. 내가 당신에게 패하지 않았다면, 나는 알렉산드로스를 뛰어넘는 사상 최고의 명장이 됐을 것이오."

한니발은 이처럼 자존심이 강했다. 사실, 알렉산드로스가 전쟁에서 이기고 영광스러운 제국을 건설해서 그렇지, 그의 작전에는 허술한 데가 많았다고 한다. 에피루스 왕 피루스는 로마의 경쟁자로 한때 동지중해의 패권을 잡기도 했지만 결국 패하고 말았다. 그러니 두 왕 모두 한니발과 비교할 만한 대상이 아니었다고 해도 과언은 아니다.

제국을 파멸시킨 유스티니아누스 역병

로마는 점점 약해지고 있었다. 아우구스투스 이후 현명한 다섯 황제가 다스리던 시대가 지나자 로마를 휩쓴 역병의 영향에다 연이은 폭군의 전횡, 이에 대항한 반란과 군벌의 득세로 나라 꼴이 말이 아니었다. 50년간 황제 열여덟 명이 암살당하고 쿠데타로 제위가 바뀌는 등 혼란이 지속됐다. 민중은 충성심과 공동체 의식을 점점 잃어갔다. 이민족의 침입과 역병으로 인해 도시는 황폐화했다. 지식인이나 기술자가 죽거나 멀리 지방으로 숨어들자 제국의 행정조직마저 와해됐다. 바로 이런 역사적 사실은 이후 이어지는 중세 암흑기가 왜 시작됐는지 설명하는 근거가 된다.

이전의 강인하고 충직한 로마인의 특성을 찾기 힘든 시절이었다.

게다가 게르만족 침입이 끊이지 않았고 동방에서는 사산조 페르시아의 위협이 증가하고 있었다.

암울한 세월을 지나던 로마에 3세기가 되자 비로소 혼란을 안정시킬 황제가 등장했다. 아우렐리아누스와 디오클레티아누스가 그들이었다. 특히 디오클레티아누스는 너무 방대한 지역을 중앙집권 체제로 지배하던 당시 로마의 문제점을 정확하게 간파했다. 그는 거대한 로마 제국을 넷으로 갈라 각 지역마다 정제正帝, Augustus와 부제副帝, Caesar를 두어 지역을 책임지도록 했다. 이 제도는 참으로 혁신적이자 위기를 극복할 만한 회심의 발상이기도 했다. 하지만 한 나라에 황제 넷이 있고, 게다가 만만치 않은 야심을 가진 부제 또한 넷이나 있는 체제는 분란이 일어날 가능성이 높았다. 사람의 욕심에는 끝이 없지 않은가.

디오클레티아누스 황제가 정의와 명분을 위해 스스로 제위에서 물러나기까지 했지만 로마는 곧바로 내란에 휩싸여버렸고, 결국 동과 서로 갈라지게 됐다. 이때 콘스탄티누스 1세는 갈리아와 브리타니아에 머물며 세력을 키워 312년에 로마로 진격했다. 한니발이 지나온 길을 따라 알프스를 넘어 이탈리아반도로 진격해 로마를 점령했다. 계속 진군한 그는 동로마 전체를 다 차지하고 324년 로마를 다시 통일했다. 콘스탄티누스는 가장 위대한 황제, 즉 '정복자이며 최고의 아우구스투스'라는 칭호로 불리며 로마의 많은 제도를 개혁했다. 가장 주목할 만한 업적은 313년 밀라노칙령으로 기독교 탄압

콘스탄티누스 1세 동상

을 중지시키고 종교의 자유를 인정한 일이다.

그러나 콘스탄티누스의 개혁은 기존 세력의 반발을 일으켰다. 전통 종교를 고수하는 많은 시민의 저항을 피하고 기존 세력을 약화시키기 위해 콘스탄티누스는 동방으로 수도를 옮겼다. 원래 동로마의 근거지이던 비잔티움에 새로운 도시를 건설해 자신의 이름을 따 콘스탄티노플(콘스탄티노폴리스. 오늘날의 이스탄불)이라고 명명했다. 동방의 풍요로움과 그의 개혁 의지를 기반으로 로마는 꺼져가던 생명력을 되찾는다.

콘스탄티노플에 자리를 잡은 로마는 이전 로마와는 특징이 조금 다르다. 정치적으로는 강력한 중앙집권적인 로마의 제도를 따랐지만, 종교적으로는 그리스도교를 국교로 삼았으며, 언어·문화적으로는 지역 특성에 따라 헬레니즘적 요소를 많이 가진 복합적인 문화국으로 변모했다.

그러나 콘스탄티누스 황제가 사망한 뒤 20년이 채 지나지 않은 395년 로마는 다시 동과 서로 분열되고 말았다. 뒤이어 게르만족이 로마를 대규모로 침입했다. 비교적 국력이 강하고 내정이 안정된 동로마 제국은 게르만족을 막아냈지만, 서로마 제국은 겨우 170여 년 만에 멸망하고 말았다. 이제 지중해 서쪽 영역에는 미개한 게르만족이 세운 동·서고트 왕국과 부르군트 왕국이 들어섰고, 북아프리카와 시칠리아를 중심으로 한 반달 왕국, 그리고 브리타니아의 앵글로색슨 왕국이 자리 잡았다.

콘스탄티노플을 중심으로 한 동로마 제국은 1453년 오스만튀르크에 멸망할 때까지 1,000년 넘게 지속했다. 게르만 국가들도 명목상 기독교 세계의 유일한 황제이자 지배자는 동로마 황제뿐이라고 인정했다. 이는 게르만인이 문화적, 정치적 역량이 부족했기 때문이었다. 동로마 제국의 문화는 동지중해와 동유럽에 영향을 미쳐 지금까지 이어진다.

게르만족이 일으킨 혼란이 가라앉을 무렵 동로마 제국에 야심 찬 황제가 등장한다. 그는 518년에 제위에 오른 유스티니아누스 1세다. 유스티니아누스는 로마의 옛 영화를 재건하겠다는 기치 아래

유스티니아누스 모자이크   테오도라 모자이크

왕권을 강화하면서 전쟁을 준비했다. 하지만 곧 왕권 수립과 전쟁
에 반대하는 국민의 강력한 반발에 부딪히게 됐다. 황제 자리를 빼
앗길 위험에 처했지만, 그에게는 왕비 테오도라가 있었다. 현명하
고 야심만만한 테오도라는 유스티니아누스를 독려해 위기를 정면
돌파하고 권력을 되찾게 했다. 이제 그는 거칠 것 없었다. 교회까지
직접 지배하고 절대 권력자로 군림하면서 위대한 로마 재건에 박차
를 가했다. 20여 년간 정복 전쟁을 치러 반달 왕국과 동고트 왕국을
무너뜨렸고, 552년에는 서고트족이 웅거한 에스파냐 남부를 점령
해 옛 로마 제국의 영역을 거의 다 회복했다.

그러나 유스티니아누스의 꿈을 실현시키기엔 너무 많은 희생이 필요했다. 로마에 재편입된 많은 지역에서 약탈과 세금 착취 탓에 반발이 이어졌다. 게다가 이미 오랜 세월 동안 분할돼 문화적으로 서로 다르게 변한 동로마와 서로마가 다시 예전처럼 한 제국으로 융합하는 일은 쉽지 않았다. 유스티니아누스가 사망하자 곧바로 서로마가 이탈했다.

대제국이 이렇게 쉽게 분열된 원인은 무엇일까? 사실 유스티니아누스의 전성기부터 이미 조짐이 있었다고 봐야 한다. 그는 무리한 정복 전쟁을 치르느라 국력과 자원을 너무 많이 소비했다. 엎친 데 덮친 격으로 동로마 제국에 퍼진 역병이 치명적이었다.

541년에 무서운 역병이 콘스탄티노플을 덮쳤다. 이 역병이 처음 발생한 곳은 이집트의 펠루시움 항(지금의 수에즈 운하 근방)이었다. 아프리카의 곡물을 운반하는 항구이자 아라비아, 아프리카, 콘스탄티노플을 잇는 근거지였다. 이런 곳에서 발생한 역병은 순식간에 유럽 전역으로 퍼졌다.

이 역병을 기록한 역사학자는 프로코피우스다. 그는 동로마가 사산조 페르시아, 반달 왕국, 동고트 왕국을 정복하는 전쟁을 기록한 《전쟁사 *History of the Wars*》를 썼다.

한참 병이 창궐할 때는 콘스탄티노플에서 하루에 1만 명씩 죽어나갔으며, 역병이 방방곳곳으로 전파돼 어느 민족이나 똑같이 병

에 걸렸고 아무리 멀리 떨어진 사람도 남녀노소 상관없이 이 병으로 죽어갔다.[13]

이 역병은 수많은 희생자를 내며 유럽을 잠식해 서쪽 끝인 아일랜드에까지 퍼졌다. 6세기 말이 돼서야 역병이 겨우 진정됐지만 유행은 산발적으로 계속돼 수십 년 간격으로 반복 창궐하다 결국 750년 유행을 마지막으로 완전히 소멸했다. 이 병으로 희생자가 가장 많이 발생했을 때는 541년과 542년 사이로, 당시 세계 인구의 거의 절반에 해당하는 3,000만~5,000만 명이 피해를 입었다. 동로마 제국이 가장 큰 피해를 입어 주민 절반 이상이 희생됐다. 인구가 가장 밀집한 지역이었고 전쟁 때문에 역병이 순식간에 전파될 수 있었기 때문이다.

프로코피우스는 역병의 증상을 상세하게 기록했다. 초기에는 대수로운 증상이 아닌 듯 보이지만, 갑자기 열이 나고 곧 겨드랑이와 사타구니에 종기가 부어올라 온몸에 퍼지기도 했다. 검은 발진도 온몸에 퍼지고, 정신이 혼미해져 짧은 시간 내에 숨을 거두게 된다. 각혈이 심한 사람도 있었고, 치유된 사람도 심각한 후유증에 시달려야 했다. 오늘날의 의학적 관점으로는 림프절 페스트나 14세기에 유럽을 강타한 흑사병과 동일한 역병으로 보기도 한다. 역사학자들은 유스티니아누스 황제의 이름을 따 이 역병을 '유스티니아누스 역병'이라고 불렀다.

이 역병이 어느 날 갑자기 로마에 나타났다고 보기에는 어렵다. 어디선가 발생해 세력이 커져 로마를 휩쓸었다고 보는 편이 타당하다. 이와 유사한 역병을 기록한 사례가 있다. 에페수스의 루프스는 서기전 3세기경 선페스트(흑사병의 한 종류)와 비슷한 역병이 이집트와 리비아에 돌았다는 기록을 남겼다. 어떤 학자들은 이 역병이 위력을 발휘하지 못하고 풍토병 정도로 잠복해 있다가, 유스티니아누스 시대에 정복 전쟁으로 나라 간 접촉이 활발해지자 판데믹 상태로 치달았다고도 본다. 아프리카, 인도 동북부 등에 이 질병이 잠복했다가 지중해로 들어와 참화를 일으켰다는 추측이다.

최근 이런 질병의 원인과 발생 경로를 밝히려는 여러 연구가 진행되고 있는데, 분자생물학 기법을 이용해 기존 연구로는 밝히지 못한 사실을 알아내기도 한다. 2014년 《란셋 _The Lancet Infectious Disease_》이라는 의학 학술지에 아주 흥미로운 논문이 발표됐다. 연구자들은 유스티니아누스 역병으로 사망한 독일 바바리아(바이에른) 지방의 유골 두 구에서 시료를 채취한 뒤 최첨단 게놈 기법으로 분석해 유골에 페스트균이 있음을 확인했다. 이전에는 짐작만 한 유스티니아누스 역병의 실체를 페스트로 특정한 '사건'이다.

다만 이상한 점이 하나 있었다. 지금까지는 유스티니아누스 역병이 다른 지역(아시아나 아프리카)으로 퍼지면서 유럽이 안정됐고, 14세기에 거꾸로 유럽에 다시 유입되면서 흑사병이 창궐했다고 여겼다. 그런데 바바리아 유골에서 발견된 페스트균의 유전학 정보는

14세기 흑사병과 전혀 관련이 없을뿐더러 이제까지 밝혀진 어떤 페스트균과도 연관성이 없었다. 즉, 유스티니아누스 역병을 일으킨 페스트균은 어느 날 갑자기 나타나 동로마 제국과 유럽을 강타한 뒤 무려 200년 가까이 재발했지만, 750년이 되자 '신비롭게도' 완전히 사라졌다.[14]

유스티니아누스 역병은 중흥을 위해 힘쓰던 동로마 제국에 회생 불가능한 피해를 입혔다. 국력이 약해지자 슬라브족, 아바르족, 불가르족이 침입해 제국의 영역을 잠식했으며, 동쪽에서는 사산조 페르시아가 침입해왔다. 막강한 군사력을 앞세운 페르시아에 맞선 동로마 제국은 압도적으로 불리했지만 겨우 페르시아군을 막아내고 제국의 운명을 연장할 수 있었다. 그런데 페르시아의 뒤를 이어 등장한 이슬람 세력의 거센 도전에 직면한다. 거듭된 전쟁과 무거운 세금으로 지친 동로마 국민은 이슬람 세력을 해방자로 여기기까지 했다. 곡창지대인 이집트와 시리아, 북아프리카 연안, 에스파냐 지역을 점령한 이슬람군은 수차례에 걸쳐 콘스탄티노플을 공격했다.

동로마 제국은 앞선 과학 문명의 힘으로 고안한 무기를 이용해 가까스로 위기에서 벗어나곤 했다. 높고 튼튼한 성벽을 구축해 육지로 침범하기도 어려우며, 해안으로 접근하려고 하면 '그리스의 불'을 쏘아대는 탓에 콘스탄티노플은 그야말로 난공불락의 요새였다. 게다가 동로마 제국은 병사들에게 땅을 나눠주고 생활을 안정시키는 전략을 사용했다. 자신의 땅과 가족을 지키기 위해 싸우는 병사들을 제압하기란 결코 쉽지 않다. 서로마 제국이 멸망한 뒤에도 동로마 제국이 오랜 세월을 버틸 수 있었던 중요한 이유다.

몇 차례 위기를 넘긴 동로마 제국은 다시 중흥기를 맞기도 했지만, 오랜 전쟁과 유스티니아누스 역병으로 멸망의 길로 치달았다. 유스티니아누스 역병의 피해가 가장 큰 콘스탄티노플과 동로마 지역은 주민이 반 이상 급감했다. 그렇지만 동로마 제국은 이런 중대한 위기에서 벗어날 만큼 정책을 잘 펼쳤고 문명 수준 또한 높았다.

그렇다면 동로마 제국은 과연 어떻게 견뎠을까? 정확한 답은 알 수 없다. 다만 앞서 언급한 오스트레일리아의 토끼와 점액종 바이러스 일화를 다시 떠올려보자. 점액종 바이러스를 토끼에게 유포하자 첫해에는 치사율이 99.8퍼센트였고 다음 해에는 90퍼센트까지 유지됐지만, 7년째가 되자 치사율이 25퍼센트로 떨어졌다고 했다. 직접적인 해답은 아니지만 이는 동로마 제국에서 일어난 일을 간접적으로나마 설명할 수 있는 실마리가 된다. 541년과 542년에 걸쳐 동로마 제국을 강타한 역병은 인구의 반을 희생시키고 다른 지역으로 퍼져나갔다. 하지만 시간이 지나면서 내성이 생긴 사람이 많아지자 사망률이 급격히 감소했다.

오스트레일리아 토끼의 사례나 다른 전염병의 역사를 볼 때 역병이 안정되기까지는 대략 120~150년 정도가 걸린다. 541년 시작된 유스티니아누스 역병이 750년경이 되자 사라져버렸다는 역사적 사실과도 잘 맞는다. 또 10세기가 되자 국민의 수와 국력을 회복한 동로마 제국이 잠시나마 중흥할 수 있었다는 사실 역시 '역병의 자연사自然死'로 해석할 때 타당성이 있음을 보여준다.

아무튼 유럽에는 다양한 민족이 세운 나라가 난립하게 됐다. 이제 로마는 저물고 바야흐로 새로운 시대가 열리고 있었다.

콘스탄티누스가 개혁적이며 친기독교적인 정치를 펼친 이유에
는 여러 다양한 설이 있다.

먼저 신의 가호라는 설이 있다. 기록에 따르면, 콘스탄티누
스가 한니발과 같은 작전을 써서 알프스를 넘어 로마로 진격한
312년 10월 28일 마지막 결전인 막센티우스와의 전투를 앞두고
있을 때, 정오의 태양 위에 빛나는 십자가가 나타났다. 십자가에
는 '이것으로 이겨라'라는 말이 새겨져 있었다고 한다. 미신적이
지만 콘스탄티누스는 막센티우스와의 결전을 승리로 이끌었고,
313년에 밀라노칙령을 발표해 기독교를 공인했다.

한편, 비천한 출신이었지만 황비로 간택된 어머니 헬레나의 영
향으로 보는 설도 있다. 독실한 기독교 신자인 헬레나는 아들이
황제가 되자 예루살렘으로 순례를 떠났다. 그곳에서 놀랍게도
300년 전 예수를 못 박은 십자가를 발견하기까지 했다고 한다.

하지만 상식에 근거해 판단해보자면, 콘스탄티누스는 로마를
통합하는 데 다신교보다는 기독교가 적합하다고 여겼을 가능성
이 높다. 기독교 사제들에게 '신께서 보내신 사람'이라는 칭호를
받아 왕위의 정통성을 부각하고 권력을 공고히 하려는 의도가 있
었음이 분명하다. 이후 중세의 여러 유럽 국가가 내세운 왕권신
수설은 콘스탄티누스로부터 시작됐다고 봐도 무리가 아니다.

콘스탄티누스는 말년에 자신이 '신께서 보낸 사람'이라는 생각
을 뛰어넘어 스스로 '신 그 자신'이라고 여기기까지 했다.

2014년 《란셋》에 실린 '바바리아' 논문에는 더 재미있는 결과도 제시돼 있다. 논문에 따르면, 유스티니아누스 역병은 중국 외곽 지역에서 발생해 실크로드를 따라 유럽에 유입됐고, 유럽 전역에 만연한 다음 신비하게 사라져버려서 그 이후의 역병과는 아무 연관이 없다.

반면, 14세기 흑사병은 중국과 중앙아시아 지역에서 (유스티니아누스 역병과는 전혀 관련 없이) 발생해 서쪽으로 퍼져 유럽을 강타했다. 또 아프리카에도 퍼졌고, 동시에 동쪽으로 다시 번져 19세기에 홍콩을 중심으로 세계적으로 창궐한 페스트의 원인이 됐다.

정리하자면, 유스티니아누스 역병은 소멸했지만 14세기 유럽을 휩쓴 페스트균은 살아남아 19세기 판데믹을 재현한 것이다.

최근 논문에 따르면, 14세기 흑사병은 중앙아시아가 아닌 동유럽과 흑해 연안 지역에서 유래됐다. 즉, 유스티니아누스 역병이 그 지역에 잠복하고 있다가 다시 흑사병으로 창궐했을 뿐만 아니라, 19세기 흑사병의 '조상'이 됐다고 주장한다. 감염과 전파 경로에 관해서는 바바리아 논문의 주장과 유사한 가설을 제시했다. 이 균들이 유럽에서 만연한 뒤에 중국에 퍼졌으며, 19세기에는 남중국과 홍콩을 중심으로 판데믹을 일으켰다는 주장이다.[16]

동로마 제국은 동방의 거센 도전에 오랫동안 버텨낸다. 콘스탄티노플이 난공불락의 성벽과 바다로 둘러싸여 있기도 했지만, 비장의 전통 무기 또한 한몫했기 때문이다.

이 무기는 바로 후대에까지 이름을 날린 '그리스의 불'이다. 일종의 화염 폭탄인 그리스의 불은 다른 무기와는 전혀 달랐다. 물 위에서도 타오르고 적에게 내뿜으면 걷잡을 수 없이 불이 번졌다.

그리스의 불은 동로마 제국의 비밀 무기였다. 콘스탄티누스 대제가 천사에게 제조법을 전수받았다는 전설이 있을 만큼 신비롭게 여겨졌다. 역대 황제들이 직접 제조법을 통제했을 정도로 철저하게 비밀을 유지한 전략무기였다. 칼리키누스라는 기술자가 670년경에 그리스의 불을 발명했다고도 하지만, 그가 최초의 제

그리스의 불을 뿜는 그리스 함대

작자라기보다는 고대 그리스 시대부터 존재한 무기로 추측한다. 이 무기가 무엇이었는지 정확히 알 수는 없지만 아마도 발화성이 뛰어난 특수한 역청 등을 이용하지 않았을까 짐작한다.

당시에는 불화살이나 투석기를 이용한 화공법이 보편적이었다. 그러나 그리스의 불은 이런 방법과는 차원이 달랐다. 마치 화염방사기처럼 적 함선에 불을 뿜어 공격하는 무기였다. 이 점이 다른 화염 무기와의 차이였다. 먼 거리에 있는 적의 선박을 공격해 불태웠다는 기록을 보면, 현대의 화염방사기보다 훨씬 성능이나 위력이 컸다는 점을 알 수 있다.

그렇게 성하던 역병은 왜 사라졌을까?

현대 과학으로 볼 때 유스티니아누스 역병은 의심의 여지없이 페스트임이 분명하다. 수많은 역사 기록과 과학 논문이 이 주장을 뒷받침한다. 페스트는 페스트균과 숙주인 벼룩과 쥐의 유기적인 생태 사슬로 유지된다. 이 사슬을 질병 사슬 또는 감염 사슬이라고 부른다. 페스트균이 벼룩에 기생하고, 벼룩이 쥐를 물어 페스트균을 쥐에게 옮기고, 쥐를 문 다른 벼룩이 페스트균을 체내에 보유하는 방식이다.

사람에게 전파된 페스트는 질병 사슬에 사람이 엮여 들어간 결과다. 질병이 오로지 쥐와 벼룩을 통해서만 전달되는 것은 아니다. 일단 사람에게 들어온 페스트균은 기존 질병 사슬과는 다른 경로로 번진다. 즉 사람과 사람 사이에 감염이 발생한다.

전 유럽을 초토화시킨 역병(페스트)은 767년이 지나자 역사 기록에서 사라져버렸다.[17] 도대체 역병은 왜 사라졌을까? 새로운 대처 방안이라도 생겼을까? 적어도 이때 로마 제국은 대처할 만한 능력이 없었다. 역병의 원인조차 모른 채 속수무책 당하고만 있었다.

다만 추정하건대, 질병 사슬이 어느 단계에선가 끊어져버렸기 때문이라고 생각한다. 페스트균이 아무리 지독하다 할지라도 계속 감염을 일으키기 위해서는 감수성이 있는 숙주가 계속 나타나야 한다. 이미 병을 앓고 죽어버린 사람을 감염시킬 수는 없고, 병을 견뎌내 살아남은 사람은 내성이 생겨 더 이상 균을 전파하지 않기 때문이다.

지중해 연안의 모든 도시를 휩쓸고 나자 유스티니아누스 역병은 새로운 숙주를 찾지 못해 더 이상 전파될 수 없었다.

5 중세

죽음의 빛깔 혹은 상징

십자군과 나병의 시대

유스티니아누스 역병이 휩쓸고 지나가자 오랜 시간 유럽인을 지배하던 로마 제국의 법률과 관습은 위력을 잃었다. 로마의 위대한 문명이 역사 속으로 사라져버린 것이다.

서로마 제국이 멸망한 자리에는 유럽 각지에서 일어난 게르만족이 나라를 세웠다. 그러나 원시적인 게르만 사회의 모습을 벗어나지는 못했다. 많은 나라가 로마 제국의 영향을 받아 제도를 정비하고자 노력했으며 서서히 봉건사회로 발전하기는 했지만, 겨우 자급자족 단계에 머물렀다. 국민 대부분은 삼림 속에 섬처럼 따로 격리된 농촌 지역의 농노 상태로 살아갈 수밖에 없었다. 문자도 없고 문화랄 것은 더더욱 기대하기조차 힘든, 지극히 어두운 시대가 지속됐다. 물론 일부 수도원을 중심으로 로마 제국의 문화와 학술 자료가 보존돼 연구, 번역됐다고는 하나 대다수 민중은 입에 풀칠하는 일이 급선무였다.

지중해의 대도시를 중심으로 발전한 로마 제국이나 그 이전의 문명과는 달리, 삼림이나 자연 장벽으로 격리돼 점점이 흩어진 사회를 형성한 중세에는 서로 교류하기가 힘들었다. 그래서 중세가 시작되고 봉건제도가 완전하게 자리 잡히기 전인 10세기까지는 유럽에서 대규모 역병이 발생했다는 기록이 거의 없다. 그러나 중기 혹은 중세성기High Middle Age 라고 불리는 11~13세기에는 유럽에 큰 변화가 생겼다. 대규모 민족 이동으로 혼란스럽던 유럽 전역에 이동이 줄고 민족 대부분이 정착 생활을 했다. 여러 민족이 동유럽과 알프스 이남의 이탈리아반도를 제외한 전 지역에 나라를 세웠다.

1200년대가 되자 인구가 급속히 증가했으며, 강력한 세력을 지닌 봉건국가가 나타나기도 했다. 인구가 증가하면서 도시도 생겨났다. 주로 영주나 왕이 군림하는 성을 중심으로 한 지역이었다. 하지만 이전 문명과 수준 차이가 여전히 커서, 도시가 갖추어야 할 기본 제도나 시설이라고는 없는, 단지 사람만 많이 모여 사는 형태에 머물렀다.

당시 유럽 도시는 북적이는 사람과 쓰레기, 분뇨가 함께 뒹구는 골목에서 지독한 악취가 풍기는 끔찍한 곳이었다. 짐승이나 사람이나 모두 길거리에서 볼일을 봤고, 집 안에 있는 화장실 역시 배변을

성벽에 붙은 화장실   창밖으로 요강을 비우는 여인

하면 분뇨가 길거리로 떨어지거나 개천으로 흘러 나왔다. 심지어는 요강의 배설물을 창밖으로 거리낌 없이 쏟아 버렸다. 길거리는 온통 오물과 분변으로 엉망이 됐다. 비라도 오는 날이면 오물이 진창을 이룬 길을 다니기란 여간 고역이 아니었으리라. 그래서 사람들은 높은 나막신을 만들어 신었다. 이런 환경에서 하이힐도 발명됐고, 향수도 바로 이 시기에 발달했다.

　사람들은 대부분 중세에 관한 환상이 있다. 이른바 '로망'이다. 주로 영화나 소설을 통해서 중세를 '로망하는데', 아마도 영화나 책으로는 냄새까지 재현해서 전달할 수 없기 때문이 아닐까.

중세 사람들 대부분에게는 애초에 기본적인 위생 개념이 없었겠지만, 그들도 본능적으로는 악취와 더러움을 피하고 싶었을 것이다. 그런데 큰 걸림돌이 있었다. 그건 바로 종교였다. 유럽인에게 전파된 기독교는 이전과는 조금 다른 양상을 보였다. 병을 죄악시하고 신의 징벌이라 생각하며 오로지 순결함만을 강조한 탓에, 태어나서 손도 한 번 씻지 않은 사람을 성인으로 칭송하는가 하면, 잘 알려진 이야기의 주인공, 즉 영웅이나 기사, 미녀도 태어나서 단 한 번도 목욕을 한 적이 없다고 '아름답게' 묘사한다. 몸을 드러내는 것을 음탕하게 여기고 목욕 자체를 죄악시한 탓에 안 그래도 열악한 도시 환경에서 개인의 위생은 그야말로 최악이었다. 그러니 아름다운 남녀라 할지라도 서로 친밀하게 지낸다거나 심지어 가까이 다가가는 일조차 큰 도전이었을 것이다. 축농증 등으로 후각에 심각한 문제가 있는 사람이 아니라면 말이다. "용감한 자만이 미녀를 차지한다"라는 말을 재해석할 수 있으리라.

이런 환경 탓에 온갖 질병이 그림자처럼 사람들을 따라다녔다. 크고 작은 여러 전염병이 늘 도시인을 괴롭혔다. 기록에 따르면 중세 유럽인은 흑사병을 포함해 홍역, 천연두(두창), 결핵, 디프테리아, 탄저병, 인플루엔자, 맥각병, 옴, 단독, 발한병, 무도병 등 많은 질병에 시달렸다. 가축과 뒤엉켜 살다 보니 인수공통 기생충병이나 전염병도 흔히 발생했다. 그나마 유럽은 교역로가 잘 발달하지 않은 '덕분에' 지역 간 이동이 쉽지 않아 역병이 대규모로 창궐하는 일이 드물었다는 것이 그나마 다행이었다.

중세에 다른 어떤 질병보다도 사람들을 공포에 떨게 만든 병이 바로 나병이다. 이 병은 결핵균과 아주 비슷하게 생긴 나균, 나종균이 일으키는 전염병이다. 전염력이 매우 낮아 쉽게 전염되지는 않지만, 이 병에 걸리면 살이 썩어 떨어져 나가며 흉하게 문드러지기 때문에 극심한 혐오감과 공포를 일으킨다. 보통 어릴 때 잘 감염되는데, 잠복기가 길어 수년에서 20년 가까이 되므로 언제 어떻게 발생했는지 잘 모르는 경우가 허다하다. 또 함께 생활하는 가족 간에 많이 전염되기 때문에 과거에는 유전병으로 오인하기도 했다. 그런데 역사 기록을 보면, 꽤 오래전부터 사람들은 이 병이 전염된다는 사실만은 알고 있었다.

나병은 서기전 2400년경 이집트의 파피루스에 최초로 기록됐다. 이 병은 유대인의 이동 경로를 따라 중동 지역으로 옮겨가서 서기전 6세기경 페르시아에서도 발병했다. 인도도 비슷한 시기에 나병에 관한 기록을 남겼다. 중국에는 서기전 5세기경 저술된 《논어》에 나병과 관련한 기록이 남아 있다. 나병은 특히 《성경》에 가장 많이 언급된 질병이다. 〈구약〉에 예언자 엘리사가 시리아 장군 나아만의 나병을 치료한 기록이 있으며, 유다 왕 웃시야가 나병으로 격리된 채 죽었다는 기록이 나온다. 〈신약〉에는 예수가 나병을 치유한 기적이 여러 장면 나온다.

당시 나병은 보기에도 흉악할뿐더러 원인을 알지도 못했기 때문에 피하기에 급급할 뿐 치료법이라고는 존재하지도 않았다. 더구나 전염병이라 사람들은 끔찍한 공포에 휩싸일 수밖에 없었다. 오로지 유일한 해결책은 격리였다. 이를 앞장서서 지휘한 곳이 바로 교회였다. 환자를 품고 보호할 대상이 아닌 죄인으로 규정해 박해하는 데 교회가 앞장선 셈이다. 이렇게 비종교적이고 비인간적인 짓을 행하면서도 교회는 비난을 피할 근거를 〈구약〉에서 찾았다. 〈레위기〉에 나오는 율법이었다.

먼저, 그 대목이 기록된 시절의 상황을 살펴보자. 〈레위기〉에는 이스라엘 노예를 이끌고 이집트를 탈출해 약속의 땅으로 향하던 모세 시대에 일어난 일이 기록돼 있다. 필연적으로 집단생활을 해야 하는 상황에서 위생과 질병 관리는 무엇보다 중요했다. 〈레위기〉 13장과 14장에는 나병을 진단하는 방법과 관찰 기간이 나오는데, 다른 피부병과 감별 진단을 하는 방법, 완치를 판정하는 방법 등이 세세하게 기록돼 있다. 이에 따르면, 나병으로 판정을 받으면 누구든 자기 옷을 찢고 머리를 풀어헤치며 윗입술을 가리고 "부정하다! 부정하다!"라고 외쳐야 한다. 병든 사람은 누구든 야영지 밖에 따로 살아야 하고 종교 행사나 의식에 참여할 수 없도록 했다. 아마도 질병으로 사회적인 격리가 이루어진 최초의 기록이 아닐까 싶다. 당시는 서기전 1300년 즈음이다. 이집트에서 탈출한 이스라엘 민족의 입장에서 보면 어쩔 수 없는 조치였겠다.

하지만 세월이 한참 흐른 중세 유럽에서도 똑같은 정책을 고수했

레프로사리움

다. 나병 환자에 관한 칙령이 공표돼, 대부분의 나라에서 나병 진단을 받은 사람은 시민권을 박탈당했고 일정한 장소에 격리됐다. 의사 여러 명과 법률가까지 참석하는 엄격한 위원회의 심사를 거쳐 나병 진단을 내렸는데, 증상이 분명하지 않은 경우에는 일시 격리했다가 다시 진단을 내렸다. 〈레위기〉에는 첫 격리 관찰 기간이 7일, 그때 분명하지 않으면 재차 7일이 지나 다시 검사하도록 했다. 중세 유럽에서도 이를 판정 기준으로 삼았다.

칙령에 의거해 세워진 격리 수용소를 레프로사리움(혹은 라자레토)

이라고 불렀다. 나병 환자가 수용소로 떠나는 날에는 성곽에서 멀리 떨어진 곳에서 세상과 작별하는 미사가 열렸다. 미사에서는 '나병 환자가 세상과 사람들에게 죄를 지었다'고 규정했으며, 하나님의 은총에 감사드리고 세상일을 모두 단념하라고 일렀다. 심지어 '괴로워하고 일찍 죽는 것이 더 좋다'며, 죽은 뒤 교회가 나병 환자를 위해 기도하겠다고 했단다. 한마디로 세상과의 인연을 매몰차게 끊게 했다. 격리된 환자는 그저 죽을 날만을 기다리는 존재로 전락했다. 나병 환자 대부분이 그렇게 생을 마감했다.

이 대목은 영화 〈빠삐용〉의 한 장면을 떠올리게 한다. 사회와 영원히 격리하는 섬으로 떠나는 죄수들에게 "프랑스를 잊어라. 빨리 죽는 것이 나라에 보답하는 길이다"라고 선언하던 장면과 너무 유사하니 말이다.

그런데 모든 환자가 라자레토에 수용된 것은 아니다. 또 미리 정해진 날에는 라자레토를 나와 시내에서 구걸하는 일이 허용되기도 했다. 물론 길거리에 나온 환자는 엄격한 규정에 따라야 했다. 멀리서도 한눈에 알아볼 수 있는 복장을 하고, 한 손으로 종이나 딱따기 등으로 소리를 내면서 자신이 죄인임을 밝혀야 하며, 다른 사람과 접촉해서는 안 되고, 공공장소나 우물 등 공공시설에는 접근하지 말아야 했다. 맨발로 걸어서도 안 되고 질문을 받더라도 바람이 불어오는 쪽에 있는 사람이 묻는 것에만 답할 수 있었다. 특히 검은 옷을 입고 가슴에는 흰 천으로 만든 손 모양의 표식을 달아야 했다.

이 표식은 하나님의 손길이 나병 환자 위에 있음을 상징했다고 한다.

손에 종을 든 나병환자

이 표식은 제2차 세계대전 당시 유대인이 가슴에 단 '유대인의 별'과 유사하지 않은가? 이 기시감은 섬뜩한 느낌마저 들게 한다. 하나님의 손길이 어쩌고 했지만, 이 손 모양 표식은 나병을 치료하던 예수의 손과 기묘하게 대비돼 보인다. 정신이 변질된 중세 기독교의 실체를 상징하는 듯하다.

나병은 11세기 십자군 전쟁에서 귀환하는 병사들을 통해 서남아시아 지역에서 유럽으로 전파된 것으로 보인다. 피부를 통해 전파되는 특성 탓에 피복조차 마련하기 힘든 빈민층 사이에서 더 빨리 번졌다. 물론 열악한 영양 상태와 위생 상태도 한몫했다.

나병은 13세기에 맹위를 떨쳤다가 14세기 중엽부터는 서서히 쇠퇴했다. 격리 수용 정책의 효과라고 말하는 사람도 있지만, 1348년부터 시작된 흑사병 때문이라고 보는 견해가 더 유력하다. 말이 좋아 격리 수용이지 거의 감금된 환경에 놓인 나병 환자는 흑사병까지 돌자 속수무책으로 죽어나갔다. 흑사병이 돌고 1년이 지나자 많은 라자레토가 환자가 없어서 폐쇄됐다.

15세기가 되자 나병은 희귀 질환이 됐다. 열악한 환경에 내몰린 환자가 모두 희생됐기 때문에 '격리'가 아니라 '말살'이라고 보아도 무리 없어 보인다.

중세를 마무리 지은 가장 중요한 사건으로 십자군 전쟁을 언급하지 않을 수 없다. 십자군 전쟁은 대략 1096년부터 1272년까지 기독교 성지인 예루살렘을 정복한 이슬람 세력과 유럽 연합군이 벌인 전쟁이다. 당시 동방에서는 이슬람 세력이 강성하기 시작했고, 동시에 서유럽에서는 봉건제가 안정돼 경제가 발전하면서 각 나라별로 국토를 넓히려는 움직임이 있었다.

처음에는 기독교 신앙의 중심인 예루살렘을 수복하려는 순수한 동기에서 원정을 감행했다. 그런데 십자군 전쟁을 단순히 종교전쟁으로 판단하기에는 무리가 있다. 봉건영주와 기사 집단은 새로운 영토를 차지하고 싶은 욕심이 있었다. 상인 계급은 경제적 이익을 늘리고 싶었으며, 농노나 농민은 신분 상승의 기회를 놓치고 싶지 않았다. 실제로 이 전쟁은 성스러운 전쟁이라는 말이 무색할 정도로 약탈과 광기 어린 살육으로 점철된 오욕의 역사이기도 하다. 동로마 제국의 마지막 숨통을 끊은 사건이 십자군의 약탈이라고 주장하는 학자들이 있을 정도다.

당시 강성한 셀주크 투르크는 동로마 제국의 영역을 잠식하고 예루살렘을 포함해 시리아·아르메니아·소아시아를 지배했지만,

〈십자군 전쟁으로 출정하는 리처드 1세〉

1092년에 이르자 분열되면서 힘을 잃는다. 이때를 틈타 동로마 황제 알렉시우스 1세는 셀주크 투르크를 타파하고 다시 제국을 부흥시키고 싶었다. 한편 알렉시우스 1세의 원조 요청을 받은 로마 교황청은 교회의 위상을 높이고 유럽 전역에 교황권을 확실하게 세우는 데 목적을 두고 십자군을 일으켰다.

　1차 전쟁에서 (아직까지는) 신앙심과 자부심과 열정으로 무장한 십자군이 3년 만에 예루살렘을 탈환한다. 그 뒤 더 넓은 영토를 차지한 십자군은 십자군 왕국 넷을 세운다. 그러나 성과는 거기까지였

〈살라딘〉

다. 그 이후부터 전쟁이 끝나는 1272년까지 200년에 걸쳐 여덟 차례의 십자군 원정이 있었지만, 단 한 번도 승리하지 못했다. 2차 십자군 전쟁에서 예루살렘의 십자군 국가를 함락한 이슬람 세력은 리처드 1세가 인솔해 제왕 십자군이라고 불린 3차 십자군과의 전쟁에서도 승리한다. 이후 휴전협정을 체결해 기독교도의 예루살렘 순례를 허용했다.

십자군과의 전쟁에서 승리한 이슬람에는 뛰어난 전술가이자 명예를 귀하게 여기는 경건한 이슬람교도 살라딘이 있었다. 그는 아이유브 왕조를 연 술탄이다.

십자군 전쟁으로 유럽은 큰 충격을 받았다. 신앙으로도, 말하자면 신의 뜻으로도 이루지 못할 일이 많다는 사실을 깨달은 것이다. 십자군이 전쟁에서 가져온 것은 미지의 문화나 문물만이 아니었다. 유럽의 세계관이 서서히 몰락하고 있다는 증거도 있었다. 이제 유럽은 기나긴 잠에서 서서히 깨어나고 있었다. 하지만 긴 어둠에서 벗어나기에는 아직 일렀다.

히브리어 성서에는 '차라아스 tsara'ath'라는 질병이 나온다. 차라아스는 '한센병'과는 전혀 상관이 없지만, 여러 언어로 옮기는 과정에 '문둥병' 혹은 '나병'이라고 잘못 번역됐다.

학자들은 그리스어를 번역하는 과정에서 우연히 발생한 오류로 보고 있다. 원래 차라아스라는 병명은 하나님의 '징계' 혹은 '매질'이라는 뜻이다. 정신적으로 혼미해 성직자의 도움과 치료가 필요한 상태를 일컫는데, 하나님의 형벌을 받아 몸이 썩어가는 병, 말하자면 '죄의 상징'이라고 잘못 번역됐다.

현재 학자들은 잘못을 바로잡으려고 노력 중이다. 그 일환으로 예루살렘에 있는 나병 전문병원의 이름을 '차라아티시 Tsara'Atish'에서 '한센병전문병원'으로 바꿨다고 한다. 하지만, 오랜 세월 동안 죄인으로 지목돼 버림받고 박해받은 환자들의 상처를 달래줄 것 같지는 않다. 또 환자들에게 온갖 악행을 자행한 인류의 오점 역시 사라지지 않을 것이다.[18]

이 글을 쓰고 있는 2017년 2월 16일 자 신문에 뜻깊은 기사가 실렸다. 대한민국 대법원에서 한센인 19명이 국가를 상대로 낸 손해배상청구소송 상고심에서 한센인들이 승소했다. 대법원은 국가가 자행한 강제적인 정관수술과 불임, 낙태 수술이 불법이었음을 인정했다. 헌법상 신체를 훼손당하지 않을 권리와 태아의 생명권을 침해했다는 판결을 내린 것이다. 비록 때늦은 감이 있지만 과거의 잘못을 명백하게 밝혔다는 데 큰 의미가 있다.

오랫동안 박해를 받으면서도 명맥을 유지한 기독교가 세계 종교
가 된 데에는 역병과 관련한 까닭이 있다. 로마 제국이 무너지던
시기에는 기근과 온갖 역병이 창궐했다. 수많은 사람이 죽어나가
자 기존의 철학과 종교는 이를 불가항력적인 신의 뜻이나 초자연
적인 자연현상이라고 설명했다. 그러나 사람들은 남녀노소를 가
리지 않고, 죄와 신앙의 유무와도 관계없이 인간을 죽음에 이르
게 하는 재앙을 도무지 납득할 수 없었다.

한편 기독교는 모두가 회피하는 역병 환자를 돌보고 보살피며
위로하는 역할을 자처했다. 다른 종교는 제 살길만 찾았지만 기
독교는 인간의 삶이 가치 있다고 전파하며, 죽음 자체가 고통에
서 해방되는 일이라는 희망을 전했다. 살아남은 사람들은 친지나
가족이 천국에서 영생을 누리리라는 믿음에 위안을 얻었다. 이렇
듯 기독교는 약자의 종교, 노예와 핍박받는 자의 종교로 성장했
다. 평화로운 시대보다 기근과 역병이 창궐하던 시대를 거쳐 발
전한 것이다.

중세에 이르자 기독교는 모든 사람의 가치관과 철학을 지배하
는 절대 종교가 됐다. 하지만 기독교 초기에 보여준 박애와 희생
정신은 많이 퇴보한다. 오로지 강박적인 교리로 사람들의 정신을
속박했으며, 세속적인 것을 함께 지배하는 종교로 변질했다. 사
회 약자를 구원하고 보호하던 입장에서 왕이나 영주와 같은 권력
자를 옹호했으며, 세속적인 이익까지 추구했다. 이런 시대에 질

병에 걸린 사람은 죄다 죄인이었다. 가난하고 무식한 사람들은 희생당하고 착취당해도 마땅한 존재일 뿐이었다. 종교마저도 민중에게는 멍에가 된 것이다. 사람들은 그저 숨 쉬는 것에 감사해야 했다. 특히 나병 환자에게 가한 박해는 훨씬 가혹했다. 기독교의 변질을 적나라하게 보여준다.

마녀와 연금술사

마녀는 의술이 발달하지 않은 1,000여 년 동안 사람들을 치료하는 일을 맡아왔다. 약초, 광물, 동물 등을 가마솥에 넣어 '약'을 제조하는 모습이 마녀의 원형에 해당한다. 고대부터 이들은 무녀나 점술사로 활동하면서 병자에게 먹일 약뿐만 아니라 최음제나 묘약 같은 특수한 용도의 약을 제조하기도 했다. 실제로 오늘날 과학자들은 마녀들이 즐겨 사용한 고약에서 벨라돈나(가지과의 독초)의 성분인 아트로핀 등 여러 성분을 추출했다. 또 그 약에 환각이나 진통 효과가 있음을 밝혀냈다.

그러나 중세 기독교 세계에서 이들은 퇴치돼야 할 존재로 낙인이 찍혀버렸다. 14세기에서 17세기에 이르는 중세 말기에 마녀를 대하는 사회의 반응은 일종의 집단 히스테리였다. 흑사병이 만연하고 사회 질서가 붕괴되자, 위기를 타개할 목적으로 마녀를 희생양으로 삼았다. 바로 마녀사냥이다. 특히 16세기말에서 17세기에 극에 달했다.

〈마녀사냥〉

　　마녀사냥은 낙후된 지역 사회가 그나마 누릴 수 있었던 최소한
의 의학적 치료마저 말살시켜버리는 결과를 낳았다. 사람들은 더
이상 누가 아프건 죽건 나서지 않았다. 섣불리 나섰다가 마녀로
지목돼 희생되리라 생각했기 때문이다.

연금술사의 역사는 고대 이집트 시대까지 거슬러 올라간다. 원래 연금술사는 '없는 금을 만드는 사람'을 뜻하는 말이 아니었다. 이집트에서는 금이 나기도 했지만 교역을 통해 여러 나라의 금을 수입하기도 했다. 다만 산지마다 금 함량과 색깔이 달라 금을 정련할 필요가 있었다. 이 일을 맡은 사람이 연금술사다.

로마 시대가 되자 연금술은 점성술, 신비주의, 신화 등과 결합해 신비주의적인 술법으로 변질한다. 로마가 멸망한 뒤 연금술사는 유럽에서 마녀 같은 존재로 간주돼 탄압을 받았다. 연금술사가 제공하는 약물을 일종의 마술로 간주한 것이다. 당시에는 마술로 약초나 광물에 깃든 '정령'을 불러내 환자의 몸에 병을 일으킨 정령을 퇴치한다고 믿었기 때문이다.

5세기경 성 아우구스티누스는 "질병은 악마 때문에 발생한다"라고 규정하며, "마술이 아닌 성자나 성스러운 유물로 질병을 치료해야 한다"라고 말했다. 이에 따라 교회나 수도원 등 성스러운 유물을 다룰 수 있는 곳을 제외하고는 치료하거나 치료받는 일이 불법이었다. 그런데 '성스러운 치료소'를 이용하려면 기부금을 많이 내야 했다. 일반 민중은 꿈도 꾸지 못할 일이라, 의술과는 별개로 약만 취급하는 약국이 등장하기도 했다. 하지만 약국마저도 신성모독이자 이단으로 판정받았다.

검은 죽음이 몰려오다

인류 역사에 흑사병처럼 큰 영향을 미친 질병은 없었다. 중세 유럽에 영향을 미쳐 한 시대가 끝나고 새로운 시대가 열리는 계기가 됐을 정도다. 흑사병은 쥐와 벼룩이라는 아주 작은 생물이 옮기는 질병이다. 유럽의 역사를 구분할 때 유스티니아누스 역병으로 로마가 몰락하던 때를 중세의 시작점이라고 보는 사람들이 있다. 마찬가지로 중세가 끝나는 시점을 십자군 전쟁이 아니라 14세기 흑사병 창궐 때로 보는 견해도 있다. 즉, 흑사병으로 시작된 중세가 흑사병으로 종말을 고한 셈이다.

1347년 유럽에는 공포의 질병이 떠돌기 시작했다. 이듬해에는 유럽 전역을 휩쓸어 인구의 30퍼센트가량이 사망했다. 사람들은 이 질병이 왜 발생했는지 전혀 몰랐다. 부랑자나 나병 환자, 유대인이 병을 퍼뜨린다는 괴소문이 나돌자 이들을 학살하는 참극도 벌어졌다. 사회 불안과 비극을 약자에게 전가한 사건의 전형으로 인간의 잔악함을 잘 보여주는 사례라 할 수 있다.

흑사병의 발생과 전파 경로에 관해서는 여러 가설만 난립할 뿐, 아직 정확하게 파악되지는 않았다. 중앙아시아와 실크로드를 통해 흑사병이 유럽에 유입됐다는 설이 가장 유력한데, 앞 장에서 언급했듯 유럽의 한 지역에서 발생했다는 설도 만만치 않다.

1347년 크림반도까지 진군한 몽골군(킵차크한국의 군대)이 흑사병에 걸려 죽은 사람의 시체를 투석기를 이용해 페오도시야 성 안으로 던져 넣어 흑사병이 퍼졌다는 기록이 있다. 그때 성에 있던 이탈리아 교역소 사람들이 흑사병을 시칠리아로 옮겼다는 설이다. 그런데 몽골군이 성 안으로 던져 넣었다는, 흑사병으로 죽은 사람의 시체가 애초에 어디서 감염됐는지는 아무도 모른다.

기록에 따르면, 시칠리아로 입항한 상선의 선원들이 이상한 전염병에 걸려 있었다. 선원들은 얼마 지나지 않아 모두 죽었으며, 이로부터 전염병이 전 유럽에 퍼졌다고 한다. 1349년이 되자 전염병은 북유럽 끝까지 이르렀고, 1351년에는 러시아와 동유럽에 전파됐다. 당시 유럽은 기온이 내려가는 시기였고 잦은 전쟁과 기아 탓에 사람들 생활은 열악하기 그지없었다. 흑사병의 위력이 훨씬 더 커질 수밖에 없는 환경이라 그 피해는 어마어마하게 늘어갔다.

14세기 유럽에 창궐한 흑사병은 'Plaque'라는 말보다 'Black Death'라는 말로 흔히 불린다. 1883년에 지칭된 이 말은, 피부에 검푸른 반점이 나타나고 검게 변색된 부분에 괴사가 일어나면서 죽어가는 증상을 여실히 드러낸다. 게다가 사람들이 느낀 공포심마저 잘 표현됐다.

흑사병은 페스트균과 쥐, 쥐에 기생하는 벼룩의 기생-숙주 관계에 사람이 끼어드는 과정에서 발생한다(역시 삼각관계는 위험하다). 쥐뿐 아니라 초원에 서식하는 설치류도 숙주가 될 수 있다. 인도와 남부 아시아에 서식하던 야생 쥐인 곰쥐가 이란과 중동을 거쳐 유럽으로 유입돼 인간에게 치명적인 결과를 초래했다고 알려졌다. 곰쥐는 크고 생존력과 적응력이 뛰어나 동서 교류가 활발하던 12세기경부터 사람들을 따라 이동하면서 치명적인 균을 퍼뜨렸다.

그런데 곰쥐의 역할(?)을 흑사병 유행 초기까지만으로 보기도 한다. 쥐와 벼룩만으로 판데믹이 일어났다는 설명은 상식적으로도 허점이 많기 때문이다. 흑사병이 위력을 발휘한 까닭은 세균이 기존의 생활환을 벗어나 인간 사이에 전파됐다는 데 있다. 새로운 감염 경로인 사람과 사람 사이의 전파가 급속도로 광범위하게 일어난 것이다.

흑사병이 휩쓸기 전과 후의 유럽은 전혀 다르다. 흑사병 유행 이전까지는 봉건제도가 안정됐고 인구가 급증했으며 경제도 발달했다. 하지만 1337년 영국과 프랑스가 기나긴 전쟁(100년 전쟁)에 돌입

보카치오의 작품에 묘사된 피렌체의 흑사병

하고 뒤이어 흑사병까지 발생하자, 유럽은 많은 것을 일시에 잃고
말았다. 보카치오가 《데카메론》에 "아주 건강한 젊은이도 아침에는
가족이나 친구와 함께 식사를 하고, 저녁에는 저세상에서 조상들과
만찬을 했다"라고 표현할 정도였다. 흑사병에 걸리고 만 프랑스 외
과의사 기 드 숄리아크는 당시의 참담함을 《대외과학Chirurgia Magna》에
이렇게 기록했다.

환자와 함께 있는 경우뿐만 아니라 멀리서 보기만 해도 병에 걸렸
다. 이 때문에 환자는 간호해줄 사람도 없이 죽어갔고, 매장에 입

회할 사제도 없었다. 부모는 자식을 돌아보지 않았고, 자식도 부모를 내팽개쳤다. 자선은 소용이 없었고 희망은 사라져버렸다.

흑사병이 창궐한 유럽의 풍경은 그야말로 참혹했다. 죽어가는 사람은 방치됐고, 시체는 묻히지도 못했다. 거리에는 시체 썩는 냄새가 진동했다. 도시건 시골이건 사람들은 아무런 희망 없이 인간이라기보다는 차라리 개, 돼지처럼 죽어갔다. 사람들은 모두 일을 돌보지는 않고 죽기 전에 가진 것을 다 써버리려는 듯 방종했다. 신 따위는 문제가 아니었다. 제도와 규범이 무너지고 인간의 존엄성이 무시되는 세기말적 풍경은 투키디데스 역병이 돌 때나 안토니우스 역병, 유스티니아누스 역병이 돌 때와 똑같았다.

한편, 이 가혹한 역병이 신이 내린 벌이라고 생각한 사람들은 다르게 행동했다. 오로지 속죄하는 것만이 구원에 이를 수 있는 길이라고 생각한 광신도들은 자신에게 채찍질하며 소리 높여 회개했고, 피를 철철 흘리며 행진하기도 했다. 11세기경 발생한 광신적 기독교 운동을 채찍질 고행 Flagellation이라고 한다. 채찍질 고행을 하는 이들을 채찍질 고행단, 고행 형제단 혹은 십자가 형제단이라고 부른다. 이들은 과격한 자해를 통한 육체적 고통을 참회의 방법으로 여겼다. 이 방법만이 하나님의 분노를 누그러뜨릴 수 있다고 생각했기 때문이다.

채찍질 고행은 특히 독일 지역에서 인기(?)가 있었다. 이런 고행

〈채찍질 고행〉

으로 죄를 씻고 신과 소통하려는 행위는 역사가 아주 오래됐다. 이집트의 이시스 여신 숭배, 그리스의 디오니소스 숭배 등에서 그 기원을 찾을 수 있다. 대부분 세기말 색체가 짙은 암담한 현실에서 자주 나타나는 광신의 한 형태다. 흑사병이 몰고 온 당시 유럽의 종말 분위기에도 잘 어울린다. 하지만 이들은 결국 다른 사이비 종교 집단이 그러하듯 과격해지면서 변질됐다. 일부 신도가 메시아를 자처하기도 했으며 유대인 학살을 주도하기까지 했다. 더구나 이들이 마을 곳곳을 순례하자 전염병은 더 확산했다.

흑사병이 돌던 시절에 이와는 다른 광신의 형태가 또 있었다. 바로 죽음의 무도Dance Macabre다. 죽음의 무도는 원시 시대부터 있던 일

〈죽음의 무도〉

종의 종교 의식이다. 묘지 같은 곳에서 격렬하고 신들린 듯한 춤을
추는 행위로, 사람들은 이 의식을 통해 죽은 사람과 영적 교감을 나
눌 수 있다고 믿었다. 또 죽음의 공포에서 벗어나려는 목적도 있었
다. 죽음의 무도는 흑사병 말기에 이르러 광란에 가까운, 강박적이
고 신경증적인 증세까지 보였다. 사람들은 집단적 정신병으로도 판
단할 수 있는 상태에서 쓰러질 때까지 춤을 추었다고 한다. 시간

이 지나자 죽음의 무도는 오락이나 사교춤 형태로 바뀌었다. 오늘날 우리가 알고 있는 예술로서의 '죽음의 무도'가 된 것이다. 우리는 이 제목의 음악을 피겨 선수 김연아의 마지막 아이스댄싱 곡으로 기억한다.

더 잔혹한 일도 많았다. 흑사병으로 사회 불안이 고조되자 사람들은 그 원인을 밝혀내려고 했다. 그런데, 늘 그랬듯, 허황된 소문에 근거해 무고한 희생양을 찾을 뿐이었다. 일단 지목된 사람은 아무 근거도 없이 무지막지한 박해를 당했다. 서로 비난하는 일에 소질을 발휘하는 동물이 인간 아니던가! 흑사병에 혐오와 증오까지 더해 유럽 전역이 휩쓸렸다. 크리미아에서는 타타르족이 제노바 사람에게, 프랑스에서는 영국인에게, 이탈리아에서는 프랑스인에게 책임을 돌렸고, 에스파냐는 아라비아와 포르투갈을 역병의 근거지로 지목했다. 떠돌이 거지나 나병 환자가 공격당했으며, 유대인 역시 집단으로 학살당했다. 이 시기에 학살당한 유대인 수가 나치 치하 때만큼이나 많았다고 한다.

유럽 전역에서 유대인 박해가 늘어갔지만 동유럽 국가에서는 상대적으로 박해가 덜했다. 특히 폴란드 정부는 유대인의 발달한 기술을 습득하려고 유대인을 보호했기 때문에 많은 유대인이 폴란드로 이주했다. 그럼에도 600년이 지난 뒤 동유럽의 유대인은 나치의 잔학한 덫에 걸려 엄청난 고통을 겪어야 했다.

흑사병은 전 세계 인구의 30퍼센트에 달하는 희생자를 내는 엄청난 피해를 끼쳤다. 백년전쟁도 멈출 정도의 위력이었다. 겨우 살아남은 자들은 깊은 회의에 빠졌고, 문화 전반에 염세주의가 짙어졌다. 흑사병이 만든 지옥에서 구원할 수 있는 방법은 아무것도 없었다. 깊은 신앙심으로 죄 없이 살아온 사람도 병에 걸려 죽었으니, 교회와 신앙도 속절없기는 마찬가지였다. 사람들의 마음속에서 신앙이 사라졌으며, 신은 부정될 수밖에 없었다.

종교뿐 아니라 관념적 체계를 고수하던 학문 역시 결정타를 맞았다. 의학에서는 절대적 권위의 히포크라테스와 갈레노스의 의학이 큰 타격을 받았다. 금과옥조처럼 신봉되던 4체액설이나 생리학적 치료법이 흑사병 앞에서는 무기력했다. 의사들은 아무런 대책 없이 그저 질병을 겪으면서 하나하나 터득할 수밖에 없었다. 자신이 본 것 외에는 아무것도 믿을 수 없었다.

중세는 이렇게 저물어갔다. 한편 이런 암흑의 시대가 지속되자 교회와 권력의 말만 따르던 시민의 의식이 깨기 시작했다.

물론 인간 중심의 인본주의 사상을 싹트게 한 다른 이유도 있었다. 막대한 인구가 희생되자 유럽에서는 노동력이 극단적으로 부족해졌다. 노동자를 보호하기 위한 칙령이 만들어졌고, 토지에 매인 노예나 다름없는 농노가 산업의 주역으로 자리 잡게 됐다. 임금이 획기적으로 올랐고 노동자의 권익이 보호됐다는 기록이 여러 문서에 남아 있다. 영주는 농노의 지위를 향상시켜주거나 농노와 거래를 통해 노동력을 확보할 수밖에 없었다. 결국 장원과 농노 제도가 무너졌다. 봉건제도가 몰락한 것이다. 자신이 가치 있는 사람이란 사실을 스스로 인식하기 시작한 민중은 당당한 시민 계급으로 성장해갔다.

중세의 어두운 터널이 끝나고 있었다. 하지만 해가 뜨기 직전이 가장 어둡다고 했던가, 흑사병 탓에 근대를 코앞에 둔 중세의 마지막은 더없이 참혹했다.

흑사병은 유럽뿐만 아니라 전 세계를 강타한 판데믹이 됐다. 러
시아로 번진 흑사병이 흑해 연안을 따라 중동으로 퍼져 이집트
와 예멘까지 휩쓸었다. 특히 무역 중심지인 항구를 중심으로 창
궐했는데, 당시 세계를 여행하던 여행가 이븐 바투타는 《이븐 바
투타 여행기》에 1348년 4월에 다마스쿠스에서 매일 2,000명이
죽어나갔고, 이집트 카이로에서는 인구의 30퍼센트가 넘는 2만

성지순례를 가는 무슬림

4,000명이 목숨을 잃었다고 기록했다.

이슬람 사회는 특히 전염병의 피해를 심하게 입어왔다. 이는 이슬람교 특유의 대처 방법 탓이었다. 상대적으로 과학이 발달한 이슬람 세계에서는 예전부터 전염병의 실체를 알고 있었지만, 예방에는 지극히 소극적이었다. 이슬람교 창시자인 마호메트의 지침에 이런 내용이 있다.

"전염병이 발생한 지역에 가지 말고, 자신이 사는 지역에 전염병이 발생하더라도 그곳을 떠나지 말라. 이는 알라신이 주는 징벌이다. 알라를 믿는 사람에겐 자비를 내릴 것이다. 이 병으로 죽는 사람은 순교자다."

그러니 환자를 격리하거나 검역하는 일은 알라의 뜻을 거역하는 행위로 받아들여졌다. 피해가 커질 수밖에 없었다. 실제 역사를 보면 이슬람이 장악한 발칸반도에 전염병이 돌 때마다 지배층 이슬람교도의 수가 크게 줄었다. 18세기에 이르자 지배층을 형성하기엔 이슬람교도 수가 턱없이 부족했다고 한다. 이 틈을 타 기독교도는 민족 해방운동을 일으켜 여러 민족국가를 세웠다.

초원의 변화

1330년대 초 중국에도 허베이성에 흑사병이 돌아 많은 사람이 죽었다는 기록이 있다. 1348년에서 1354년에 이르는 시기에 중국 각지로 흑사병이 번져 전 인구의 30퍼센트가량이 희생됐다고 한다. 당시 몽골 지배하에서 농업과 교역 등 산업이 붕괴했고, 오랜 전쟁과 기아로 13세기 후반에 이르자 약 1억 2,000만 명 인구가 약 6,000만 명으로 급감했다. 게다가 흑사병이 창궐해 인구가 30퍼센트나 더 줄었으니 나라가 제대로 유지될 수 없었다. 결국 원나라는 1368년에 멸망하고 말았다.

물론 제국이 멸망한 데에는 여러 원인이 복합적으로 작용했을 것이다. 그러나 역병, 기근, 유민 발생이 하나의 사슬과도 같은 인과관계에 있다는 점을 생각할 때, 흑사병이 몽골 제국의 멸망을 앞당겼다고도 볼 수 있다.

우리나라에서는 흔히들 가을을 천고마비의 계절이라고 말한다. 하늘은 맑고 높으며 곡식은 결실을 맺는다는 뜻이다. 이 말의 원래 의미는 전혀 달랐다. 하늘이 높고 말이 살찌는 가을에 수확을 하고 나면 유목민족이 침입해 수확물을 약탈할지도 모른다는 섬뜩한 뜻이 담겨 있었다. "하늘이 높아지니 곧 오랑캐가 쳐들어올 모양이군"이라는 절망이 담긴 말이다. 접경지대에 살던 정착민은 유목민에게 많은 피해를 입었다. 그런데 흑사병이 돌자 모든 게 달라졌다.

윌리엄 맥닐은 《전염병과 인류의 역사》에서 14세기경 유라시아 대륙에서 생긴 큰 변화를 지적했다. 이전까지는 강한 군사력을 지닌 초원의 유목민이 남쪽 농경 사회를 침략하고 약탈하는 일이 3,000년 이상 유지되어왔는데, 1346년을 경계로 이런 이동 양식이 사라져버렸다. 오히려 남쪽 농경민족이 북쪽 초원 지대로 잠식해 들어가는 새로운 이동이 나타나기 시작해서, 16세기에는 초원에 농경 사회가 정착됐다. 흑사병이 휩쓸고 지나간 유라시아 초원에 수천 년을 이어오던 민족들의 경쟁과 세력 판도가 바뀌고 만 것이다.

흑사병이 초기에 무차별적인 맹위를 떨치고 있을 무렵 의사들은 그야말로 속수무책이었다. 이들이 신봉한 히포크라테스 의학이나 갈레노스 사상은 아무런 도움이 되지 않았다. 방대한 의학 저술을 다 살펴봐도 흑사병에 관한 내용은 없었다. 의사들은 죽어가는 환자 앞에서 좌절했으며 자신들 또한 희생되기도 했다.

시간이 흘러 경험이 축적되자 의사들은 병을 치료하지는 못할지라도 예방하는 방법을 고안했다. 이들 가운데 예언자로 유명한 노스트라다무스의 지침은 획기적이었다.

1525년 노스트라다무스는 몽펠리에 의과대학을 졸

NOSTRADAMUS

노스트라다무스

흑사병 의사의 복장

업했다. 그때는 어느 정도 흑사병에 대한 지식이 축적된 시기였을 것이다(사실 노스트라다무스도 1537년에 흑사병으로 아내와 자녀를 잃는다). 그는 시체를 없애고 주변을 청소해 공기를 맑게 유지하고 깨끗한 물을 마시는 방법을 제시했다. 로즈힙(들장미 열매) 액을 권하기도 했다. 특히 그동안 유일한 치료법으로 알려진 사혈瀉血(피를 뽑아냄)을 금지했다. 이는 그가 흑사병을 제대로 이해했다는 의미다.

　노스트라다무스 말고도 프랑스 해부학자이자 외과의사인 앙브루아즈 파레, 연금술사이자 기성 의학에 도전한 파라셀수스 등도 '흑사병 의사'로 유명했다. 사실 흑사병 의사라는 명칭은 흑사병이 유행하는 도시에서 환자를 보살피기 위해 고용된 사람을 뜻한다. 위험한 환경에 투입된 이들은 경험이 풍부하다거나 우수한 의사가 아니었다. 심지어 의학 교육도 받지 않은 사람도 허다했다. 프랑스에서는 이를 빗대어 흑사병 의사를 '경험주의 돌팔이'라고 불렀다고 한다.

　흑사병 의사는 자신을 보호하기 위해 '특별한' 복장을 하고 다녔다. 환자를 대면할 때 감염되지 않기 위해 새 머리 형상의 독특한 가면을 썼다. 안쪽을 밀랍으로 발라 밀봉했고 앞을 볼 수 있게 유리로 만든 창 두 개가 있었다. 새 부리에 해당하는 곳에는 짚을 채워 넣어 나쁜 공기를 걸러냈다. 악취를 견디기 위해 용연향, 레몬밤, 민트, 정향 같은 향료도 넣었다. 환자를 직접 만지지 않고 진찰하기 위해 손에는 나무 지팡이를 들었다. 이 지팡이를 '죄인'인 흑사병 환자를 매질하는 '제대로 된' 용도로 사용했다고도 한다.

페스트와 검역

페스트가 학문과 종교의 권위를 무너뜨리고 새로운 발전의 기초를 마련했다는 점은 앞에서 언급했다. 그것 말고도 페스트가 일깨운 점이 있다.

당시에 격리를 넘어 검역이라는 개념이 등장했다. 환자를 격리하고 검역을 해야 한다는 생각은 1347년에 처음 생겨난 것으로 보인다. 하지만 하늘 아래 새로운 것이란 하나도 없다는 말처럼 검역 개념이 이때 처음 생기지는 않았다. 이미《성경》에 나와 있었다. 실제로 이 개념은《성경》에서 차용한 것으로 보인다.

검역을 최초로 제도화한 곳은 1465년 라구사(오늘날 크로아티아 두브로브니크)에서였다. 하지만 이에 앞서 서기 900년부터 600년간 63회의 역병이 창궐한 기록이 있는 베네치아에서는

12세기부터 이미 선박을 격리했다고는 한다. 그러나 베네치아가 이를 제도로 확립한 때는 1485년부터였다. 이 두 도시의 항구는 아드리아 해 무역의 중심이었다. 이곳에서 검역 제도를 시행하자 다른 항구에서도 모방했다.

검역 제도에 따르면, 입항하는 모든 배는 해안선에서 일정한 거리 이상 떨어진 해상에서 40일간 머물렀다. 육지와 격리시켜 혹시 질병이 있는지, 있다면 전염병인지를 관찰했다.

당시에는 급성 질환과 만성 질환을 구분하는 기준이 40일이었다. 급성 질환은 40일을 끌지 못한다는 경험적 근거에 따라, 질병이 의심되는 사람이나 단체를 40일간 격리해 관찰하는 방법이 효과적이라고 판단했다. 재미있게도 검역을 뜻하는 'quarantine'이라는 말은 '40'을 뜻하는 이탈리아 말 'quaranta'에서 유래했다. 우연일지 모르지만 '40일'과 관련한 재미있는 이야기가 많다.《성경》노아의 방주 이야기를 보면 40일간 대홍수로 세상을 정화했다. 고대 연금술에도 물질이 변성하는 데는 40일이 걸린다고 봤다. 고대부터 40일이란 시간이 '정화'의 의미를 가지진 않았을까 생각되는 부분이다.

6 르네상스

수평선 너머로

르네상스와 대항해 시대

중세 유럽의 미술은 종교화宗敎畫에 머물렀다. 새로운 시도는 금기였으며 가장 어둡고 담담한 색으로 오로지 신의 기적과 《성경》의 장면을 그릴 뿐이었다. 그런데 '그 일'이 있은 뒤 많은 것이 달라졌다.

1506년 로마에서 고대 그리스 조각상 하나가 발견됐다. 그리스 신화의 장면을 표현한 〈라오콘 군상〉이라는 대리석 조각상이다. 인체의 세세한 근육의 움직임뿐만 아니라 슬픔, 고통, 절망을 표현해 낸 실로 놀라운 작품이다. 포세이돈의 저주로 뱀이 라오콘과 두 아들을 휘감아 죽이려는 역동의 순간을 표현한 이 작품은 당시 예술가에게 큰 충격을 주었다.

미켈란젤로는 밋밋한 표정의 조각상과는 전혀 다른 이 작품에 영

〈라오콘 군상〉

향을 받아 인체의 유려하게 흐르는 근육과 아름다운 동작을 역동적
으로 재현하고자 했다.

　이는 르네상스의 특징을 잘 보여주는 일화라 할 수 있다. 르네상
스는 '다시 Re'와 '태어나다 Naissance'라는 뜻을 합친 말로, 중세 동안 잊
힌 고대 문화를 회복한다는 의미를 담고 있다. 문화, 학문, 예술이

부활하고 인본주의가 싹튼 시대였다. 이 시대를 한마디로 정의하기는 물론 아주 어렵다. 르네상스는 오히려 혼성적인 사조와 문화를 통칭하는 말이라고 해야 옳다.

이전 시대, 중세를 관통한 단 하나의 절대 기준은 신과 종교적 규율이었다. 기독교적 관점 외에는 억압을 당한, 암울한 정신세계에 유폐돼 있었다고 해도 과언이 아니다. 일부 귀족이나 왕족을 제외하면 사람들 대부분은 이동의 자유조차 없이 평생 농노로 살다 죽었다. 이들은 자유가 무엇인지 알지도 못했으며, 세상이 얼마나 넓은지, 그리고 그게 어떤 의미인지도 몰랐다.

그러다 중세 말 전 유럽을 휩쓴 흑사병으로 종교와 학문의 권위가 땅에 떨어졌고, 십자군 원정으로 미지의 지역 아시아의 풍요롭고 발달한 문명을 경험한 사람들의 사상에 새로운 깨달음이 생기기 시작했다. 민중은 더 이상 농노가 아니라 생산의 주역이었다. 비로소 자신의 가치를 확인한 셈이다.

한편 십자군 전쟁으로 활성화된 지중해의 항구를 중심으로 이슬람 세계의 과학과 문명이 역으로 유입됐다. 이슬람을 '문명의 요람'이라고도 부르는 까닭이다. 고대 그리스의 고전이 이슬람과 교류가 잦은 이탈리아를 중심으로 전파됐고, 중세의 암흑기 동안 잊힌 그리스로마 문명의 걸작이 번역돼 유럽 여러 나라로 전파됐다. 사람들은 세계를 합리적으로 바라볼 수 있는 소양을 쌓았다. 이런 배경에서 코페르니쿠스는 자신의 이론을 주장할 수 있었고, 지동설은 중세 서양의 세계관을 뿌리째 뒤흔든 대표적인 사건이 됐다.

과학과 합리주의적인 이성의 발달은 억압된 인간의 본성을 일깨우는 계기가 됐다. 원죄 의식이라는 멍에를 벗고 금욕주의만이 진리가 아니며 개인의 행복과 자아실현이 더 소중한 이상이라 생각한 것이다. 여기에 더해 인본주의 사상이 정립되자 비로소 세상은 신의 것이 아니라 인간의 것이 됐다.

물론 르네상스 시대의 변화를 주도한 사람 모두가 반기독교적은 아니다. 오히려 수도원이나 성직에 있는 상위층 지식인이 대부분이었다.

르네상스 시대와 맞물리면서 거의 동시에 '대항해 시대'가 시작됐다. 십자군 전쟁 이후 전파된 앞선 동방의 문물에 관한 관심이 급증했고, 동방에서 들어온 향료·비단·보석 등이 비싼 가격에 팔리면서 이것을 차지하고자 하는 나라 간 경쟁이 심해졌다. 이런 분위기에 마르코 폴로의 《동방견문록》이 출간돼자 동방에 관한 호기심은 더욱 커져갔다.

하지만 소아시아와 이집트, 이스탄불(이슬람이 점령한 뒤 콘스탄티노플에서 개명됨)을 위시한 동방으로 향하는 길목이 이슬람 세력에 의해 막혀버리자 유럽 나라들은 새로운 무역로를 찾아야만 했다. 지구가 둥글다는 사실이 밝혀지고, 항해 기술을 발전시킨 나침반과 별을 관측할 수 있는 장비가 이슬람으로부터 전해지자 이 움직임은 더욱 가열됐다. 지중해의 서쪽 끝에 위치한 에스파냐와 포르투갈

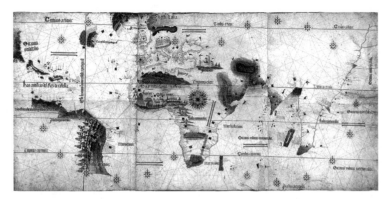

16세기에 만들어진 칸티노 세계지도

이 가장 먼저 항해에 나섰다. 콜럼버스를 포함한 여러 탐험가가 대
서양, 태평양을 돌아 전 세계 뱃길을 열었다. 지중해를 중심에 두고
이뤄지던 교역이 전 세계를 무대로 퍼지게 된 것이다.

　이 시대가 서양에서 말하듯 '위대한 발견의 시대'인 것만은 아니
다. 유럽 제국은 자신들의 탐욕을 만족시키기 위해 무자비한 정복
을 경쟁적으로 해나갔다. 비유럽 지역에 대한 식민 지배와 착취로
자본을 축적했고, 노예무역 같은 비인간적인 짓도 서슴지 않았다.

　이 시기에 일어난 열강의 만행으로 생긴 상처는 아직까지도 세계
곳곳에 치유되지 않은 채 남아 있다. 물론 인류 문명이 새로운 국면
을 맞은 시기인 것만은 사실이다. 블루베리, 카카오, 토마토, 감자,
옥수수 등이 유럽으로 전파됐고, 동양의 값비싼 향료나 사탕수수에

서 추출한 설탕이 유럽인의 식탁에 올랐다. 아메리카에서 유입된 대량의 금과 은이 물가를 20~30배 폭등시켜 가격 혁명이 일어났고, 이를 계기로 자본주의적 대규모 경영이 확산됐다.

이것이 다가 아니었다. 고대 로마가 지중해 전역을 장악하고 나서 생긴 일(팍스 로마나와 판데믹을 기억하자)이 새로운 교역이 일어나면서 지중해라는 좁은 무대를 벗어나 전 세계 5대양에 걸쳐 일어난다. 세계는 새로운 역병의 시대를 맞이한다.

르네상스 시대에는 의학도 비약적으로 발전한다. 주로 기독교 인본주의 사상가들이 의학 발전에 기여했다. 이들의 학문적 갈망은 교회에 국한되지 않았고, 인간 본연의 모습과 자연 자체로서의 고대 철학과 과학을 연구했다. 히포크라테스와 갈레노스의 의서가 다시 번역됐고 다른 많은 원전도 번역됐다. 이 시기에 발명된 금속활자는 많은 대중에게 지식을 전하는 계기가 됐다.

의학은 해부학부터 발전했다. 종교적 이유로 금기시된 인체 해부학은 처음에는 예술가들이 오로지 '예술적인 목적'으로 시작했다. 그런데 레오나르도 다빈치의 스케치를 보면 과연 이 사람이

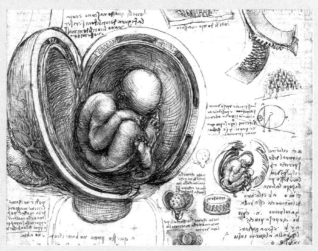

다빈치의 〈자궁 속 태아 연구〉

《사람 몸 구조에 관하여》

예술적인 목적으로만 해부했는지 의문이 든다.

다빈치의 해부도에는 태아의 상태를 관찰한 그림이 있는가 하면, 기도와 갑상선까지 해부해 그 구조를 그린 그림도 있으며, 내장과 성기의 단면에 혈관을 일일이 그려놓은 그림도 있다. 오로지 '예술적인 목적'으로 이렇게 세세하게 그릴 필요가 있었을까?

현대 해부학의 아버지라고 불리는 베살리우스는 다빈치와 미켈란젤로 등 르네상스 예술가들이 수립한 해부학에 영향을 받았다. 그는 자신이 신봉한 갈레노스 해부학을 1,000년 만에 뛰어넘는 위대한 저작《사람 몸 구조에 관하여*De Humani Corporis Fabrica*》를 1543년에 완성했다.

사람의 몸을 알게 되자 과거에는 악령의 저주나 신의 형벌이라고 여긴 질병이 어떤 원인이 있어 발생한다는 개념이 싹트기 시작했다. 질병관이 변화하자 근대에는 병균을 찾고 원인에 맞게 치료하게 됐다.

질병의 사회학

'나병'이라는 병명은 실제로 한 가지 질병을 일컫는 말이 아니었다. 오늘날에는 나균이 일으키는 한센병만을 가리키지만, 과거에는 피부에 보기 흉한 염증이나 증상을 나타내는 질병을 통칭하는 일반명사로 사용됐다.

나병으로 오인된 질병 가운데 요스 Yaws 혹은 프람베시아 Frambesia가 있다. 이 병은 피부에 궤양성 질환을 일으키고 여러 피부 증상을 보인다. 스피로헤타균이 유발시키는 병으로 겉보기에는 나병과 매우 유사하다. 중세 의사들은 세균학을 몰랐으므로 이 병을 나병으로 오인했다. 뒤에 이 병을 일으키는 세균이 확인되고 나서야 나병과는 다른 병으로 인식할 수 있었다.

스피로헤타 감염이 원시 수렵시대부터 존재했다는 주장에 따르면, 춥고 연료가 부족하며 피복 공급이 원활하지 않던 원시 환경에서는 사람들이 살아남기 위해 좁은 공간에서 서로 몸을 맞대고 지낼 수밖에 없었기 때문에 스피로헤타균에 잘 감염됐다. 중세까지도 민중 대부분이 사는 환경은 거의 변화가 없었다. 비록 몸을 드러내는 행동이 죄악시됐으나 가난한 사람들에게는 옷이 풍족하지 않았다. 실제 나병이 흔했지만, 유사 나병인 스피로헤타 감염병 같은 질병도 만연했다. 물론 당시 사람들은 이 모두를 나병이라고 여겼다. 그러니 엄청나게 많았다고 느꼈을밖에.

페스트가 유럽을 휩쓸고 간 뒤에는 상황이 달라졌다. 인구가 40퍼센트 이상 감소하자 한 지역에서 한정된 자원을 두고 경쟁할 사람의 절대 수가 줄어들었다. 그 결과 개인에게 돌아가는 자원이 늘어났다. 또 일손이 부족해 전반적으로 임금이 상승했다. 최하층 사람들도 이전 시대보다 더 많은 연료와 피복을 사용할 수 있는 조건을 갖춘 것이다. 이렇게 되자 추위를 피하기 위해 서로 몸을 부비며 생활하던 습관에 변화가 생겼다. 장기간 피부 접촉을 통해 감염되던 나병은 물론 프람베시아까지 감염 전파 경로를 잃고 소멸해버리고 말았다. 나병과 유사 나병까지 함께 줄어들자 '나병'이 급속도로 사라진다고 당시 사람들은 느꼈을 것이다.

스피로헤타가 새로운 감염 경로를 찾지 못하고 생존을 위협받을 때, 새로운 경로를 찾은 질병이 바로 매독이다. 피부감염이 아니라

성 접촉을 통해 다른 숙주로 전달되는 방법을 찾아낸 것이다. 변형된 스피로헤타균(매독)은 이전 감염증과는 전혀 다른 새로운 증상을 보이기 시작했다.

원래 스피로헤타균은 가난한 사람이 많이 감염됐다. 특히 어린아이가 많이 걸렸다. 이 균에 감염돼도 몸 상태가 극히 나쁜 경우를 제외하고는 전신에 증상이 심하게 나타나지는 않았다. 그런데 새로운 스피로헤타 감염증은 (적어도 성 접촉이 가능한) 성인에게서만 나타났다. 처음에는 증세도 프람베시아와는 비교도 하지 못할 만큼 심했다. 마치 홍역 같은 소아 전염병에 어른이 걸릴 경우 증상이 매우 심해지는 경우와 같았다.

프람베시아가 사회경제적인 변화 탓에 매독으로 탈바꿈한 것과는 달리, 진짜 나병, 즉 한센병은 다른 감염 경로를 찾지 못했다. 그래서 지금은 일부 지역을 제외하고는 거의 힘을 쓰지 못한 채 소멸 단계에 접어들었다.

한 사회의 경제 상황과 사람들의 생활 방식이 바뀌면 질병의 양상도 달라진다. 프람베시아 사례는 질병과 경제의 전형적인 상호 관련성을 거론할 때 자주 인용되는 역사의 한 대목이다.

경제가 발달하면서 생긴 또 다른 특징적인 질병으로는 발진티푸스가 있다. 이는 발진티푸스 리케치아에 감염돼 발생하는 급성 열병이다. 한랭 지역에 이[虱]가 많이 서식하는 비위생적인 환경에서 많이 발생하며, 주로 기근이나 전쟁이 발발할 때 만연하는 특징을 보인다.

앞에서 이야기했듯 페스트가 지나간 유럽 경제는 조금 나아졌다. 그러나 불결한 생활 습관은 크게 달라지지 않았다. 위생 관념이 거의 없는 주민들이 두꺼운 모직물을 제대로 세탁하지 않고 평생 입다 보니 옷에 기생하는 이나 빈대도 늘었다. 그러니 이나 빈대를 중간 숙주로 삼는 리케치아균 감염이 많이 발생할 수밖에 없었다. 발진티푸스는 1490년대에 유럽 군대에 막대한 피해를 입히면서 독립된 질병으로 주목을 받는다.

발진티푸스는 페스트와 마찬가지로 쥐나 설치류에 기생하는 세균이 이를 통해 사람에게 전달되면서 생기는 병이다. 하지만 페스트와는 달리 사람 간에는 감염되지 않는다. 발진티푸스는 전쟁 같은 극한의 상황이 아니라면 인구를 격감시킬 정도의 위력을 발휘하지는 못한다. 발진티푸스에 걸려도 건강이나 영양 상태가 매우 나쁘지 않다면 치명적이지는 않다는 뜻이다.

역사를 봐도 발진티푸스가 만연할 당시 사망한 사람들은 발진티푸스가 아니었더라도 다른 병이나 심각한 영양 상태 탓에 곧 죽을 수밖에 없었다는 증거가 있다. 전장이나 도시 빈민굴 같은 곳에는 결핵, 이질 등 수많은 전염병이 돌았기 때문이다. 특히 전쟁이 위험했다. 실제로 제1차 세계대전 당시 발진티푸스로 사망한 사람 수는 200만~300만 명이었다. 또 러시아 혁명기에도 발진티푸스가 상당한 영향을 미쳤다. 당시 러시아에서는 군대가 아닌 '이'가 국가의 운명을 좌지우지할 정도였다고 한다. 심지어 레닌이 "사회주의가 이를 이기지 못하면 이가 사회주의를 이길 것이다"라고 한탄했다고 한다. 러시아는 결국 이에 승리했고, '이긴' 러시아는 다시 혁명을 추진할 수 있었다고 한다.

역사를 들여다보면 질병과 사회의 관계가 드러난다. 질병은 사회의 변화를 초래하고, 변화된 사회의 환경에 따라 질병의 양상이 바뀐다.

스피로헤타균은 원래 두 종으로 구분한다. 스피로헤타과ᆞ는 비
병원성 균이고, 트레포네마과ᆞ는 사람에게 감염되는 병원성 균
으로 여러 감염증을 일으킨다. 병원성 균 가운데 하나인 트레포
네마팔리둠은 대표적 성병인 매독을 일으킨다. 프람베시아와 매
독은 거의 같은 균에 의해 발생하기 때문에, 과거 '인도 마마'라
는 이름으로 불리기도 한 프람베시아를 비성병성 매독이라고 부
르기도 했다. 프람베시아는 성 접촉으로 감염되는 매독과는 달리
피부 접촉으로 감염된다. 이런 특징은 나병과 비슷하다. 프람베
시아는 전염력이 매우 낮아서 살짝 스친다고 감염되지는 않는다.
오랜 시간 동안 함께 피부를 맞대고 생활해야만 감염된다.

전쟁을 지배한 질병

인류의 역사는 전쟁의 역사라고 말해도 큰 무리가 없을 정도다. 인류는 가장 최근까지도 크고 작은 수없이 많은 전쟁을 경험해왔다. 전쟁은 늘 참혹한 결과를 초래한다. 패자는 말할 것도 없으며 승자 역시 전쟁으로 소모된 재화와 사회 기간 구조 복구에 많은 희생을 치러야 한다. 특히 인명 피해는 심각하다. 수없이 많은 사람이 죽고 다치며 정신까지 황폐해져 심각한 후유증을 앓는다. 비록 전쟁사와 질병사를 구분해 기록한 역사서는 없지만, 늘 전쟁으로 사망하는 사람보다 질병으로 사망하는 사람이 압도적으로 많았다. 고대의 유명한 전쟁 역시 그러하다.

　우리나라 역사를 예로 들어보자. 중국과 고구려의 전쟁을 보면,

제갈공명

압도적인 군사력을 지닌 수나라나 당나라가 고구려를 당해내지 못했다. 그 이유가 요동으로 건너오면서 접한 이질적인 기후 탓에 역병이 발생한 데 있다는 판단이 크게 무리라고 여겨지지는 않는다. 일단 질병이 발생하면 많은 병사가 모여 있는 군진에서 쉽사리 역병이 번져나간다. 그래서 전투에서 사망한 병사보다 더 많은 희생자가 역병으로 발생했을 것이다.

《삼국지연의》(이하 '삼국지')에 이런 대목이 나온다. 유비가 죽은 뒤 함께한 맹장들 역시 하나 둘 죽어가던 시기에, 제갈량은 숙원 사업인 위나라 정벌을 계획한다. 그는 본격적인 정벌에 앞서 후방의 화근거리가 될 남만을 먼저 정벌하려고 했다. 남만은 오늘날 중국 최남단이나 베트남을 이르는데, 묘족의 근거지였다. 여기에서 제갈량은 유명한 칠종칠금七縱七擒(제갈량이 적장 맹획을 일곱 번 잡았다 일곱 번 풀어주었다는 고사)의 승리를 거둔다. 미개하고 신뢰가 부족한 묘족을 심복하게 만들지 않고

서는 후방의 안전을 보장할 수 없으리라는 판단에 따른 신묘한 전략이었다.

한편 이 전략을 이해하기 어렵다는 사람도 많다. 위나라와의 결전이 급한 마당에 그따위 한가한 전략을 쓸 만한 여유가 없다는 주장이다. 또한 제갈량이 다섯 번째로 맹획을 풀어주고 나서 치르는 전투에서 발생한 일을 지목해, 칠종칠금이라는 신화적인 전투가 실제로는 정복 전쟁이 원활하지 않았다는 사실을 우회적으로 드러낸다고 말한다.

당시 다섯 번째로 풀려난 맹획은 독룡동의 타사대왕과 결탁해 전투를 계획한다. 이 지역은 땅에서 독기가 피어오르고, 샘물에도 독이 있어 병사들이 들어가기 힘든 곳이었다. 다행히 한 은자(맹획의 형 맹절)가 나타나 제갈량에게 해법을 알려준다. 제갈량은 해엽운행이라는 약초를 이용해 병사들의 아픈 몸을 추스렸고 독기도 피했다. 결국 전투에서 승리할 수 있었다.

이 이야기에 나오는 독기란 아마도 고온다습한 지역 특유의 풍토병이었을 가능성이 높다. 결국 천하의 제갈량도 낯선 기후 환경에서 발생한 질병에 속수무책이었고, 현지의 대응책이나 치료법을 알고 나서야 전쟁에서 승리할 수 있었다.

사실 원정에서 승리하기란 쉬운 일이 아니다. 《삼국지》 시대에는 더더욱 그러했을 것이다. 《삼국지》 3대 대전이라고 불리는 적벽대전, 관도대전, 이릉대전에서는 한결같이 원정군이 철저하게 패배했다. 뛰어난 기지나 전략도 중요했겠지만, 원정군 진영에 퍼진 전염병 기록이 《삼국지》에 분명하게 남아 있는 점을 볼 때, 질병 관리도 전쟁 승패의 요인임이 분명하다. 전쟁에서는 다른 원인도 작용하겠지만 풍토병을 극복하지 못하고서는 승리할 수 없음을 보여준다.

다시 유럽으로 가보자. 나폴레옹은 1804년 황제에 등극한 다음 전 유럽을 향한 야욕을 드러내기 시작했다. 초기에 승승장구하던 프랑스 해군은 트라팔가르 해전에서 영국 해군에 참패를 당한다. 해상 무역권을 영국에 빼앗긴 나폴레옹은 대륙봉쇄령을 내려 영국에 타격을 가하려고 했다. 그러나 러시아는 영국과 무역을 지속했다. 나폴레옹은 이를 응징하고자 1812년에 60만 대군을 이끌고 러시아를 침공했다. 그해 10월에 모스크바를 점령하면서 승리를 확신했지만, 또 다른 적을 대면해야 했다. 그 적은 러시아의 혹한과 식량 부족 그리고 군영에서 발생한 발진티푸스였다. 발진티푸스는 프랑스 군영에 무섭게 번졌다. 수많은 병사가 제대로 싸움 한 번 해보지 못하고 죽어나갔다. 나폴레옹은 결국 퇴각하고 말았는데, 살아 돌아온 군사는 겨우 3만 명에 불과했다. 발진티푸스 탓에 실패한 러시아 원정은 결국 나폴레옹의 원대한 꿈을 무너뜨린 결정적인 사건이 됐다.

비교적 통계가 정확한 전쟁도 있다. 1853년에 러시아와 영국 연합군 사이에서 발발한 크림 전쟁(크리미아 전쟁)에서 이질로 사망한 영국군 병사가 전투로 사망한 전사자의 열 배가 넘었다는 기록이 있다.

이 전쟁 시기에 의학사에 큰 변화를 일으킨 인물이 등장한다. 바로 나이팅게일이다. 그녀를 포함해 많은 여성이 전쟁터를 누비며 부상병과 희생자를 돌봤으며 이를 계기로 현대 간호학이 창시됐다. 나이팅게일에 가려지기는 했지만, 러시아군 측에서도 간호사들이 적극적으로 활동했다. 마찬가지로 이를

나이팅게일

시작으로 러시아에서도 간호학이 정립됐다. 하지만 아이러니하게도 나이팅게일과 동료들이 돌봐야 한 환자 대부분은 부상자보다 열 배나 많은 이질 환자였다고 한다.

1899년에 발발한 보어 전쟁 때도 비슷한 통계가 있다. 약 3년에 걸친 전쟁에서 영국군 병사자는 전사자의 다섯 배가 넘었다. 하지만 이런 경험을 통해 의학도 변화하고 발전했다. 군진의학軍陣醫學이라는 개념이 이 시기에 성립된 것이다. 과거에는 상처에 고약이나 바르고 달군 쇠나 끓는 기름으로 출혈 부위를 지지는 정도로 치료했다면, 전염병을 방지하기 위해 적극적으로 위생 관리 대책을 세우게 됐다.

1900년대 초가 되자 이런 노력에 따른 성과가 생기기 시작했다. 조직적으로 예방접종과 위생 관리를 시행한 결과 1904년부터 1905년까지 벌어진 러일전쟁에서 일본군의 병사자는 전사자의 4분의 1로 감소했다. 그러나 러시아군에는 이런 '행운'이 없었다. 당대 최강대국인 러시아를 일개 섬나라에 불과한 일본이 이긴 데에는 이런 '행운'이 있었다. 이 사건은 전쟁의 역사를 획기적으로 바꿨다. 병사자보다 전사자가 많은, 말하자면 헛되이 죽은 젊은이 수가 획기적으로 감소한 최초의 전쟁이었다(물론 전쟁 사망자 모두의 목숨은 안타깝고 그야말로 헛되이 죽은 것이 분명하다).

　다른 나라들은 이런 놀라운 결과를 본보기로 삼았다. 장티푸스, 천연두, 파상풍 등 각종 전염병을 막기 위해 모든 신병에게 예방접종을 시작했다.

　과거에도 천연두 예방을 위해 종두를 실시한 사례가 있었다. 몇몇 유럽 나라는 나폴레옹 군의 선례를 따라 신병에게 종두를 실시했다. 그런데 무슨 까닭이었는지 프랑스는 1817년에 이 제도를 폐지하고 말았다. 그 결과 프로이센과 맞붙은 보불 전쟁 때 프랑스군은 약 2만 명 정도가 천연두에 걸린 반면, 지속적으로 종두를 시행해온 프로이센군은 피해가 거의 없었다고 한다. 역사에는 프로이센이 발달한 철도망으로 신속하게 군대를 이동시키고 물자를 옮길 수 있어 승리했다고 기록돼 있지만, 2만 명이 넘는 병사가 병을 앓아 전력에 구멍이 난 프랑스군이 어느 나라인들 이길 수 있겠는가.

인류 역사를 바꾼 중요한 전쟁에 질병이 미친 영향을 찾는 일은 그리 어렵지 않다. 과거에서 현대까지 전쟁과 질병은 서로 밀접하게 영향을 끼쳐왔으며 의외의 결과를 낳기도 했다. 그 결과, 역사는 국력과 전력만으로는 판단하기 어려운, 전혀 예상하지 못한 방향으로 흐르는 경우도 많았다.

작은 나라가 압도적인 군사력을 지닌 나라의 침입을 받는 경우, 특히 짧은 기간에 수차례의 대규모 전쟁을 겪는 경우, 고구려처럼 오래 버티는 일이 쉽지 않다. 하지만 한국인이 자랑스럽게 생각하는 안시성의 양만춘 장군이나, 살수대첩의 을지문덕 장군, 대당 전쟁의 연개소문 장군, 그리고 고구려 국민은 그야말로 놀라운 전과를 올렸다.

가끔 전쟁에 승리한 고구려가 왜 바로 역습해서 수나라나 당나라를 멸망시키지 않았을까 하고 아쉬워하는 사람들도 있다. 그랬다면 동아시아의 주도권을 우리나라가 잡을 수 있지 않았을까 하는 생각 때문이다. 같은 이유로 한국전쟁 때 중공을 폭격하자고 한 맥아더 장군의 건의가 받아들여지지 않은 일을 안타까워하는 사람도 많다.

몇십 년을 이어온 대수, 대당 전쟁의 기록을 보면 그 이유를 알 수 있다. 제2차 대수 전쟁 때 수나라 양제가 동원한 군사는 113만 3,800명이었다고 한다. 물자를 수송하는 인력은 그보다 배는 많았을 것이다. 한 연구에 따르면, 당시 수나라 인구는 4,600만 명이었다고 하는데 당시 고구려 인구는 겨우 90만~300만 정도였다. 고구려 인구를 아무리 크게 잡는다 하더라도 인구 전체가 모두 병사일 수는 없다. 수나라 병사와 일대일로 싸워도 이길 가능성이 애초에 없다는 뜻이다.

그래서 고구려가 취할 수 있는 전술은 단 한 가지, 수성전략修

城戰略밖에 없었다. 고구려는 청야전술淸野戰術도 병행했다. 대군이 한꺼번에 이동하면 현지에서 식량을 조달해야만 한다. 고구려는 이를 차단하고자 들판의 곡식을 한 톨도 남기지 않고 다 거두어들이는 전략을 썼다. 수나라 군대를 굶주리게 만든 전략이다. 진창 지대로 유명한 요택을 건너 요동으로 오는 과정에서 습하고 추운 기후까지 더해지자 굶주린 병사들이 병들어 전투력이 약화됐을 것이다. 그리고 결국 수나라는 고구려를 이기기 힘들지 않았을까 추정한다. 비록 고구려가 승리했지만, 고구려군이 수나라군과 같은 경로로 역습해 들어가기란 어려웠을 것이다. 절대적인 국력의 차이가 있고, 또한 수나라가 겪은 낭패를 똑같이 당할 가능성이 높기 때문이다.

나폴레옹의 병

나폴레옹은 유럽 역사상 보기 드문 영웅이었다. 그는 사람들에게 과거의 영웅에게 느낄 수 있는 향수 같은 감정을 일깨워준 존재였다. 극적인 삶을 산 나폴레옹에게는 여러 일화가 있다. 확인하기 힘든 이야기도 있지만 상당히 근거가 있거나 사실로 여겨지는 일화도 많다.

가장 많이 이야기되는 일화는 바로 워털루 전투 때 일어난 일이다. 나폴레옹은 1812년 러시아 원정에서 실패한 뒤 1814년 엘바 섬으로 유배됐다. 하지만 그는 1815년 3월 섬을 탈출해 파리로 들어가 다시 황제에 즉위한다. 반격에 나선 나폴레옹은 워털루 전투에서 승기를 잡았으나, 기습을 받고 원군이 늦게 도착하는 바람에 영국에 패배했다. 그는 세인트헬레나 섬에 유배돼 생을 마감한다.

나폴레옹은 워털루 전투에 12만 4,000명이나 되는 군사를 동원했다. 그런데 병사 대부분이 훈련이 부족한 상태였다. 이런 상황에서는 영국의 웰링턴 장군이 지휘하는 10만 연합군과 프로이센의 12만 정예병을 당해낼 방법이 없었다. 하지만 전략의 귀재인 나폴레옹은 먼저 프로이센군을 격파하고 나중에 영국군을 공략하는 전술을 썼다. 이 작전은 성공적이었다. 프로이센군에 압승을 거둔 것이다. 그런데 이때 프랑스군은 이해하기 힘든 이상한 행보를 보였다. 군사 전문가들은 만약 프랑스군이 퇴각하는 프로이센군을 추격해서 아예 제압해버린 뒤 영국군을 기다렸거나, 아니면 프로이센군이 도주하는 동안 영국군을 공격했다면 분명 나폴레옹이 승리했을 것으로 분석한다. 불행하게도 프랑스군은 승리를 거둔 뒤 늑장을 부리며 시간을 허비해버렸다. 이 덕분에 무려 열두 시간이나 되는 시간을 번 프로이센군은 전열을 수습해 역습할 수 있었다.

급박한 전장에서 나폴레옹은 왜 시간을 허비했을까? 여러 설이 있지만, 몇 가지만 들어보겠다.

당시 군 통수권자이며 작전 지휘자인 나폴레옹이 몸이 좋지 않아 밤새 시달리다 새벽에야 잠이 들었고 다음 날 11시가 넘어서야 제대로 지휘할 수 있었다고 한다. 당시 프랑스군 의사가 편지에 이런 언급을 했다. "나폴레옹이 그날 아침 몸 상태가 좋지 않아서 일찍 명령을 내릴 수 없었다." 게다가 뒤늦게 프로이센군의 동향을 파악했지만, 나폴레옹은 엉뚱한 방향으로 추격하라고 명했다. 안 그래도 수적으로 불리한 프랑스군이 분산된 것이다. 결국 프랑스군은 4만여 명이 전사하면서 패전하고 말았다.

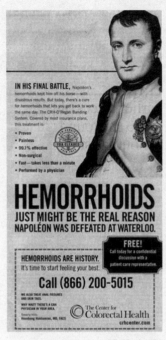

나폴레옹 치질 광고

그럼 나폴레옹은 왜 엉뚱하게 판단했을까?

먼저 '치질 설'이 있다. 원래 치질이 있던 나폴레옹은 엘바 섬을 탈출해 파리로 가는 내내 급하게 말을 탔다. 이 탓에 치질이 급격히 악화됐다. 중요한 전투에서는 하루 종일 말을 타고 지휘했기 때문에 그 증상은 심해졌다. 그래서 밤새 치질 통증으로 잠을 설치다 새벽에야 잠이 들었다는 주장이다.

프랑스의 한 이비인후과 의사가 주장한 설도 있다. 나폴레옹은 목이 짧고 턱 각도가 특이한 데다 만성 비염에 수면무호흡증으로 숙면을 이루지 못했다. 낮에 졸음이 많고 무기력할 수밖에 없었다. 그래서 워털루 전투에 패했다는 주장이다.

독일의 한 비뇨기과 의사는 워털루 전투 당시 매우 춥고 비가 계속 내리는 악조건 탓에 나폴레옹이 급성 방광염에 걸렸다고 주장한다. 그런데 일반적으로 남성은 해부학 구조상 이런 환경에서도 쉽게 방광염에 걸리지 않는다. 이 주장을 한 의사의 전문과목에 심히 의심이 간다.[19]

여러 추측이 난무하지만, 아무튼 급작스러운 질병 탓에 역사의 한 장면이 또 바뀌고 말았다.

습격당한 아메리카대륙

과거에는 문명 간 접촉이 비교적 산발적으로 천천히 이뤄졌다. 일부 접경지대를 제외하면 그다지 큰 충돌도 없었다. 하지만 대항해시대가 시작되자 계절풍이나 무역풍을 이용해 한 세계와 다른 세계를 오갈 수 있는 길이 열렸다. 이제 문명 간 접촉과 상호 영향이 놀랄 만큼 크고 빈번하고 빠르게 진행되기 시작했다.

본격적으로 이 이야기를 하기 전에 먼저 질병이 전파되는 조건을 역사에서 확인해보자.

인류 문명 초기에는 무섭게 창궐하는 전염병은 거의 없었다고 본다. 당시 문명은 대부분 기생생물의 위협이 없는 온대 지방에서 탄생했기 때문이다. 문명 초기에는 증가하는 인구를 충분히 수용하고도 남을 만큼 영토도 넓었다. 문제는 문명 공동체가 커져 한계치에 다다랐을 때 발생했다. 인구밀도가 조밀해진 환경에서는 세균과 바이러스 등 수많은 병원체가 다른 동물이나 숙주를 거치던 생활환을 벗어나게 된다. 인간에서 인간으로 직접 감염이 된다는 뜻이다. 이는 충분히 발달한 문명사회에서 가능한데, 다시 말하자면, 중간 숙주를 거치지 않은 인간 간 감염은 문명사회 특유의 질병 형태로 볼 수 있다.

다른 동물도 마찬가지이지만 인간의 몸에는 면역 기능이 있어서 침입한 세균과 바이러스를 공격하게 된다. 이 전쟁에서 면역 기능이 승리하면 몸으로 침입한 기생생물을 박멸하게 되고, 패배하면 인간이 죽게 된다. 세균을 이겨내면 일정 기간이나 평생 동안 면역 항체를 보유하게 돼 같은 질병에는 걸리지 않는다.

그렇지만 생명현상이 그리 간단하지만은 않다. 모든 전염병이 생활사가 같지도 않을뿐더러, 질병을 극복한 신체 내에서 죽지 않고 오랜 시간 동안 잠복하는 균들도 있다. 이 균들은 처음 침입했을 때는 위력을 발휘하다가 인간이 승리한 뒤에는 항체를 획득한 몸속에서 마치 게릴라처럼 숨어 잠복한다. 결핵과 수두가 대표적이다.

결핵은 그 자체로 치명적이고 무서운 질병이다. 제대로 된 약도 없고 치료받기도 힘들던 시절에는 치사율이 매우 높았다. 결핵균에 감염되면 초기에는 간혹 견디기 힘들 정도로 심한 증상이 나타나기도 한다. 우리 몸이 건강할 때는 병균이 들어왔는지도 모르고 지나가는 경우도 많다. 참고로 우리나라 성인 결핵의 80퍼센트가량은 자신도 모르는 사이(어린 시절)에 앓고 지나간 결핵이 다시 발병하는 경우다. 결핵균은 몸이 튼튼하고 면역 기능이 원활할 때는 몇십 년이고 몸속에서 잠복해 있다가, 몸이 약해지면 다시 활동을 재개한다.

수두는 대표적인 소아 전염병이다. 수두 바이러스 또는 수두-대상포진 바이러스라는 균이 일으키는 질병이다. 헤르페스 바이러스의 일종으로 수두에 걸리면 아이 피부에 작은 낭포가 생긴다. 그리 심한 증상을 보이지 않고 지나가지만 낭포가 있거나 물집이 터지는 시기에는 잘 전염된다. 보통 아이 때 앓고 나면 평생 면역력이 생긴다고 알려졌다.

사실 이 바이러스는 생명력이 놀라울 정도다. 몸속에 들어오면 50년 정도는 너끈히 잠복할 수 있다. 특히 아무런 징조 없이 신경조직에 침투해 있다가 사람이 나이 들고 약해질 때면 귀신같이 나타나서 신경줄기를 타고 증상을 일으킨다. 이게 바로 대상포진이다. 물론 대상포진 역시 증상이 그리 심해지는 않지만 간혹 생명을 위협할 만큼 심각한 경우도 있고, 신경줄기가 분포하는 영역을 따라 오랫동안 지속되는 신경통증을 유발하기도 한다. 더구나 적절한(?) 환경이 갖춰지면 소아 전염병에 불과하던 병의 패턴 자체가 바뀌어 소아 성인 가리지 않고 전염되기도 한다.

이런 균이나 바이러스는 한동안 숨었다 다시 나타나 새로운 숙주를 찾아 번식하면서 생존한다. 바로 이런 질병이 대항해 시대에 위력을 떨치기 시작했다.

대항해 시대의 가장 큰 수확은 신대륙을 발견하고 이를 경제권으로 끌어들여 발전의 계기로 삼은 일이다. 사실 이는 서양 중심적 생각이다. 침략당한 지역 입장에서 이 일은 크나큰 재앙일 뿐이었다. 처음 백인이 나타난 뒤로 다양한 형태로 침략과 희생과 멸종이 끊임없이 이어졌다.

앨프리드 크로스비는 《콜럼버스가 바꾼 세계》에서 오늘날에는 콜럼버스 이전의 아메리카대륙에서 자라던 식물을 하나도 볼 수 없는 고장이 얼마든지 있다고 언급한다.[20] 이 주장이 다소 극단적이긴 해도 틀렸다고 말할 수는 없다. 아메리카대륙에서 자라는 야생 식물 대부분이 구대륙에서 들어온 종이고, 아메리카 토종 식물 가운데 구대륙 식물과 경쟁해서 이긴 경우가 거의 없기 때문이다.

물론 아메리카 원산인 감자나 토마토 등 다양한 식물이 전 세계에서 재배되지만, 이는 인간이 의도적으로 재배하고 경작지를 늘여간 결과이지 자연선택의 결과는 아니다. 물론 예외는 분명 있다. 1880년대에 유럽의 포도밭을 휩쓸어버린 포도나무 기생충 필록세라는 원래 아메리카대륙에 서식했다. 진딧물의 한 종류로 현재까지도 필록세라를 박멸할 방법이 없다. 단지 이 진딧물에 저항력이 있는 미국산 포도나무에 접목을 하는 방법만이 유일한 해결책이다.

우리는 아직 아스테카나 잉카의 고문서를 완벽하게 해독하지는 못한다. 일부나마 해독이 가능한 기록을 보면, 아메리카대륙에는 그다지 큰 전염병이 있던 것 같지는 않다. 에스파냐인이 아메리카 대륙을 정복한 뒤 남긴 기록에도 에스파냐인이 들어오기 전까지는 전염병이 없었다는 원주민의 증언이 남아 있다. 고도의 문명을 이뤘고 인구밀도가 충분히 높던 점을 감안하면, 잉카나 아스테카에 전염병이 거의 없었다는 점은 신기한 일이다. 학자들은 아메리카대륙의 생물학적 다양성 규모가 그리 크지 않았기 때문이라고 추정한다. 야생 동식물의 수가 적고 규모도 작았으며, 가축화한 동물도 겨우 라마나 알파카 정도밖에 없었을뿐더러 가축 수도 그리 많지 않았다. 또 인수공통의 전염병도 없었을 것으로 추정한다. 다양한 질병을 경험해 강한 면역력을 지닌 유럽인과 비교하면, 원주민의 면역력은 마치 갓 태어난 신생아와 같지 않았을까.

에스파냐의 코르테스는 1519년에 아스테카 제국에 당도했다. 당시 아스테카의 황제 목테수마 2세와 국민은 코르테스 일행을 열렬히 환영했다고 한다. 아스테카인은 에스파냐 군대를 두고 전설의 신, 케찰코아틀이 재림했다고 여겼다고 한다. 깃털이 달린 뱀 형상에 피부가 희고 수염이 난 케찰코아틀은 아스테카 건국에 기틀을 마련한 뒤 배를 타고 바다로 사라지며 언젠가 다시 돌아오겠다고 예언했다고 한다. 그러나 아스테카인의 기대와 달리 이 방문자들은 악독한 침략자일 뿐이었다.

코르테스 일행의 규모만 따지면 아스테카를 정복할 만한 수준이

케찰코아틀

아니었다. 기록에 따르면 콜럼버스가 서인도제도에 상륙할 당시 아메리카대륙의 인구는 대략 1억 명 정도였다. 그 가운데 2,500만~3,000만 명이 멕시코 문명 중심지에 살았다고 한다. 안데스의 잉카 지역의 인구도 거의 비슷한 수준으로 추산한다. 이에 비해 코르테스의 군대는 겨우 500명에 말 16마리, 총 50정이 다였다. 물론 코르테스가 '기지'를 발휘해 목테수마 2세를 생포하고 항복을 받았다고는 하지만, 수도 테노치티틀란을 제외한 다른 방대한 지역의 군사를 막는 일은 불가능했다.

에스파냐 침략자들은 이 야만적 정복 행위의 결과를 신의 기적이라고 여겼다. 그러나 실은 다른 '침략자'의 도움이 있었다. 코르테스 일행과 함께 새로운 전염병이 아스테카에 들어온 것이다. 이 불길한 전염병은 히스파니올라 섬에서 시작됐다. 서인도제도에서 쿠바 다음으로 큰 섬인 히스파니올라는 콜럼버스가 처음 당도한 곳이자, 코르테스가 테노치티틀란에 도착하기 전에 머무른 곳이다.

아스테카에 질병을 퍼뜨린 에스파냐인 탓에 1518년 아메리카대륙에서는 처음으로 천연두가 발생했다. 천연두는 무서운 속도로 번져나갔다. 코르테스 군대가 진군하는 길을 따라 아스테카로 번진 천연두는 침략자의 악독한 정체를 알게 된 아스테카인이 반격을 준비할 무렵 아스테카 전역을 강타했다.

아스테카 부흥군은 대규모 군사로 구성됐다. 에스파냐군을 압도하는 수준이었다. 아스테카 부흥군과의 첫 전투에서 패배한 코르테스 군대는 테노치티틀란으로 후퇴할 수밖에 없었다. 미래를 기약하기 어려운 위기에 처한 것이다. 그런데 불과 몇 시간이 지나지 않아 순식간에 전쟁의 양상이 바뀌고 만다(그야말로 '신의 기적'이라고 믿을 만한 일이다). 짧은 시간에 부흥군의 지도자를 비롯해 수많은 아스테카 병사가 천연두로 죽고 말았다. 결국 아스테카군은 코르테스에게 항복했다.

이때 퍼진 천연두로 아스테카 전역이 황폐해지는 데는 그리 오래 걸리지 않았다. 겨우 2년 만에 아스테카군 대부분이 죽었고 인구의 25퍼센트가 사망했다. 크로스비의 《콜럼버스가 바꾼 세계》에 따르면, 당시 코르테스를 수행한 에스파냐 수도사 모톨리니아는 이 참상을 이렇게 남겼다.

인디언들은 사체로부터 풍겨 나오는 냄새를 막기 위해 죽은 자들의 집을 부수어 사체를 덮었다. 그들의 집이 그대로 그들의 무덤

이 된 셈이다.

　만약 천연두가 이렇게 급속하게 아스테카군을 덮치지만 않았더라면 코르테스 군대는 전멸하고 말았을 것이다. 세계의 판도 역시 지금과는 완전히 달라졌을 것이다. 아스테카인 입장에서는 '신의 저주'라고 여길 전염병 탓에 화려하게 꽃피운 문명이 잔재도 남기지 못하고 궤멸되고 말았다.

　더 불행하게도 천연두가 멕시코에서만 기승을 부린 것은 아니었다. 1520년에는 멕시코 남쪽 국경을 넘어 과테말라 지역을 휩쓸었고, 1525년에는 잉카 제국을 침범했다. 잉카 제국에는 유럽인이 들여온 홍역마저 함께 번졌다. 잉카 제국에 번진 전염병은 다른 지역보다 더 빠르고 위협적으로 번져나갔다. 아이러니하게도 잉카인이 건설한 선진 도로 시스템 탓이었다. '효율적인' 도로를 따라 치명적인 질병이 더 빠르고 '효율적으로' 퍼져나간 셈이다. 마치 로마의 도로를 따라 역병이 신속하게 번졌듯 똑같은 일이 잉카 제국에서 발생했다.

　잉카 제국의 왕과 왕실을 포함해 약 20만 명이 천연두로 죽었다. 전체 인구의 60~90퍼센트를 잃자 잉카 제국은 자연스럽게 몰락의 길을 걸었다. 에스파냐인 피사로는 바로 이 시점에 잉카로 침략해 들어왔다. 그는 별다른 저항을 겪지도 않고 거의 그냥 길을 걷는 정도의 노력으로 위대한 제국을 정복했다.

잉카 제국의 공중 도시 마추픽추

이처럼 한 번도 경험하지 못한 새로운 질병으로 위대한 문명이 잇달아 무너졌다. 코르테스가 아메리카대륙에 발을 디딘 뒤 채 50년이 되지 않아 중앙 멕시코의 인구는 처음의 10분의 1 수준인 300만 명으로 줄었다. 50년이 더 지나자 인구는 160만 명으로 줄었다. 그 뒤로 30년이 더 지나도록 인구는 회복되지 않았다.

이 사건은 원주민의 정신세계에 큰 타격을 준다. 아메리카 원주민은 속수무책으로 죽어가는 반면 에스파냐인은 거의 영향을 받지 않자, 모두들 '신의 섭리'라고 여긴 탓이다. 원주민은 신이 자신들을 버렸다고 생각했고 에스파냐인은 신의 기적으로 받아들였다. 이 사건을 경험한 원주민은 에스파냐인의 '우월성'에 굴복할 수밖에 없었다. 전통적인 권위 체계는 완전히 무너졌고, 자신들의 신앙도 버릴 수밖에 없었다. 원주민 대부분은 쉽게 기독교로 개종하고 말았다.

원주민의 90퍼센트 이상이 죽은 일도 불행하지만, 정신세계가 파괴된 일은 그야말로 끔찍하다. 아메리카 원주민의 공동체는 다시 재건될 수 없었다. 살아야 할 이유를 찾지 못해 어린아이를 돌보지 않고 죽게 내버려 두는 일이 허다했다. 자살하는 사람도 많았다. 생존자들은 술이나 코카인 같은 마약에 찌들어 지냈다. 희망이라고는 없었다.

오늘날에는 원주민 인구가 어느 정도 회복됐다고는 하나, 원주민의 전통적인 문화, 종교, 철학 등은 거의 다 소멸돼 알 길이 없다. 이 지역에 남은 전통이라곤 에스파냐와 약간의 민족 문화가 섞인 것들뿐이다. 지금 라틴아메리카 주민의 대부분이 메스티소(에스파냐계 백인과 인디오와의 혼혈 인종)라는 점을 생각하면 아메리카 원주민 본래의 문화는 1520년 즈음 에스파냐인의 침략과 함께 모두 다 사라졌다고 해도 과언이 아니다.

《화성 연대기》는 레이 브래드버리가 쓴 SF문학의 걸작이다. 그는 고등학교를 졸업하고는 더 이상 교육을 받지 못했지만 다방면으로 독서해 방대한 지식을 쌓았다고 한다. 주로 문명 비판을 주제로 해 SF와 희곡, 시 등 500여 편의 작품을 발표했다. 장르를 넘나드는 천재적인 작가다. 특히 세련된 문체와 시적 감수성으로 주제를 작품에 담아냈다. 대표작으로는 《화씨 451》, 《일러스트레이티드 맨》, 《멜랑콜리의 묘약》 등이 있다.

《화성 연대기》는 화성인과의 교류를 스물여섯 에피소드로 구성한 연작단편집이다. 1990년 초반 화성을 최초로 방문한 시점부터 2026년까지 지구와 화성을 배경으로 지구인의 화성 이주사를 그렸다. 화성 원주민과 지구 원정대의 조우를 시작으로, 서로 너무나 이질적인 문화를 가진 두 집단의 소통과 교감을 비판적으로 보여준다.

사실 이 책의 전편에 걸쳐 흐르는 주제는 서로를 전혀 이해하지 못해 어떤 때는 서로의 존재도 인지하지 못하

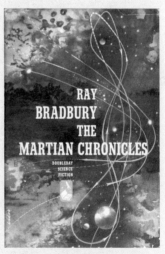

《화성 연대기》 표지

는 두 집단의 '불통'이다. 시공간이 서로 다르고 존재하는 차원이 다른 탓에 두 집단이 한 지역(화성)에 존재하기는 하지만 서로를 느끼거나 확인할 방법이 전혀 없다. 서로를 과거에 멸종한 존재로 인식하며 살아갈 뿐이다. 화성이 배경이지만 작가는 분명 서로 다른 문명과 환경에서 살아가는 사람들의 실존과 소통 문제를 썼음이 분명하다.

이 책에는 화성인이 지구인의 침공 이후 전멸하게 된 이유가 지구인이 들여온 '특수한 병' 때문이라고 말하는 대목이 있다. 바로 '수두'였다. 책에도 이 얼마나 기가 막히고 희극적이며 말도 안 되는 이야기냐고 언급한다. 그런데 전혀 다른 환경에서 살던 두 집단이 만날 경우, 한 집단에는 이미 적응돼 하찮은 증상만 유발하는 질병이 다른 집단에는 충분히 치명적일 수 있다. 작가는 아마도, 에스파냐인이 아메리카대륙을 정복할 때 에스파냐인이 들여온 질병이 원주민을 몰살시킨 역사를 가져다 빗대어 쓴 듯하다. 유머를 첨가하기도 했지만, 무서운 진실을 내포하고 있음이 분명하다. 책에서는 아이러니하고 시니컬하게 표현하기 위해 하잘것없는 질병인 수두를 거론한 듯하다.

사실 이 대목에는 아주 예리하고 놀라운 통찰이 담겨 있다. 만약 미래의 어느 날 우주에서 이와 같은 일이 벌어진다면, '대상포진'이야말로 외계인을 몰살시킬 가능성이 큰 바이러스임이 분명하다. 지구인 몸속에 아무 증상도 없이 도사리고 있다가 몇십 년 지난 뒤에 불현듯 나타나기 때문이다. 이와 동시에 처음 감염되는 생명체에게는 목숨을 앗아갈 만큼 치명적이니 말이다.

신대륙의 역습

1494년 프랑스의 젊은 왕 샤를 8세는 샤를마뉴 대제의 위업을 재건하겠다는 원대한 꿈을 안고 이탈리아를 원정했다. 로마로 입성할 때까지 승승장구한 프랑스군은 1495년 2월이 되자 나폴리까지 진군했다. 이곳에서 프랑스군은 나라의 명운을 걸고 배수진을 친 이탈리아군과 접촉했다. 바로 이 시점에 유럽 사람들이 한 번도 경험하지 못한 험악한 전염병이 어둠 속에서 악령이 나타나듯 모습을 드러냈다.

이 질병은 뒷날 독일인 미생물학자 프리츠 샤우딘이 발견한 트레포네마팔리둠(스피로헤타균의 일종)이 일으키는 성병인 매독이었다. 이전에도 성 매개 감염병이 없지는 않았지만, 당시 처음 나타난 매독은 너무나 흉측하고 참담했다. 비교적 만성 전염병에 해당하는 매독은 오늘날에는 그다지 증상이 심하지 않고 거의 사라져버린 질병에 불과하다. 그러나 처음 등장할 때는 무시무시한 위력을 발휘했다.

처음 이 질병이 나타났을 때, 프랑스 연합군 거의 전체가 순식간에 감염됐다. 어떤 부대는 전멸하기까지 했을 정도였다. 이에 소스라치게 놀란 샤를 8세는 공격을 포기하고 황급히 프랑스로 퇴각했다. 하지만 대군을 따라다니던 매춘부나, 군대가 약탈한 지역의 여성과, 그 여성과 관계한 남성을 통해 매독이 퍼졌다. 게다가 독일, 스위스, 영국, 헝가리, 폴란드, 이탈리아, 에스파냐 군인으로 구성된 연합군이 해산되자 이들이 귀향한 지역을 중심으로 매독이 들불처럼 번졌다.

매독 전파와 관련한 가장 유력한 설이 있다. 매독은 구대륙에는 없던 질병인데, 콜럼버스가 신대륙에서 들여왔다는 주장이다.

매독은 1495년 이탈리아 전쟁에서 처음 나타난 뒤, 같은 해에 독일, 프랑스, 스위스에 나타났고, 이듬해에는 네덜란드와 그리스에 전파됐고, 1497년에는 잉글랜드와 스코틀랜드, 1499년에는 헝가리와 폴란드, 러시아로 퍼졌다. 1505년에는 바스쿠 다가마와 선원들이 매독을 인도에 상륙시켰고, 1510년 무렵에는 중국에 나타났으며, 일본도 거의 비슷한 시기에 매독이 발병했다. 조선에도 1515년 무렵 매독이 전파됐다고 알려졌는데, 이는 명나라와의 육로 교역을 통한 것으로 보인다.

유라시아 대륙의 동쪽 끝 조선까지 포함해 매독이 전 세계로 퍼지는 데는 콜럼버스가 귀환한 뒤 불과 20년밖에 안 걸렸다. 이 초고속 전파 기록은 당시에는 세계 최고였다. 그 뒤로 한참 동안 이 기록을 갱신할 만한 질병이 나타나지 않았다. 물론 때맞춰 일어난 이탈리아 전쟁도 기록에 기여한 바가 컸겠다. 아

〈콜럼버스〉

무튼 유럽 침략자가 들여온 천연두와 홍역으로 괴멸적 피해를 입은 신대륙이 제대로 된 '한방'을 구대륙에 날린 셈이다!

한편 매독이 특정 세균에 의해 전염된다는 사실을 알기 훨씬 전부터 사람들은 매독의 전파 양식을 정확하게 파악하고 있었다. 성관계, 그것도 주로 부적절한 성관계가 매독을 전파시켰다. 볼테르의 명작 《캉디드》에서도 주인공 캉디드가 매독에 걸려 몰락한 스승과 마주치는 장면이 나온다. 철학자인 스승 팡글로스는 '저주받은 병'을 누가 누구에게 옮겼고, 그는 누구에게 그리고 또 누구에게 하는 식으로 감염 경로를 말한다. 그는 이 질병이 콜럼버스와 그의 대원들이 들여왔다고 말한다. 마치 아메리카에서 새로운 자원을 얻은

대가인 듯 말하면서 곧 매독이 전 세계로 퍼질 것이라고 정확하게 예언한다.

유럽 사람들은 매독이야 말로 신의 징벌이라고 여겼다. 또 이 질병을 퍼뜨린 사람을 비난했다. 이탈리아 사람은 '프랑스 병'이라고 불렀고, 프랑스 사람은 '나폴리 병'이라고 불렀다. 그런데 정작 원흉은 프랑스군에 소속된 에스파냐 용병이었다.

당시의 매독은 오늘날의 매독과는 달리 급성 전염병의 양상을 보였다고 추정한다. 당시 기록을 보면, 감염되자마자 전신의 피부에 발진과 농포가 뒤덮이고 궤양이 생기고 살이 문드러져 떨어져 나가고 주로 코나 입술 같은 말단부가 손상을 입어 보기에 흉측했으며 뼈에도 통증이 매우 심한 염증성 종양이 생겼다. 사람을 쇠약하게 해 다른 합병증까지 생겨 사망자가 속출했다.

처음에는 매독 환자를 나병 환자를 수용하던 라자레토로 보냈다. 그런데 나병 환자마저 이들을 거부해 별도의 수용소를 따로 지어야 할 판이었다. 게다가 성병이라는 사실이 분명해지자 이들은 응당 받아야 할 '천벌'을 받는 죄인으로 취급됐다. 치료법이라고는 단식, 설사 등 환자를 더 쇠약하게 만드는 방법뿐이었다. 특효가 있다고 알려진 수은 고약이나 수은 훈증요법은 사실 독과 다름없었다. 수은 요법은 그 자체만으로도 통증과 부작용이 심해 오히려 병이 아니라 치료 때문에 죽는 사람이 더 많았을 정도다. 당시 사람들은 이런 상황을 빗대어 "여신(비너스)과의 하룻밤 때문에 평생 수은(머큐

〈비너스와 머큐리와 큐피드〉

리)과 함께하는군"이라고 말하기도 했다.[21]

서양에서 매독은 머큐리(메르쿠리우스)의 화살에 맞은 상처 탓에 생긴다고 믿었다. 그래서 머큐리(수은)를 이용해 '이열치열'의 개념으로 치료를 시도했다고 한다. 그리스 신화에서 아프로디테(비너스)는 전령의 신인 헤르메스(머큐리)와 연인 사이였고, 에로스(큐피드)를 낳았다는 설도 있다. 신과 인간을 망라해 아프로디테의 미와 매력에 빠지지 않을 자가 누가 있겠는가? 하지만, 아름다운 여신과의 하룻밤은 늘 혹독한 대가를 요구했다. 멧돼지에 받혀 죽은 젊은이(아도니스)가 있는가 하면, 로마를 건국한 아이네아스의 아버지인 안키세스처럼 여신과의 일을 발설하다 벼락을 맞고 절름발이가 된 사람도 있다.

한편에선 재미있는(?) 일도 벌어진다. 매독이 귀족 사이에 만연하게 되자, 귀족들은 문란한 생활을 반성하기는커녕 오히려 매독을 연애와 모험의 상징으로 여겼다. '큐피드의 화살에 의한 중독'이라고 생각하며 매독에 걸리지 않은 사람을 '교양과 감성이 부족한 자'로 여기기까지 했다. 에라스뮈스는 "이 병에 걸리지 않은 귀족은 비천하고 시골뜨기 냄새가 풀풀 나는 노예"라고 했고, 볼테르는 프랑수아 1세의 매독을 칭송하는 시를 바치기도 했다.

매독 유행은 유럽 문화와 지배 구조에 큰 영향을 미쳤다. 하층민보다는 주로 귀족과 왕족 사이에서 만연했기 때문에 수많은 왕족과 귀족이 죽었고, 아기가 사산됐고 설령 태어나더라도 기형이거나 정신이 건강하지 못했다. 프랑스 발로와 왕조와 오스만튀르크 왕조가 매독으로 몰락했다는 주장이 근거 없는 것만은 아니다.

왕족과 귀족이 몰락하자 유럽과 소아시아의 사회구조가 변화되고 계급 간의 이동도 가능해졌다. 오늘날에는 심각하지도 않고 그냥 민망한 정도로만 여기는 매독이 과거에는 유럽 사회와 문화를 송두리째 흔들 만큼 파괴적이었다.

과거에는 의학에도 미신적
인 개념이 지배했다. 매독이
신세계에서 들어왔다는 사
실과 성관계를 통해 감염된
다는 사실을 인식했음에도
불구하고 매독의 원인에 관
해서는 황당한 이야기가 거
론됐다.

〈하감〉

　1496년 알브레히트 뒤러
가 그린 최초의 매독 삽화
〈하감 Chancre〉에 그 당시의 상
황이 잘 나타나 있다. 그림
에는 한 남자가 서 있다. 그
의 전신은 매독으로 인한 피
부병증인 하감과 흉한 수포
같은 병변으로 덮여 있다.
머리 위에는 황도黃道가 그
려져 있다. 당시 사람들은
매독을 하늘과 관계있다고
믿은 것이다. 이 그림은 뉘른베르크의 한 내과의사가 만든 팸플
릿에 실렸다. 그는 매독 발병이 1484년 목성과 토성이 불길한 합

을 이룬 현상과 관련 있다고 믿었다.[22]

매독은 여러 기원설이 있다. 그 가운데 유럽 기원설도 무시할 수 없다. 이에 따르면, 나폴리의 요안나 여왕의 매춘법령에 1492년 이전에도 매독이 존재했음을 뒷받침하는 조항이 있고, 디종이나 보름스의 포고에도 이를 시사한 조항이 있다. 이탈리아어로 된 고문서에 '프랑스 병'에 대한 처방이 들어 있는 점을 근거로 제시하기도 한다. 하지만 지중해 연안 지역 어느 곳에서도 매독을 입증할 만한 유골이 발견된 적이 없다.

아메리카 기원설은 가장 유력하기는 하지만 확정적이지는 않다. 물론 아메리카대륙의 여러 곳에서 고대의 유골에 남은 매독 병변의 증거가 발견됐지만, 콜럼버스가 귀환한 시점부터 나폴리에서 매독이 발생하기까지 기간이 너무나 짧다는 점을 잘 설명하지 못한다. 그리고 콜럼버스가 방문한 해안 지역보다 아메리카 내륙에 매독이 더 많았다는 점 또한 걸림돌이다.

한편 러시아에서는 전혀 다른 주장이 제기됐다. 매독이 원래 시베리아 북동부 지역의 병인데, 이것이 빙하기에 베링 해를 넘어간 사람들과 함께 아메리카 원주민에게 퍼졌다는 설이다. 또 원래 아프리카에서 발생했다는 설도 있다.

7 근대

뒷골목의 지배자

PANDEMIC HISTORY

산업혁명의 그늘

15세기 중반이 지나자 유럽에서는 인구도 서서히 증가하고 생활도 조금씩 나아지기 시작했다. 페스트의 악몽에서 벗어나면서 인류 고유의 특징이 다시 나타났다. 새로운 세계를 향한 끝없는 갈망과 모험심이 되살아난 것이다. 인류는 전혀 새로운 진로로 향하게 됐다.

하지만 이 변화가 모든 인류에게 나타나지는 않았다. 비교적 빨리 난관을 극복한 유럽인이 그렇지 못한 지역으로 진출한 것이다. 유럽인이 모험과 탐험이라고 칭하는 행위가 다른 지역의 사람들에게는 달가운 짓이 아니었으며, 가슴 뛰거나 흥분되는 일은 더더욱 아니었다. 좁은 구대륙을 벗어난 유럽인은 세계로 진출해 식민지를 건설했다. 앞에서 살펴봤듯 새로운 항해와 개척 과정은 질병 전파와 질병 발생 양상을 변화시킨다. 그 결과 이전 시대와는 전혀 다른 질병이 다양하게 발생했다.

유럽인이 퍼뜨린 질병 탓에 신대륙의 원주민이 궤멸 직전까지 몰린 것과는 달리, 유럽인은 그리 심한 타격을 입지는 않았다. 아마도 워낙 많은 전염병을 경험한 구대륙 사람들이 높은 면역력을 갖췄기 때문이라고 생각된다. 아이러니하지만 전염병이 자주 창궐할수록 공동체 내에 면역력을 갖춘 사람 수가 많아지기 때문에 그 피해는 점점 줄어든다. 그래서 유럽뿐 아니라 유럽과 교역을 자주 한 지역도 전염병 피해가 점점 줄었다. 전염병은 점차 대부분 풍토병으로 정착하거나 소아 전염병으로 변해갔다.

17세기 말엽이 되자 유럽은 페스트나 말라리아의 위협에서 거의 벗어났다. 삶이 안정되자 인구도 꾸준히 증가했다. 그러나 이 시간은 그리 오래가지 못했다. 도시도 팽창했지만, 그 속도가 인구 증가를 따라갈 수 없었다. 인구밀도가 높아지자 중세 때처럼 도시 위생과 오염의 문제가 다시 삶을 위협해왔다. 경제 발전과 더불어 급격한 사회 변화의 물결에 휘말려 개인의 삶이 다시금 위협받는 역사가 되풀이됐다.

서구 열강은 해외 식민지 개척과 무역으로 벌어들인 자본을 이용해 자국 산업을 일으키고 발전시키려는 노력을 경주했다. 이와 함께 과학이 발전하기 시작했다. 선두 주자는 영국이었다. 영국은 16세기 이후 목재 자원이 고갈되면서 맞게 된 연료 위기를 해결하기 위해 노력했고, 그 결과 1540년부터 1640년 사이에 석탄 산업과 관련 산업이 비약적으로 발전했다. 이를 초기 산업혁명이라고 부르는 학자도 있다.

석탄 산업이 발전하자 해결해야 할 여러 문제가 생겼다. 탄광 내배수 처리를 위해 펌프와 대기압 기관 등이 개발됐고, 초기 증기기관이 연구되면서 마침내 제임스 와트가 증기기관을 발명했다. 증기기관은 산업혁명의 가장 근본이자 대부분을 차지하는 요체라고 말해도 무리가 없다. 이전 사회와는 전혀 다른 '동력 혁명'을 일으켰으니 말이다. 안정적인 에너지 공급을 바탕으로 한 면 공업을 포함한 산업이 융성했고, 물류를 담당할 운송 수단(증기 기차와 철도)까지개발되면서 산업혁명은 완성됐다. 이제 대량생산과 이송 그리고 교역까지 '대규모 경제'가 성립된 것이다. 세계는 농업 중심에서 공업중심으로 이행되는 과정을 겪는다.

그런데 산업의 눈부신 발전 이면에는 어두운 그늘이 드리워져 있었다. 노동자 운동이 일어나기 전까지 영국은 그야말로 노동자 지옥이었다. 형편없는 노동 환경에 근무 조건은 열악했으며, 노동자의 영양 상태도 엉망이라 건강은 말할 것도 없었다. 1840년대에 영국을 방문해 산업혁명이 가져온 참담한 노동 현실을 직접 목격한 엥겔스는 스물네 살에 역사적인 책《영국 노동계급의 상황》을 발표했다. 엥겔스는 이 책에서 노동의 가치와 즐거움까지 빼앗긴 채 강제 노역으로 착취당하는 노동계급에 대한 연민과 노동자를 단순히

프리드리히 엥겔스

돈벌이 수단으로 이용하는 부르주아계급에 대한 적개심을 그대로 표출했다.

노동자는 분업화와 단순 노동의 연속으로 인간성을 탈취당했고, 그럼에도 불구하고 형편없는 임금으로 연명하는 데 급급할 수밖에 없었다. 이들 대부분은 어떤 방법으로도 도시 빈민가를 벗어나지 못했다. 자본가는 쉬지 않고 돌아가는 기계를 이용해 가능한 한 많은 돈을 벌고자 했다. 이 탓에 노동자는 하루 열두 시간 넘게 일하다 야간작업까지 강요당했고, 일손이 부족해지자 여성과 아동까지 동원됐다. 기계가 공정 대부분을 맡은 상황에서는 딱히 근력이 필요하지 않았기 때문에 자본가는 '부리기 쉽고 값싼 노동력'을 더 선호했다. 이 결과 엥겔스가 지적했듯 여성은 애를 낳을 수 없는 몸이 돼버렸고, 태어난 아이는 미숙하고 약하기 그지없었으며, 어린아이는 일찍 죽거나 불구가 됐다.

공장은 환경이 열악하고 끔찍했다. 그런데 더 심각한 곳은 노동자들의 소위 '집'이란 곳이었다. 공장이 많이 지어지자 노동력 또한 많이 필요해졌기 때문에 수용할 수 있는 수를 훨씬 초과하는 인구가 도시로 몰렸다. 바로 슬럼가가 탄생한 배경이다.

열악한 환경에서는 필연적으로 건강 문제가 생긴다. 위생 상태가 나쁜 지역에서는 오염된 물, 공기, 음식물 등으로 전염병이 흔하게 발생할 수 있으며, 좁고 누더기밖에 없는 추운 환경에서는 이나 벼룩 등이 질병을 일으킨다. 이 모든 조건을 거의 '완벽하게' 갖춘 산업혁명 시대 빈민굴에서는 콜레라, 장티푸스, 발진티푸스, 성홍열, 천연두, 홍역, 백일해 등 무수히 많은 질병이 발생했다.

노동자와 그 가족은 이런 질병에 걸리자 속수무책으로 죽어갔다. 기록에 따르면, 이런 전염병 탓에 도시에서는 농촌에 비해 세 배가 넘는 사망자가 발생했다. 특히 아이의 경우에는 상황이 더욱 심각해서 전염병 사망률은 농촌의 네 배가 넘었고, 뇌수종 사망률은 세 배, 열병 등으로 인한 사망률은 열 배 이상이었다.

영국 리버풀에서 1840년에 평균수명을 조사했다. 상류계급의 경우에는 평균 35세, 중간계급 사업가나 직장이 좋은 수공업자는 평균 32세였다. 반면, 기능공, 막노동자, 서비스 노동자 등 하층민의 경우에는 평균수명이 15세에 불과했다. 오늘날과 비교하면 상류계급의 평균수명조차도 무척 낮지만, 당시 상황을 감안한다고 해도 하층민의 수명은 정말 경악할 만큼 낮다. 다른 보고서에 따르면, 맨체스터에서는 노동자 자녀의 54퍼센트가 다섯 살이 되기 전에 사망했다. 대조적으로 상류계급의 5세 이전 사망률은 20퍼센트, 농촌 지역은 32퍼센트 정도였다.

산업혁명 시기만이 아니라 급격하고 획기적인 경제 변화를 보이는 시기에는 늘 사회정치적 변화가 동반되기 마련이다. 산업혁명 과정에서는 사람들의 삶과 사회구조가 눈에 띄는 변화를 보였다. 경제와 산업을 주도하던 자본가와 사업가가 신흥 부르주아로 발흥하여 경제권력에 이어 정치권력마저 장악한 것이다. 뒤이어 노동자 계급도 선거권을 요구하는 정치 투쟁에 나섰다. 이들의 정치 투쟁은 자본주의 자체의 근본 문제, 즉 자본과 임금 노동의 대립으로 대두됐다.

산업혁명을 통해 시민 의식이 성장한 사건은 분명 중요한 사회적 전환이다. 사회가 발전해나가는 결정적인 계기가 됐기 때문이다. 물론 산업혁명이 한창 진행 중일 때에는 아직 이런 변화가 일어나지 않았다. 이런 인식의 전환이나 발전은 일부 부르주아와 극히 일부의 상위 노동자 계급에나 해당했다. 대다수 노동자는 궁핍한 생활로 몰락해갔다. 대규모 공장 생산으로 인해 가내공업이나 소규모 생산업이 무너졌고, 기술자는 빈곤 계층으로 전락했다. 사람들은 도시의 공장에서 열악하고 위험한 환경을 감내하며 겨우 입에 풀칠이나 할 수 있었다. 환경이라고 말할 수조차 없는 형편없는 빈민굴에서 상상을 초월하는 인구밀도로 '수용'돼 살면서 말이다.

엥겔스가 말한 '지옥 같은 환경'은 결코 과장된 표현이 아니었다. 사람들은 인간 취급도 받지 못하고 서서히 죽어갔다. 결국 노동자 계급이 봉기할 수밖에 없었다.

이 운동이 처음으로 본격화된 계기는 1811년과 1812년 사이에 기계 때문에 직장을 잃은 노동자들에 의한 '기계 파괴 운동'인 러다이트 운동이었다. 이 운동은 자본가와 노동자의 대립이 격화되면서 일어난 최초의 갈등으로 인식된다. 마침내 자본가 계급과 노동자 계급으로 양분된 사회에서 지난한 싸움이 시작된 것이다.

〈러다이트 운동의 지도자〉

1824년이 되자 단결금지법이 철폐되면서 파업이 빈번하게 일어났다. 전국적으로 노동조합의 결성도 확대됐다. 1840년대에 이르자 청소년 노동시간이 법적으로 단축됐고, 1847년이 되자 원칙적으로 하루 노동시간을 10시간으로 한정하는 '10시간 법안'이 영국 의회를 통과했다. 더불어 비위생적 생활환경을 개선하려는 노력이 시작됐다. 사회는 점점 인간을 중시하고 생명을 우선으로 여기는 문화로 변모해갔다.

이런 일을 미리 겪은 유럽 국가는 자본가나 노동자를 구분하지 않고 자국민의 권익을 지키는 데에 전력을 다했지만, 식민지에서는 이야기가 전혀 달랐다. 유럽인은 식민지인에게 비인간적인 환경을 강제하고 현지의 자원, 재화, 노동력을 착취하는 데에만 혈안이 돼 있었다. 산업혁명 초기에 영국 등 서구 선진국에서 일어난 모든 불행이 식민지에서 그대로 재현된 것이다. 이런 일은 지금도 세계 곳곳에서 벌어지고 있다. 바로 지금 이 순간에도 개발도상국의 많은 미성년 노동자가 사람들의 허영을 만족시킬 화려한 '명품'을 제작하는 일에 헐값으로 혹사당하고 있다.

비록 지금은 열악한 환경에서 발생하던 많은 질병이 극복됐고, 세계보건기구에서도 빈곤 퇴치와 더불어 질병 퇴치를 가장 중요한 사업으로 추진하고 있지만, 우리는 기억해야 한다. 오늘날의 인간 존중이라는 가치와 윤리 의식이 정립되기 전까지 수없이 많은 사람이 희생됐고, 우리가 가야 할 길은 아직도 멀기만 하다는 점을.

산업화와 기계화가 이뤄지
자 분업을 통해 산업이 눈부
시게 발전했다. 노동자의 삶
도 마치 기계의 부품처럼 바
뀌었다. 이를 소재로 다룬
영화가 〈모던 타임즈〉다.

찰리 채플린이 직접 연출
하고 주연까지 맡은 무성영
화로, 주인공은 공장에서 나
사 조이는 일을 하는 노동자
였다. 그는 동그란 물체만
보면 조여야 하는 강박에 사
로잡히는 신경쇠약증에 걸

〈모던 타임즈〉 영화 포스터

렸다. 여자 옷에 달린 단추를 보고도 조이려고 드는 등 희극적으
로 연출하기는 했지만, 채플린은 기계화가 가져온 인간성 말살과
인간 소외를 무섭도록 사실적으로 스케치했다. 그는 미국 산업화
시대(1860~1910)에 디트로이트 자동차 공장의 컨베이어 벨트에
서 일하는 노동자들이 신경쇠약으로 고통을 받는다는 기사에서
이 영화의 영감을 얻었다고 한다.

도시 노동자가 거주하는 빈민굴에서는 질병만 기승을 부린 것
이 아니었다. 가난에 필연적으로 따라붙는 무지, 비행, 범죄 등으
로 빈민굴은 매우 위험했다. 매춘, 성범죄 등이 만연했고 음주 사
건도 수시로 발생했다. 기록을 보면, 당시 맨체스터에는 주민이
40만 명인데 술집이 1,600여 개나 있었다고 한다. 사실, 이들이
위로를 받을 곳이라고는 술집밖에 없었겠지만, 매일 반복되는 폭
음은 쇠약한 노동자의 건강을 급속히 악화시켜 만성 간질환이나
소화기 계통의 질병을 유발했다.

노동자는 병이 걸려도 의사에게 치료나 처방을 제대로 받을 수
없었다. 값싼 임금으로는 비싼 진료비를 감당할 수 없었기 때문
에 이들은 어쩔 수 없이 엉터리 약을 복용하기도 했다. 이런 약
가운데 일부는 만병통치약이라고 불리면서 인기를 끌었다. 대표
적으로 도버의 분말Dover's powder, 고프리의 강장제Godfrey's elixir, 아
이어의 체리 폐병약Ayer's cherry pectoral, 윈즐로 부인의 진정시럽Mrs.
Winslow's soothing syrup이 있다. 특히, 고프리의 강장제는 '신의 약'이라
고 불릴 정도로 진통과 안정에 효험이 있었다고 한다. 실은 이 약
들은 죄다 마약이다(중독성 약물의 원조 격인 아편이다). 통증을 가
라앉힐 방법이 달리 없던 빈민굴에서는 그나마 이 '약'들이 구원
이었다. 어른 아이 할 것 없이 많은 사람이 마약에 중독됐고, 결
과적으로 아이들과 노약자들이 특히 많이 희생됐다.

백색 페스트, 결핵

산업혁명이 불러온 변화는 인류 역사상 가장 급격했다. 일부 역사가는 그 시기를 칭송해 문명의 눈부신 진보이자 승리라고 선언하기도 한다. 그러나 인구의 대다수를 차지하던 하층계급의 입장에서는 이 시기야 말로 참혹하기 그지없었다. 많은 사람이 여러 질병으로 죽었기 때문이다. 그런데 가장 위협적인 질병은 따로 있었다.

산업화가 진행되면서 결핵이 다시 퍼진 것이다. 당시 '백색 페스트'라고 불릴 만큼 결핵은 공포의 대상이었다. 1800년대 전반에 발생한 결핵으로 유럽 인구의 4분의 1이 희생됐다.

사실 결핵은 아주 오래전부터 인간과 함께해온 질병이다. 혹자는 지구상에 존재하는 생물 가운데 인류 역사에 가장 많이 기록된 종두 가지를 들라고 한다면, 당연히 '인간'과 '결핵균'이라고 말할 정도다. 서기전 7000년경 석기시대의 화석에도 결핵 흔적이 남아 있고, 서기전 1000년 무렵 이집트 미라에서도 척추결핵 흔적이 발견됐다. 같은 시기 인도의 베다Veda(산스크리트어로 지식이라는 뜻) 시대에도 결핵 기록을 의서에 남겼고, 수나라 시대의 의서에도 폐결핵이라고 추정할 만한 질병 기록이 남아 있다. 그리스로마 시대에도 이미 결핵을 파악하고 있었다고 본다. 히포크라테스의 전집에 폐병이라고 언급된 전염병이 바로 결핵이었을 것이다. 굳이 이런 기록을 거론하지 않더라도 결핵은 인류 역사상 다른 어떤 질병보다도 사람 목숨을 가장 많이 앗아간 질병이다.

고대 그리스와 로마에서는 결핵을 유전병이라고 여겼다. 결핵은 감염성이 있는 만성 전염병이라 접촉이 가장 많은 가족 사이에서 잘 감염된다. 그러니 유전병으로 판단할 수도 있었겠다.

한편 아리스토텔레스는 '공기 전파설'을 주장했다. 지금의 관점으로 볼 때도 매우 탁월하고 정확한 견해다. 결핵균은 환자가 기침할 때 튀어나온 미세한 침과 비말핵(매우 작은 물입자)이 공기 중에 떠돌아다니다 이것을 흡입한 사람에게 감염을 일으키기 때문이다. 물론 아리스토텔레스는 결핵균의 존재를 몰랐기 때문에 오염된 공기가 결핵을 일으킨다고 판단했지만 말이다.

결핵은 르네상스 시대가 되자 사회적으로 만연해 상당히 흔한 질병이 됐다. 물론, 이 질병이 이전 시대에는 흔하지 않았다는 말은

〈비너스의 탄생〉

아니다. 아마도 기록이 잘 남을 수 있는 시대적 여건 때문에 좀 더 흔해 보이는 듯하다. 르네상스 시대를 대표하는 미술 작품 가운데 산드로 보티첼리의 〈비너스의 탄생〉이 있다. 이 그림의 모델은 당시에 피렌체에서 가장 아름다운 여성으로 유명하던 시모네타 베스푸치다. 보티첼리가 시모네타를 모델로 그린 그림은 이것 말고도 〈프리메라〉, 〈팔라스와 켄타우로스〉, 〈마르스와 비너스〉, 〈석류의 마돈나〉 등이 있다. "보티첼리의 그림은 모두 시모네타의 그림자 아래 있다"라는 유명한 말이 있을 정도로 그녀는 보티첼리의 미의 원천이었다.

시모네타는 22년이라는 아주 짧은 생을 살았다. 사망 원인은 바로 결핵이었다. 전신이 아름답게 드러나는 〈비너스의 탄생〉을 보면 결핵을 짐작하게 하는 특징이 있다. 창백한 얼굴빛과 발그레하게 홍조 띤 뺨, 당시 여인들에 비해 가늘고 날씬한 몸, 야위고 각이 뚜렷하게 보이는 턱 선, 약간 과도하게 처진 왼쪽 어깨가 결핵에 걸렸음을 보여준다고 한다.[23]

사실 이 주장에는 조금 무리가 있다. 이 그림이 그려졌을 무렵인 1485년은 시모네타가 이미 사망하고 난 뒤이고, 또 당시 시대 특성상 제아무리 유명한 보티첼리라 해도 그녀의 나신을 보았을 리 만무하다. 하지만 그녀의 모습에서 결핵의 '느낌'이 있는 점만은 분명해 보인다. 화가의 눈에는 그 모습이 신비롭고 탐미적으로 보였으리라.

결핵은 예술과 관련이 많던 질병이다. 근대를 거치면서 유럽 사회에서는 결핵이 왕족이나 귀족에게 먼저 번졌다. 아마도 폐쇄적이고 긴밀한 공간에서 사교나 교류를 즐긴 까닭에 상류 계층에 더 많이 번진 듯하다. 또 이들과 비교적 접촉이 잦았고, 이들의 지원을 받아야 한 예술가들에게 뒤이어 퍼졌다.

당시에는 붉은 볼에 파리하고 흰 피부, 여위고 날씬한 몸매, 피묻은 손수건을 예술적 열정의 표식이라고 생각했다. 특히 19세기 낭만주의가 퍼지면서 사람들은 결핵을 천재성의 상징으로 여기기도 했다(일본에서는 사랑과 실연으로 가슴 아픈 병이라 해서 상사병이라고도 불렸다고 한다). 당시 결핵을 두고 알렉상드르 뒤마는 회상록에 "1823년 무렵에 폐병이 유행했다. 모두가, 특히 시인들이 폐병에 걸렸다. 몹시 감동할 때마다 피를 토했고, 30세 이전에 모두 죽어갔다"라고 기술했다.

우리가 잘 아는 예술가와 철학자 가운데 많은 사람이 결핵으로 사망했다. 18세기 인물로는 데카르트, 볼테르, 루소, 몰리에르, 실러, 스피노자, 로크, 칸트 등이 있다. 19세기에 이르자 결핵은 사회 전반에 만연한다. 키츠, 에드거 앨런 포, 쇼팽, 파가니니, 발자크, 도스토옙스키, 안톤 체호프 등도 결핵으로 목숨을 잃었다.

결핵은 비극적인 소설이나 연극, 오페라에서 주인공을 죽게 만드는 대표 질병이 됐다. 〈춘희〉에서 비올에타와 〈라보엠〉에서 미미가 결핵으로 죽고, 빈민가의 현실을 다룬 찰스 디킨스의 작품에서도 결핵은 주요한 소재로 등장한다.

결핵은 결핵균에 의해 발생하는 만성 전염병이다. 전염력이 낮고 천천히 진행되기 때문에 다른 급성 전염병처럼 환자와 접촉한다고 다 감염되지는 않는다. 접촉자의 30퍼센트 정도만 감염되고, 감염된 사람 가운데 10퍼센트만 질병이 발현해서 소위 '환자'가 된다. 감염됐다 해도 나머지 90퍼센트는 평생 건강하게 살 수 있다. 환자의 50퍼센트 정도는 감염된 뒤 1, 2년 안에 증상이 나타나지만, 나머지는 한참 시간이 지나 몸이 약해지거나 면역력이 낮아질 때 발현한다.

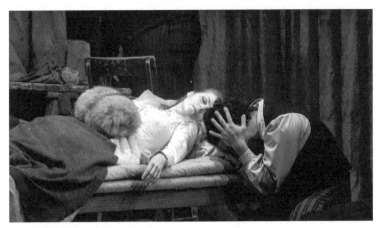

〈라보엠〉의 한 장면

　결핵이 요즘에 다시 부각되고 있다. 평균 수명이 급격하게 늘어나서 노인 인구가 급증했으며, 당뇨나 만성 신장질환 같은 만성 성인병이 늘어나 전신 건강이 약화됐기 때문으로 보인다. 과거에 주로 기아와 기근, 환경, 빈곤 등으로 전신 건강이 약화된 점과는 비교되는 점이다.

　영국에 이어 산업화가 시작된 유럽 국가들과 미국도 비슷한 위험에 빠져들었다. 19세기 중엽에 뉴욕에서는 인구 10만 명당 연간 550명이 결핵으로 사망했다.

　한국 역시 결핵 역사가 이와 비슷하다. 과거에도 존재하던 이 질병이 무서운 기세로 창궐한 때는 일제강점기와 해방, 6·25 전쟁에

이어 산업화 시기였다. 근대화를 겪은 다른 나라와 흡사한 양상이다. 그런데 우리나라는 '결핵 왕국'이라는 불미스러운 별명을 얻었을 정도로 결핵이 만연했다. 그로부터 많은 시간이 흘렀음에도 아직도 인도와 더불어 결핵 주요 발생국으로 인식된다.

우리나라에서는 1960년대가 되면서부터 결핵 예방접종을 시행해 체계적인 결핵 관리 사업이 가능해졌다. 1994년의 결핵 유병률과 사망률을 살펴보면, 이전에는 5.1퍼센트이던 결핵 유병률이 1.0퍼센트로 감소했지만 그해 결핵 사망자 수가 4,102명으로 전체 사망률의 1.8퍼센트를 기록해 서구와는 비교할 수 없을 정도로 낙후된 양상을 보였다. 결핵 예방접종률이 1995년 이후 90퍼센트를 상회하기 시작하면서 유병률과 사망률이 획기적으로 감소했다는 해석도 있다. 그런데 1965년도 40대 유병률이 1995년도 70대 유병률과 동일한 점을 보면 결핵이 완치됐기 때문이라기보다는 세대가 교체되면서 유병률이 자연스럽게 변화했다고 봐야 타당하다.

한국에서는 대한결핵협회가 1953년에 창립돼 근대적인 결핵 의료와 퇴치 사업을 하고 있다. 사실 1928년에 이미 선교사 셔우드 홀 박사가 우리나라에 근대적인 결핵 시설을 설립했다. 그는 한국에서 선교 활동을 하던 캐나다인 부모 사이에서 1893년 서울에서 출생했다. 어린 시절 수많은 한국 사람이 결핵으로 숨지는 장면을 지켜보고, 사업가가 되려던 목표를 바꿔 의료 선교사가 돼 한국에 돌아왔다. 그는 결핵을 치료하기 위해 해주구세병원을 설립한다. 홀은 한

남대문 도안 크리스마스실(1932년)

국에 만연하던 결핵을 치료하고자 노력했고, 결핵 퇴치 기금을 마련하기 위해 한국 최초로 크리스마스실을 발행했다. 처음에는 크리스마스실 도안을 이순신 장군과 거북선으로 사용하려 했지만, 일제가 이를 허용하지 않아 남대문 도안으로 바꿀 수밖에 없었다.

이런저런 일로 '미운털이 박힌' 그는 스파이 혐의로 체포돼 징역 3년형을 받고 추방됐다. 그러나 그는 인도로 건너가 요양병원을 설립해 인술을 베풀었다. 은퇴한 뒤에는 고국 캐나다 밴쿠버에서 머물다 1991년 98세를 일기로 사망했다. 그의 유언에 따라 아버지가 묻힌 한국의 양화진외국인선교사묘원에 안장됐다.

우리나라에는 국립 결핵병원이 두 곳 있다. 1946년 설립된 국립 마산병원과 1962년에 설립된 국립목포병원으로 현재도 활발하게 운영되고 있다. 나도 1991년부터 공중보건의사로 국립마산병원에 근무했는데, 거의 매일 사망 환자가 있을 정도로 상황이 심각했던 기억이 떠오른다.

위험하던 1990년대가 지나, 결핵이 거의 퇴치됐고 크게 위협적이지도 않다고 판단한 시기도 있었다. 그런데 결핵은 방심할 만큼 안전한 병이 결코 아니다. 최근 들어 결핵이 다시 주목되는데, 수명이 늘고 면역력을 떨어뜨리는 당뇨 등 만성 질병이 많이 발생하는 상황과 맥락이 닿아 있다. 요즘 결핵은 이전과는 달리 여러 약제에 내성이 있는 고약한 균이 원인인 경우가 많다. 이제 결핵 치료는 새롭고 매우 강력한 도전을 받고 있다.

2014년 5월 제네바에서 세계보건총회가 열렸다. 이 자리에서 '국경없는의사회'는 5만여 명의 서명서를 제출했다. 이들은 조속히 약제내성 결핵 환자에 대한 치료법을 확립하고 문제 해결 시스템을 설립해야 한다고 주장했다. 2012년 기준으로 전 세계 약제내성 결핵 환자 가운데 제대로 치료받지 못한 환자가 최소 1만 7,000명에 달한다고 한다. 그나마 이들은 진단이라도 받았지만, 이들보다 적어도 다섯 배가 넘는 사람들이 진단조차 받지 못하고 죽어가고 있다.

나도 진료하면서, 환자 자신도 모르는 사이에 결핵을 앓은 흔적이 있는 폐 사진을 보는 경우가 꽤 많다. 이런 사람들이나 결핵 완치 판정을 받은 사람들 가운데 나이가 들어 다른 질병으로 몸이 약해질 경우 결핵이 재발할 수도 있다.

　결핵은 아직도 치명적인 복병이다.

한때 프렌치 패러독스라는 말이 유행했다. 다른 나라 사람보다 기름진 음식을 많이 먹는 프랑스인이 오히려 심혈관계 질환이 적고 건강한 이유를 캐고자 하는 연구에서 나온 말이다. 그 이유는 프랑스인이 즐겨 마시는 와인에 있다고 알려졌다. 와인에 함유된 성분이 항산화 작용을 해 건강을 지켜준다고 한다.

이와 비슷한 말로 차이니즈 패러독스가 있다. 중국인 역시 기름진 음식을 많이 먹는데 비교적 날씬하고 건강하다. 그 이유는 중국인이 마시는 차茶에 있다고 본다.

그런데 현재 우리가 알고 있는 기름진 중국 음식은 중국 일반 대중이 먹을 수 있는 식품이 아니었다. 차 역시 최근까지도 어마어마하게 비싼 식품이었기 때문에 일반 대중이 웬만해서는 먹기 힘들었다. 중국인 대부분은 기름진 음식은 고사하고 차는 꿈도 못 꿀 판이었다. 중국인이 날씬한 이유는 제대로 잘 먹지 못했기 때문이 아닐까?

나병은 1873년 노르웨이의 의학자 한센이 발견한 마이코박테리아의 일종인 나균에 의해 발생하는 병이다. 마이코박테리아의 또 다른 종에 의해 발생하는 질병이 바로 결핵이다. 이 두 균은 거의

'한 끗 차이'라고 해도 될 정도로 비슷한 특징을 보이는데, 다만 나병은 인간의 외부를 상하게 하고, 결핵은 인간의 내부를 망가 뜨리는 점이 다를 뿐이다.

나균이 결핵균과 특징이 거의 비슷하다고 밝혀지자, 중세 말기 에 유럽에 결핵이 크게 유행해 사람들에게 면역력이 생겼고, 나 균에 교차내성(한 질환에 생긴 내성이 그 질환과 비슷한 다른 질환에 도 나타나는 일)을 보이게 돼 나병이 급격히 줄었다고 주장하는 학 자들도 있다. 하지만 당시 유럽의 인구밀도나 도시 구조를 보면 결핵이 창궐할 만한 조건이 아니었다. 또 오랜 세월 동안 함께 존 재해온 두 질병이 14세기말에 이르러 갑자기 교차내성을 발휘했 다는 주장은 근거가 희박하다고 본다.

《삼국지》 속 결핵

일반적으로 《삼국지》로 알려진 《삼국지연의》는 지금도 가장 많 이 읽히는 역사소설이다. 나관중이 쓴 이 역작은 당대의 역사적 사실에 근거해 소설적 요소가 가미돼 흥미진진하고 교훈적인 고 전이다.

《삼국지》에는 재미있는 사실이 하나 있다. 등장하는 영웅들은 대체로 다 거한이다. 지금 기준으로 보면 상당히 비대한 사람이 대부분이다. 허리둘레가 몇 척이요 키가 몇 척이며 몇십 근이나 되는 무기를 팔랑개비 다루듯 휘두른다는 대목이 심심치 않게 나온다. 당시 민중은 잘 못 먹었을지라도 적어도 영웅들은 잘 먹고 잘 살았다는 말이다.

《삼국지》 등장인물 가운데 날씬한 사람은 손에 꼽을 정도다. 제갈량이 흰 얼굴과 선풍도골의 날씬한 선비였고, 동오의 영웅인 주유가 섬세한 감각이 있는 날씬한 미남으로 그려진 정도다.

그런데 제갈량과 주유는 왜 날씬했을까? 주유는 원래 귀족 가문 출신이고, 비록 산간 초옥에서 살았다고는 하지만 제갈량 역시 하인이 딸린 집에서 편안하게 사는 사람이었다. 영양 상태가 나빴을 가능성은 거의 없다. 나는 이들이 죽는 대목에서 그 이유를 찾을 수 있다고 본다.

주유는 제갈량에게 못 미치는 것이 분통해 '피를 토하고' 죽었다. 제갈량 역시 위나라 정벌에 실패하고 '피를 토하고' 죽었다. 제갈량은 죽기 직전 위나라와 대치할 무렵 위나라와 서로 사신을 주고받는데, 위나라 진영으로 간 사신에게 사마의가 제갈량의 근황을 묻는 대목이 나온다. 촉나라 사신은 이 질문에 "승상께서는 진영의 모든 일을 다 주관하시고 세세한 부분까지 챙기시며 하루 한 홉만 드시면서도 열심히 일하십니다"라고 대답한다. 물론 이 말은 '제갈 승상이 건재하며 일일이 군무를 다 살피고 있으니까 불지 마라' 정도의 의도가 되겠다. 그런데 영민한 사마의는 "공명이 적게 먹고 일은 많이 하니, 살날이 얼마 남지 않았구나"라고 말했다. 실제 얼마 되지 않아 제갈량은 죽는다.

나는 이들 두 영웅의 죽음은 바로 결핵이 원인이 아니었을까 추측한다. 젊은 나이에 피를 토하고 죽는 병은 결핵이 거의 유일하다. 물론 간경화가 심각한 경우에도 식도 주변의 혈관 울혈로 출혈과 토혈이 있을 수 있다. 하지만 간경화를 앓으면 안색이 흑빛으로 변하고 복수가 차며 간성 혼수에 자주 빠진다. 제갈량처럼 날씬하고 얼굴이 흰 선풍도골과는 거리가 먼 모습이다. 또 당시 사마의가 간파한 제갈량의 상태가 말기 결핵으로 입맛을 잃고 몸이 쇠약해지는 지경이었다고도 여겨진다.

아무튼 이들의 죽음은 역사를 바꿀 만한 것이었다. 뛰어난 장수 열댓 명을 합친다 해도 이들의 영향력과 감히 비교하기는 힘들다. 두 영웅을 잃은 뒤 촉나라와 동오는 결국 승자가 될 수 없었으니 말이다.

콜레라가 연 새로운 시대

산업화 시대의 빈민굴에서 발생한 결핵도 무서운 질병이었지만, 세계적으로 물류 교역이 활발해지면서 새로운 질병이 등장한다. 이 질병은 과거 새로운 무역로가 열리고 왕래가 활발해질 때마다 창궐한 역병과 유사한 형태로 인류를 위협했다. 정확한 치료법이 밝혀진 오늘날에는 이 질병이 그다지 위력을 떨치지 못하지만, 대규모로 유행할 경우에는 여전히 상당히 위협적이다. 이 질병은 바로 콜레라다.

콜레라는 세균이 퍼뜨리는 수인성 전염병이다. 급성 설사가 동반되고 고열과 중증의 탈수가 급속히 진행돼 사망에 이를 수도 있다. 이 과정은 불과 수 시간밖에 안 걸릴 수도 있다.

콜레라는 원래 인도의 벵골 지방에 흔한 풍토병인데, 1817년 캘커타(콜카타의 옛 이름) 지역에서 창궐한 뒤 인도 전역으로 퍼져나갔다. 당시 인도를 식민 지배한 영국의 선박이 빠른 속도로 환자와 병균을 다른 지역으로 실어 날랐다. 1820년부터는 동남아시아와 중국, 일본 등지로 퍼져나갔고, 아라비아 남부와 카스피 해 연안까지 번져나갔다. 추운 겨울에 조금 주춤했지만, 1826년에 다시 발생한 콜레라는 원래의 전파 경로를 따라 러시아 남부까지 도달했다. 1831년에는 발트 해에 도달했고, 여기서 영국을 거쳐 아일랜드, 아일랜드 이주민을 따라 캐나다와 미국, 멕시코까지 퍼져나갔다. 세계적인 판데믹 상황이 발생한 것이다.

이전 시대의 역병 창궐 과정과 비슷하게 보일 수도 있겠지만 19세기에 일어난 콜레라 판데믹은 인류 역사에 매우 중요하다.

과거에는 모든 질병이 더러운 공기나 나쁜 기운 때문에 생긴다고 믿었다. 특히 전염병과 관련해서는 히포크라테스 이후로 신봉돼온 금과옥조 같은 믿음이었다. 곤충이 매개하는 말라리아와 같은 질병은 사람 간 접촉이 없이도 발생하기 때문에 '공기 매개설'을 지지하는 강력한 증거로 채택되기까지 했다. 말라리아라고 하는 말이 '나쁜' 혹은 '더러운'을 의미하는 'Mal-'과 공기를 의미하는 '-aria'가 합쳐진 것을 보면, 사람들이 이 주장을 얼마나 신뢰했는지 알 수 있다.

한편 '세균 감염설'도 있기는 했다. 1546년 이탈리아의 지롤라모

프라카스토로가 처음 제창했는데, 그는 체액이 불균형해 질병이 발생한다는 이론에 의문을 가졌다. 당시에는 거의 유일한 질병 대처법으로 여겨진 사혈 치료법에도 비판적이었다. 페스트를 막기 위해 격리·검역 조치가 실시된 이유가 세균 감염설에 근거한 것이었다.

하지만 세균 감염설은 19세기에 이르자 오히려 기반을 잃고 만다. 식민지를 정복하는 과정에서 풍토병으로 군대가 괴멸하는 등 곤경에 처한 유럽 열강은 황열병(바이러스성 출혈열) 같은 열대병 연구에 박차를 가했다. 1822년에 바르셀로나에서 황열병이 발생하자 이참에 전염병이 세균으로 감염되는지, 오염된 공기로 감염되는지 최종적으로 결론을 내고자 했다. 연구 결과, 바르셀로나에서 발생한 황열병은 환자 간 접촉이 전혀 없는데도 번진다는 사실이 밝혀지자 감염설은 더 이상 설 자리가 없었다. 학자들은 황열병이 매개 곤충인 모기에 의해 전파된다고는 꿈에도 생각하지 못한 것이다.

과학적 사실과는 거리가 너무 먼 어이없는 연구 결과에 따라, 지중해 항구에서 실시되던 검역 제도를 '미신적인 것'으로 배척하며 폐지해야 한다는 주장이 일었다. 특히 영국 자유주의자들은 검역 제도를 자유무역 원칙에 위배되는 불합리한 침해로 규정하고 로마 가톨릭교회의 그릇된 유산이라고 비난했다.

그런데 콜레라가 유행하자 감염설이 재조명됐다. 1854년 런던에 콜레라가 창궐했을 때, 개업의인 존 스노우는 도시에서 발생한 모든 환자의 위치와 행동반경을 추적한 결과, 환자 모두가 같은 샘에서 나온 물을 먹었다는 사실을 밝혀냈다. 하지만 노인 한 명이 샘에서 멀리 떨어진 지역에서 살고 있었기 때문에 섣불리 결론을 내릴 수 없었다. 그런데 노인의 아들이 어머니가 특별히 좋아하는 그 샘물을 떠온 사실을 확인할 수 있었고, 스노우는 최종적으로 오염된 물에 의해 콜레라가 발생한다는 결론을 내렸다.

스노우의 주장이 논리적으로 합당했지만, 그가 결정적인 증거를 제시하지도 않았고 개업의에 불과했기에 권위 있는 의사들에게 인정받지 못했다. 그나마 다행인 것은 이 일을 계기로 의학계에 새로운 시각이 생겼다는 점이다. 병의 원인을 찾기 위한 노력이 이전 시대와는 다른 방향으로 전환됐음을 의미한다.

1880년대에 이르러 현미경으로 질병을 일으키는 세균을 발견하게 되자 감염설은 본격적으로 발전한다. 현미경으로 처음 발견한 세균은 탄저균과 결핵균이었다. 탄저균은 프랑스 화학자이자 미생물학자인 루이 파스퇴르가 1877년에 발견했다. 1882년에는 독일 세균학자 로버트 코흐가 결핵균을 발견했고, 코흐는 이어서 1883년에 콜레라균을 발견했다.

당시 보수적이던 의사 대다수는 이런 발견에 강한 거부반응을 보였다. 1892년 독일 위생학자이자 생화학자인 페텐코퍼가 코흐의 발견이 허구임을 증명하기 위해 비커에 가득한 콜레라균 배양액을 마시는 극적인 퍼포먼스를 연출하기도 했다.

놀랍게도 페텐코퍼에게 별다른 증상이 없었다고 한다. 여러 의견이 분분하기는 하지만, 의학계에서는 그가 극도로 긴장한 상태에서 이 퍼포먼스를 했기 때문에 위산이 과다하게 분비돼 콜레라균이 '제대로 살균'되지 않았을까 추측한다. 또 당시 기술력을 고려할 때 비커 안에 있는 콜레라균의 상태가 좋지 않았을 가능성도 있다. 아무튼, 페텐코퍼 입장에서는 이 일이

페텐코퍼

크나큰 행운이었지만 이 탓에 과학 발전은 한참 더뎌졌다.

현대에도 이런 일이 흔히 일어난다. 과학이라는 이름으로 행해진 연구 가운데 분명 진실과는 거리가 먼데도, 교묘하게 잘 짜인 논리로 포장돼 대중의 판단을 흐리고 진실을 호도하는 경우 말이다. 여기에 덩달아 '춤추는' 언론도 문제를 더욱 심각하게 만든다. 가끔은 그릇된 논리가 정치적으로 이용되기도 한다. 세상만사 사필귀정이라지만, '교정'이 되기까지 잘못된 개념 탓에 피해를 입은 사람들은 누가 책임진다는 말인가?

콜레라 창궐이 불러온 인식과 사회의 변화도 주목할 만하다. 유럽에서는 위생 개혁 운동이 처음으로 일어났다. 유럽 사회는 사유재산 침해가 철저하게 금지됐기 때문에 개혁이 쉽지는 않았지만,

대규모로 창궐한 전염병은 사람들 인식도 바꿔놓았다. 공공의 행복과 안전을 위해 개인적 희생을 감수하기에 이른 것이다. 여러 나라에서 환경을 개선해 깨끗한 식용수를 공급하고 하수처리 시설을 갖추는 등 노력을 기울인 결과, 19세기 말에는 콜레라와 장티푸스 등 수인성 전염병이 급감했다. 영아의 사망률도 획기적으로 낮아졌다.

무엇보다 인식의 전환은 질병에 대항하는 인류 전체의 협력을 이끌어냈다. 1851년에 파리에서 최초로 열린 국제회의는 질병과 싸우는 인류의 노력이 전 세계적인 대책과 협력으로 전환되는 역사적인 변환점이 됐다. 인류 역사상 최초로 공중 보건이라는 개념과 개인의 이익보다는 공동체의 안전이 중요하다는 인식이 정립된 것이다.

이제 인류는 판데믹의 공포에서 벗어날 수 있는 전환점이 될 중요한 '진화'를 했다. 생물학적 변화가 아니기 때문에 진화라고 칭하는 데는 다소 문제가 있으나, 인류가 한 번도 경험하지 못한 중요한 변화가 발생했고 질병을 극복할 수 있는 '생물학적 진전'이 있었다는 점을 고려하면, '진화'만큼 적절한 표현도 없을 것이다.

혼돈과 모호함의 끝자락

근대라는 시대 개념은 좀 모호한 구석이 있다. 일반적으로 세계사를 구분할 때 봉건시대가 끝나고부터를 근대라고 통칭한다. 최근에는 르네상스와 종교개혁, 지리학적 발견 이후를 근세라고 하고, 자본주의가 형성되고 시민사회가 성립된 시대를 근대라고 부르는 경향이 있다.

　근대는 사실 현대와 명확하게 구분되지 않는다. 대체적으로 제1차 세계대전이 종결된 뒤부터 현대라고 하는데, 지역에 따라 조금 차이가 있어서 한국은 광복 이후, 중국과 동양사에서는 1911년 신해혁명부터를 현대라고 부른다. 어느 모로 보든 근대라고 불리는 시기는 인류 역사상 가장 격동적인 시대인 점만은 분명하다.

앞에서 다룬 산업혁명 시대도 넓은 의미에서는 근대에 포함할 수 있다. 하지만 이 책에서는 자본주의가 성립되면서 일어난 사회 변화와 질병의 양상을 따로 조명하기 위해, 조금 억지스럽지만 따로 구분했다. 시민 의식이 대두돼 시민 주도의 사회구조가 성립된 이후, 말하자면 17, 18세기 이후의 인류의 삶은 이전 시대와는 확연히 다른 모습을 보인다는 점도 사실이기 때문에 이 구분이 크게 무리하지는 않다고 본다.

근대에 들어가기에 앞서 근대 직전에 나타난 질병의 양상에 관해 조금 더 알아보자.

대항해 시대의 영향으로 세계의 문호가 열리고 교류가 활발해지자 전혀 새로운 질병이 나타나 예상치 않은 피해를 일으켰다고 했다. 구대륙에서는 생소한 질병이던 매독이 프랑스와 이탈리아의 전쟁을 통해 확산됐으며, 종국에는 전쟁을 조기에 끝내버리는 역할을 했다. 왕족에 매독이 퍼지자 기형아가 태어나거나 왕위를 이어야 할 사람이 죽는 등 왕족 수가 줄어들면서 유럽과 오스만튀르크 왕조는 몰락의 길을 걸었다. 그럼에도 매독은 이전 역병들처럼 괴멸적이지는 않았다.

또 다른 신종 질병으로 발진티푸스가 등장했다. 이 질병은 발열과 발진을 동반하는 열병의 일종으로 발진티푸스 리케치아에 의해 발생한다. 이가 서식하는 춥고 비위생적인 환경에서 주로 발생하는 질병으로, 전쟁 시기나 기근이 있는 지역, 감옥 등지에게 많이 발생

한다. 그래서 전쟁열war fever, 감옥열jail fever, 기역famine fever 같은 별명이
붙었다.

실제 이 병은 전쟁이 있을 때마다 발생해 군대를 전멸시키기도
했다. 특히 제1차 세계대전 때는 발진티푸스가 돌아 200만~300만
명이 목숨을 잃었다. 전쟁의 흐름을 바꾸거나 정치 변화를 초래할
정도였다. 그럼에도 인구가 격감할 만큼은 영향을 미치지 못했다.
열악한 환경에 있는 사람들이 걸린 병이라 발진티푸스가 아니더라
도 대부분 오래 살기 힘든 경우가 많았다. 건강한 사람이 순식간에
죽어나간 과거와는 다른 양상이다.

또 다른 질병으로 영국 발한병發汗病이 있었다. 이 '신비한' 질병은
지금도 정체가 정확하게 밝혀지지 않았다. 이 질병은 1485년 영국
에서 갑자기 나타난 뒤 1551년에 자취도 없이 사라져버렸다. 발진
티푸스와 유사한 발열성 질병이지만, 빈민층보다는 상류층에 주로
피해를 입혔다. 매독이나 발진티푸스와는 비교가 안 될 정도로 희
생자 수도 적었다. 그럼에도 영국 발한병이 중요하게 여겨지는 데
는 다른 이유가 있다. 이 질병이 세계사의 한 장면에 결정적인 영향
을 미쳤기 때문이다.

1529년 마르틴 루터와 울리히 츠빙글리가 독일 헤센 주에 있는
마르부르크에서 만나 유명한 토론을 벌였다. 마지막 성찬에 관한
치열한 논쟁이었다. 그때 이 지역에 미지의 질병이 발생했다. 이 회
담에 참여한 사람들은 영국 발한병이라고 이름 붙인 이 병을 너무

마르부르크 논쟁 장면

나 두려워한 나머지 황급히 회담을 중단하고 말았다. 그 결과 두 사람은 서로를 완전히 이해하지 못한 채 각자의 길을 갈 수밖에 없었고, 개신교의 대표적인 두 교파인 루터파와 칼뱅파의 분열은 되돌릴 수 없이 굳어지고 말았다.

물론, 역사학자 대부분은 이 고집 센 두 종교학자가 회담을 끝까지 했다고 해도 공통 결론을 도출했을 가능성은 거의 없었다고 생각한다. 하지만 이후 혼란을 초래한 종교적 분열에 영국 발한병이 적지 않은 영향을 미친 사실만은 부인하기 힘들다.

근대에 발생한 질병은 이전과는 확연히 다른 양상을 보인다. 한 사회의 근간이 무너질 정도로 희생자가 발생하지 않았고, 잠시 위력을 발휘하다가 얼마 지나지 않아 흐지부지 끝나버리거나, 간헐적인 감염을 일으키는 약한 전염병으로 변해버린 것이다.

도대체 왜 이런 변화가 생겼을까? 역사학자들은 18세기가 되자 인간의 평균수명이 이전보다 확실하게 연장되는 현상을 지적한다. 사람이 사는 환경이 청결해지고 개선됐으며, 기근 피해가 줄고 의료 기술이 발달한 까닭이다.

여기서 우리가 기억할 점이 하나 있다. 전염병은 환경이 개선되고 영양 상태가 좋으면 상대적으로 위력을 떨치기 힘들다는 사실이다. 물론 사람들의 의지와 노력과는 상관없이 질병이 발생한다는 점 또한 사실이다. 아무리 발달한 사회라 해도 새로운 질병이 나타나면 그 피해는 커지기 마련이다.

사회가 문명화되고 규모가 커지면 새로운 질병이 발생한다는 사실은 이미 여러 번 언급했다. 인구가 적어도 40만 명은 넘어야 인간 간 전염이 일어나는 전염병이 발생한다. 처음에는 그 피해가 크지만, 계속 반복되면서 질병에 대한 내성이 생기면 사회는 다시 안정된다. 사회가 안정되면 다시 출생률이 높아지기 때문에 '새로운 숙주'도 많아진다. 결국 전염병이 소멸될 가능성은 낮다. 다만 전염병이 존재하지만 비교적 안정적인 '공존 상태'에 머물게 된다. 이는 문명사회의 특징적인 질병 양상이다. 그러나 공존 상태라 해도 한 문명화 공동체 이외의 다른 지역의 사회 구성원에게 전염병이 노출될 경우 그 피해가 심각하게 커질 수 있다. 그래서 문명화된 공동체는 점차 인구가 증가하고 발달하는 대신 주변 지역의 공동체는 점차 붕괴되는 과정을 겪을 수밖에 없다. 이 현상을 '근대적 질병체계'라고 부른다.

16, 17세기에 이르자 몇몇 전염병이 전 세계를 한두 차례 휩쓸고 난 뒤에는 세계는 대부분 균질화돼버렸다. 1700년경이 되자 이 현상은 뚜렷해졌다. 바야흐로 세계가 바뀐 것이다.

PANDEMIC HISTORY

8 현대

난적의 출현

세계대전과 에스파냐 독감

우리는 '현대'라고 불리는 시기에 산다. 두말하면 잔소리다. 그런데 현대가 언제 어떻게 시작됐는지 분명하게 정의할 수 있는 사람은 없는 듯 보인다. 제1차 세계대전이 끝난 시점을 현대의 시작으로 보기도 하고, 제2차 세계대전이 끝난 시점을 그 시작으로 보기도 한다. 또 19세기 말 2차 산업혁명이 일어난 시기를 지목하기도 하니, 현대는 근대처럼 모호하게 시작해 오늘날의 문화와 문명을 점진적으로 형성했다고 보는 편이 맞겠다.

현대가 시작하게 된 배경이 된 사건을 파악해보자.

근대에 이르기까지 인류 문명에 괄목할 만한 몇 가지 변혁이 일어났다. 첫째는 과학혁명이다. 가장 먼저 대문을 열어젖힌 사람은

코페르니쿠스

코페르니쿠스였다. 그는 1543년에 발간한《천체의 회전에 관하여》라는 저서에서, 굳건하기만한 지구 중심적 사고방식을 송두리째 뒤집어버렸다. 뒤이어 케플러가 등장해, 별을 관측할 수 있는 망원경을 개발해 화성을 관측했다. 그는 지구를 포함한 행성이 태양을 중심으로 타원형의 궤도를 돌고 있다고 설명했다. 이런 가설을 천재 뉴턴이 수학적으로 입증했다.

과학 발전은 의학 발전으로 이어졌다. 관찰과 경험을 중시하는 경험론적 사상이 발전해 논리와 논증을 중시하는 합리론이 나타났다. 인간의 사유와 자유의지를 강조하는 계몽주의 사상도 발달해, 이성에 의한 탐사로 인간을 둘러싼 모든 현상을 설명할 수 있다는 실증주의의 바탕이 됐다.

다시 코페르니쿠스로 돌아가보자. 코페르니쿠스의 지동설이 당시 세계에 미친 영향은 실로 지대했다. 오늘날에도 '코페르니쿠스적인 전환'이라는 말이 자주 사용되듯이 그의 지동설은 인류사의 획기적인 전환을 의미한다. 자연 세계가 이해할 수 없는 신의 섭리가 아닌 인간이 이해하고 파악할 수 있는 법칙에 따라 움직인다고 인식하게 된 점이 가장 중요한 변화였다. 사람들은 인간이 자연을 파악하면 이를 통제하고 지배할 수 있다는 생각을 하게 됐다. 그 밑바탕에는 인간이 발전시킨 학문인 수학과 논리학이 있었다. 사회도 마찬가지였다. 인간이 자연을 설명하고 지배할 수 있다면 인간 사회 역시 설명하고 지배할 수 있다고 믿었다.

이런 사상과 개념이 발전해 두 가지 중요한 혁명이 일어난다. 바로 18세기 산업혁명과 프랑스혁명이다. 바야흐로 인류는 현대 여명기를 맞은 것이다.

현대에는 근대에 정립된 사상이 여전히 지배적인 영향을 미친다. 바로 자유주의, 사회주의, 민족주의다. 이 가운데 민족주의nationalism는 국가를 의미하는 'nation'이라는 단어에서 파생했지만, 이 단어가 주로 '국민'이나 '구성원'을 의미하기 때문에 나라의 국민이나 민족의 권익을 중요시해, 한 민족과 한 나라를 동일시한 사상적 개념을 일컫는다.

제1차 세계대전 전후로 모든 나라가 민족주의적 정책을 펼쳤다. 동질성을 강조하기 위해 역사를 발굴하고 박물관을 중시하며 국가 간 스포츠 대회를 통해 민족주의를 고취하려고 했다. 이런 분위기에서 선진 자본주의 국가들은 자국의 이익을 위해 해외시장을 개척하는 한편 식민지 지배에 혈안이 됐다. 그 결과 식민제국주의가 등장하면서 당연하게도 서로 이해가 첨예하게 부딪혔고, 인류 역사상 최초의 세계 전쟁인 제1차 세계대전이 발생했다.

세계대전이 발발하기 전까지 적어도 유럽 대륙에서는 이전과는 비교할 수 없을 정도로 문명이 발전했다. 산업혁명 초기에 나타난 기형적인 사회구조와 그 폐해도 개선되고 있었다. 무엇보다도 사람들 수명이 늘었다. 적어도 내일 무슨 일이 생겨 당장 죽을지 모른다는 공포에서는 벗어날 수 있었다.

미국 통계를 보면, 1789년에는 평균수명이 겨우 35세에 불과했지만 1840년에는 40세, 1900년에는 47세로 늘었다. 1920년이 되자 평균수명은 55세가 됐다. 불과 100년 남짓 되는 시간에 인간의 평균수명이 20년이나 는 놀라운 변화였다.

이 통계는 인간 사회가 안정되고 건강이 증진됐다는 가장 객관적인 증거다. 그런데 통계 결과를 자세하게 분석해보면 실제 수명이 연장된 것이 아니라 영아사망률이 획기적으로 낮아진 까닭에 수치가 높아졌음을 알 수 있었다. 성인이나 노인 사망률이 이전 시대와 크게 다르지 않다는 의미다.

사실, 당시에 인간 수명을 연장시켜줄 정도로 과학이나 의학이 획기적으로 발전한 것이 아니었다. 그나마 아주 미미한 수준이었지만 과학적 발전 덕분에 질병에 관한 인식이 바뀌면서 이런 일련의 변화가 더 활발하게 일어날 수 있었다는 점은 분명한 사실이다. 이전에는 도저히 설명할 수 없었던 대규모 참사를, 적어도 이 시대 들어서는 속수무책으로 당하고만 있지는 않았다. 계몽주의로 무장한 사람들은 '설명할 수 있는' 원인과 방법을 찾기 위해 노력했고, 해답을 알게 된 질병을 '지배할 수 있다'고 확신했다.

이제 의학 분야를 살펴보자.

현대가 도래하기 직전에 의학의 기초를 닦은 사람들이 있다. 벨기에 태생의 의학자이자 해부학자인 베살리우스는 구시대의 낡은 전통을 타파하고 인간 자체의 몸 구조를 정확하게 밝혔다. 윌리엄 하비는 혈액순환이라는 개념을 밝혔고, 레벤후크는 현미경을 이용해 인간의 세포를 관찰해 세균학과 미생물학의 기초를 마련했다. 19세기 말이 되자 파스퇴르나 코흐 같은 위대한 미생물학자의 과학적 발견이 이어지면서 질병이 세균 등 정확한 원인에 의해 발생한다는 '단일병인론'이 의학계를 지배했다.

일련의 변화는 과학 발전에 기초했지만 계몽주의의 영향도 컸다. 이에 따라 엥겔스의 이론과 동일한 맥락으로 질병이 사회적 요인 때문에 생긴다고 주장한 영국의 채드윅이나 독일의 비르효, 콜레라균이 가득 든 비커를 '원샷'한 페텐코퍼 등의 학설은 영향력을 잃었다. 그러나 계몽주의에도 한계가 있었다. 계몽주의는 과학 발전에 적합하고 논리적인 설명이 가능하다는 장점이 있는 반면, 하나의 초점을 향해 천착하는 경향이 있다. 이런 탓에 '전체'를 보지 못하는 문제점도 드러냈다.

사실, 질병은 딱 하나의 원인균이나 원인 때문에 생기는 경우보다 그렇지 않은 경우가 더 많다. 전쟁에서 총에 맞아 죽은 병사의 사망 원인은 분명 '총상'이다. 콜레라의 병인은 '콜레라균'이다. 누가 보아도 분명한 사실이다. 그런데 총에 맞은 사람들이 모두 죽지는 않는다. 콜레라가 창궐한 지역 사람들 모두가 콜레라에 걸리지도 않는다. 페텐코퍼의 에피소드를 보더라도, 균이 있다고 해서 무조건 병에 걸리지는 않는다는 사실을 알 수 있다. 정확한 원인도 있어야겠지만 영양 상태나 다른 질환의 유무, 신체 조건과 환경 요인 등도 맞아떨어져야 질병이 발생할 수 있다.

세균학과 이를 근거로 한 의학이 승승장구할 당시에는 이에 의문을 품은 사람이 없었다. 인간은 자연을 지배할 수 있고, 반복되는 죽음의 그림자인 역병도 제압할 수 있으리라는 희망에 부풀어 있었다. 19세기 말과 20세기 초에 창궐한 콜레라에는 이전처럼 수많은 사람이 희생되지 않았기 때문에 사람들은 더 이상 '막연한 공포'를 느낄 필요가 없었고 자신감이 충만했다.

그런데 사람들의 자만심을 일거에 허물어뜨린 사건이 발생한다. 제1차 세계대전이 끝나갈 무렵인 1918년, 전 세계에 불길한 질병이 퍼지기 시작했다. 이 질병은 인플루엔자의 일종으로 당시에는 '에스파냐 독감'이라 불렸다. 에스파냐 독감은 페스트 때보다 더 빠른 시간에 더 많은 사람의 목숨을 앗아갔다. 1918년에서 1919년에 이르는 짧은 기간 동안 (통계에 따라 조금 차이가 있지만) 2,500만~5,000만 명가량의 사람이 목숨을 잃었다. 제1차 세계대전 때 전장에서 사망한 사람 수의 약 세 배에 달할 만큼 어마어마한 수치였다.

에스파냐 독감은 원래 미국 시카고에서 발생했다고 알려졌다. 그런데 왜 '에스파냐' 독감이라고 불렸을까? 당시 에스파냐는 제1차 세계대전에 참전하지 않았다. 그래서 보도가 통제된 미국, 영국, 독일 등 주요 국가에서 다루지 못한 사실을 자유롭게 보도할 수 있었다. 특히 이 질병의 피해 상황을 상세하게 보도했는데, 그러다 보니 사람들은 에스파냐에 이 질병이 만연했다고 오해하게 됐고, 질병 이름에 나라 이름이 붙는 '영예'도 얻었다.

인플루엔자라는 말은 이탈리아어인데 '영향'을 의미하는 영어 'influence'와 의미가 동일하다. 천체의 영향으로 이 질병이 발생한다는 구시대적인 발상이 깔린 명칭이다. 16세기 유럽에 비교적 흔한 질병으로 당시 한 세기 동안 적어도 스무 차례나 유행했다고 한다. 1580년경에는 유럽을 넘어 아시아와 아프리카에까지 퍼져 판데믹이 있었다고 추정한다. 일부 역사학자는 이 판데믹의 영양으로 임진왜란 직전의 조선도 인플루엔자 피해를 입었다고 주장한다. 인플루엔자 탓에 이미 대규모로 피해를 입은 조선이 왜군 침략에 속수무책으로 당했다는 주장이다. 한편 남북 아메리카대륙에는 17세기 중엽이 돼서야 인플루엔자가 퍼졌다. 전혀 면역력이 없는 서인도제도의 주민들이 특히 막심한 피해를 입었다. 그 뒤로 인플루엔자는 기세가 약화됐다.

에스파냐 독감은 전쟁이라는 복합적인 위험과 맞물려 이전과는 다른 위협적인 인플루엔자가 모습을 드러낸 것이었다. 1918년 초

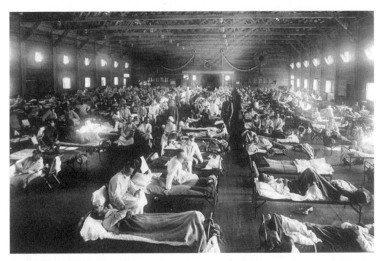
에스파냐 독감에 걸린 미군 병사들

시카고에 있는 미군 병영에서 발생한 이 인플루엔자는 전선으로 이송된 병사들을 따라 4월에는 프랑스에 이어 에스파냐로 전해졌고, 6월이 되자 영국으로 건너갔다. 전쟁이 막바지에 이르자 전 세계의 국가가 전쟁에 참전하면서 군인을 비롯한 여러 사람이 유럽으로 몰려들었다. 인플루엔자가 급격하게 퍼지게 된 것이다. 전 유럽을 휩쓴 인플루엔자는 뒤이어 전 세계로 번져 인류의 절반가량이 감염됐다. 당시 조선에서는 일본을 거쳐 전파된 이 질병을 '무오년 독감'으로 불렀는데, 대략 100만 명이 넘는 환자가 발생해 약 14만 명이 희생당했다.

에스파냐 독감 환자의 절반 이상이 20~40대 정도의 젊은 연령층이었고, 퍼지는 속도가 무서울 정도로 빨랐다. 이는 전쟁의 특징 때문이었다. 전쟁에 동원되거나 관련한 사람이 대부분 젊은 연령층인 탓이다. 또 처음 인플루엔자에 걸리면 가벼운 감기로 여긴 탓에 격리할 이유도 없었다. 그러니 안 그래도 밀집된 군영의 젊은이 사이에 인플루엔자가 위력을 떨칠 수밖에 없었다.

인본주의 사상 탓에 일이 더 심각해졌을 가능성도 있다. 전염병에 걸리면 아무런 죄의식도 없이 환자를 버리고 방치한 과거와는 달리, 이때는 적어도 환자를 돌봐야 한다는 개념이 자리 잡았다. 제1차 세계대전 때 군진의학은 상당한 수준으로 발전한 터라, 병든 병사를 신속하게 후방으로 이송해 치료하는 체계가 갖춰졌다. 그런데 이런 '친절한' 조치가 화를 키운 셈이었다. 인플루엔자 바이러스 역시 환자와 함께 사람이 가득한 열차에 실려 '후송'됐고, 부상병이 득실거리는 병원에 '입원'하게 됐기 때문이다.

순식간에 전 세계를 강타한 인플루엔자는 특히 전쟁에 필요한 젊은 계층에 큰 타격을 입혔다. 전방 후방을 가리지 않고 창궐해 전선의 군인뿐 아니라 후방의 지원 인력과 산업에도 막대한 지장이 생겼다. (물론 다른 요인도 있었겠지만) 전쟁을 치르던 나라와 국민의 의지가 꺾이자 전쟁도 서둘러 종식됐다.

사람들은 아무리 의학과 과학이 발달했다고 하지만 아직도 인간이 역병 앞에 속수무책일 수밖에 없다는 처절한 실패를 경험했다.

사실, 바이러스성 질환은 지금 인류에게도 여전히 버겁기만 하다. 자주 그리고 빠르게 스스로 유전형을 바꾸고 감염 방식까지 바꾸는 바이러스는 인간이 발명한 면역 치료나 예방접종으로는 쉽게 막을 수 있는 대상이 아니다.

앞으로도 과거와 같은 전염병이 창궐할 가능성이 충분히 있다고 경고하는 학자가 많다. 그 원인이 '변종 바이러스'일 것이라고 확신하면서 말이다. 현대에 발생하는 생소하고도 위협적인 질병을 보노라면, 학자들의 경고를 모르더라도 과거와 같은 비극을 겪을 수 있음을 충분히 짐작하게 된다. 학자들이 말하듯 의학이 눈부시게 발달한 오늘날에도 "역병의 시대에 종언을 고하기에는 시기상조다".

진격하는 만성 성인병

현대 사회는 눈부신 속도로 발전하고 있다. 그것도 한 방향이 아니라 사람들 상상 이상으로 다방면에 걸쳐 진보하고 있다. 특히 과학은 불과 1년 전과 지금이 전혀 다르다고 여길 만큼 변화가 빠른 분야다. 의학도 과학과 마찬가지다. 정보 습득과 교환이 쉽고 빨라지면서 의학 수준차가 급격히 좁아져, 제한적인 몇몇 곳을 제외하면 세계 어느 곳에서든 비슷한 수준의 의료 혜택을 누릴 수 있다. 지금은 병을 정확하게 진단할 수 있고 원인을 파악한 질병에 대해서는 미리 대책을 세울 수도 있기 때문에, 과거와는 달리 대규모로 희생당할 가능성이 매우 낮다.

현대에 들어 인간의 평균수명 또한 급격한 상승곡선을 그린다.

근대 이후에 보인 평균수명 상승은 영아사망률이 낮아진 덕분에 생긴 일종의 착시 현상이었다. 그러나 현대에는 장년층 노년층의 기대 수명이 실제로 연장됐다. 더불어 사망 원인에도 큰 변화가 일어났다. 그 변화를 한번 살펴보자.

1900년대 초가 되면서 오랫동안 맹위를 떨치던 천연두, 발진티푸스, 콜레라와 같은 질병이 주요 사망 원인 순위에서 한참 낮은 등수로 떨어져버렸다. 결핵의 경우, 1850년대에는 매년 10만 명당 500명의 사망자를 냈지만 그 뒤 꾸준히 감소해 1940년대에는 10만 명당 40명 이하로 떨어졌다. 이제 전염병은 더 이상 인류가 두려워할 대상이 아니었다.

뉴욕의 1900년 인구는 약 350만 명이었다. 사망률은 1,000명당 20.6명이었으나, 1940년이 되자 인구는 약 800만 명, 사망률은 1,000명당 10.1명으로 절반 이상 감소했다. 사망 원인은 1900년 당시에 폐렴·결핵·설사 및 장염(아마도 이질 등 전염성 질환) 순이었으며, 이 세 원인으로 죽은 사람이 전체 사망자의 대략 36.5퍼센트 정도였다. 이 당시 심장병이나 심혈관계질환 사망자는 6.2퍼센트로 사망률은 5위였고, 암은 겨우 3.3퍼센트로 8위에 불과했다. 그런데 1950년에는 심장병과 암으로 사망하는 사람이 전체 사망자의 3분의 2 가까이 된다. 1900년대에 둘을 합쳐도 10퍼센트 미만이었음을 보면 굉장히 차이가 크다. 폐렴과 결핵은 각각 6, 7위로 떨어져 둘을 합쳐도 겨우 6퍼센트를 넘는 수준이었다.

한국의 예를 들어보자. 우리나라의 경우 과거 통계를 확인할 방법이 그리 많지는 않다. 1920년 조선총독부 조사에 따르면 당시 '조선인'의 사망 원인은 신경계질환(16.8퍼센트), 소화기질환(10.6퍼센트), 호흡기질환(6.6퍼센트) 순이었다. 연세대학교 의과대학의 전신인 제중원에서 1886년에 발표한 〈제중원 일차년도 보고서〉에는 조선 최초의 질병 통계가 포함돼 당시 질병 양상을 짐작하게 한다. 이 보고서에 따르면, 1년 동안 외래환자 1만 460명 가운데 소화기 환자(19.4퍼센트)가 가장 많았고, 그다음으로 성병(18.3퍼센트), 말라리아(10.1퍼센트) 순이었다.

부산의 일본인 거류지에 세워진 부산의원에서 나온 보고서도 있다. 군의관 코이케 마사나오小池正直가 1883년부터 2년간 조선인 환자 1,364명을 진료한 결과를 정리한 〈계림의사〉에 따르면, 내과계 질환은 소화기질환(13.9퍼센트), 전염병(7.4퍼센트), 호흡기질환(5.4퍼센트), 신경계질환(5.1퍼센트) 순으로, 외과계 질환은 염증(15.5퍼센트), 눈병(12.0퍼센트), 외상(10.6퍼센트), 성병(8.9퍼센트) 순으로 많았다. 물론 당시에 일반적인 방법으로는 잘 치료되지 않는 질병에 걸려 서양식 치료를 받고자 방문한 환자를 통계 낸 자료라 우리나라 전체의 질병 분포를 나타냈다고 보기에는 곤란한 면도 있다.

세월이 흘러 1980년도가 되자 우리나라의 사망 원인에도 확연한 변화가 생기기 시작했다. 순환기질환이 33.6퍼센트로 가장 높았고, 불명확한 원인의 사망이 14.2퍼센트로 뒤를 이었다. 악성 신생물,

즉 암은 13.8퍼센트로 3위를 차지했다. 4위는 손상이나 중독 등 사고에 의한 사망으로 11.2퍼센트였다. 결핵을 포함한 감염성 질환은 겨우 5.0퍼센트에 불과했다.

1990년에 나온 통계는 순위에 큰 변동은 없었지만, 암 사망률이 13.8퍼센트에서 20.2퍼센트로 증가해 '불명확한 원인'을 제치고 2위에 올랐다.

〈한국의 시대별 사망 원인〉 표에서도 나타났지만 '불명확한 병태'로 인한 사망률이 점차 줄어든다. 대개 이 분류에는 노화에 의한 자연사가 많지만 과거에는 원인을 모르는 경우가 많았다. 의학이 발전하면서 사망 원인을 밝혀낼 수 있었기 때문에 이 부분의 사망률이 준 것이다. 따라서 1920년대에는 신경계질환이 사망률 1위지만, 제대로 된 통계가 아님이 분명하다. 사실 사망 원인 불명이 1위여야 한다. 2000년이 되자 사망률 순위는 다시 한 번 역전됐다. 한국인 사망률의 1위는 암이 됐고, 순환기계질환, 호흡기질환이 뒤를 이었다. 그리고 당뇨를 위시한 대사성질환이 점차 증가하는 양상을 보인다. 질병의 양상이 바뀌었다는 말이다.

여기까지 글을 쓰다가 조금 놀라운 기사를 하나 접했다. '해피펫'이란 사이트에 게시된 글이었는데, 제목이 〈너무 잘 먹여서 문제… 점점 증가하는 반려동물 당뇨병〉이었다. 이 기사에서 서울대 수의과대학 황철용 교수는 "당뇨병으로 내원하는 반려 동물이 점점 증가하는 게 사실"이라고 언급했다. "육류, 탄수화물 위주의 식습

■ 한국의 시대별 사망 원인

순위	1920년	1980년	1990년	2000년	2010년
1	신경계질환 (16.8%)	순환기계질환 (33.6%)	순환기계질환 (30.0%)	신생물 (23.9%)	신생물 (28.6%)
2	소화기질환 (10.6%)	불명확한 병태 (14.2%)	신생물 (20.2%)	순환기계질환 (23.7%)	순환기계질환 (22.0%)
3	호흡기질환 (6.6%)	신생물 (13.8%)	손상 및 중독 (15.4%)	불명확한 병태 (12.8%)	사망의 외인 (12.8%)
4		손상 및 중독 (11.2%)	불명확한 병태 (13.3%)	사망의 외인 (11.7%)	불명확한 병태 (10.1%)
5		소화기계질환 (9.8%)	소화기계질환 (8.1%)	호흡기계질환 (6.5%)	호흡기계의 질환 (7.3%)
6		호흡기계질환 (6.3%)	호흡기계질환 (4.0%)	소화기계질환 (6.0%)	내분비, 영양 및 대사 질환 (4.4%)
7		감염성 및 기생충성 질환 (5.0%)	감염성 및 기생충성 질환 (2.9%)	내분비, 영양 및 대사 질환 (4.8%)	소화기계통질환 (4.3%)
8		신경계질환 (1.8%)	내분비, 영양 및 대사질환과 면역장애 (2.5%)	정신 및 행동장애 (2.6%)	감염성 및 기생충성 질환 (2.6%)
9		내분비, 영양 및 대사질환과 면역장애 (1.2%)	신경계질환 (1.1%)	감염성 및 기생충성 질환 (2.5%)	신경계통질환 (2.4%)
10		비뇨생식기계의 질환 (1.1%)	비뇨생식기계의 질환 (0.8%)	비뇨생식기계의 질환 (1.3%)	정신 및 행동 장애 (1.9%)

출처 경제기획원 조사통계국: 1980년 사망원인통계(인구동태신고에 의한 집계), 통계청 사망원인통계연보: 인구동태신고에 의한 집계 1990, 2000, 2010, 조선총독부 조사(《朝鮮衛生事情要覽》, 朝鮮總督府, 1922.)

관, 운동량이 부족"을 원인으로 꼽으며 "인슐린 투약에도 잘 반응하지 않는"다고 했다.[24]

서구를 포함한 대부분의 선진국에서는 과도한 영양 섭취 탓에 만성 성인병이 문제가 된 지 꽤 오래다. 1950년대 이전 한국에서는 영양소 결핍과 전염병으로 인한 질병이 주된 병이자 사망 원인이었다. 오늘날에도 소위 후진국에는 콜레라, 장티푸스 등 수인성 전염병과 외상, 파상풍, 광견병 같은 질병이 주를 이룬다. 이런 점을 보면 '반려동물 당뇨병'은 참 놀랍다는 생각이다. 이제 우리나라에서는 영양 과잉으로 인한 병이 사람은 물론이고 개, 고양이에까지 문제가 될 정도란 말이 아닌가.

　사실 어떻게 보면 놀랄 일도 아니다. 우리가 맛있다며 찾는 음식 가운데 영양 과잉의 폐해를 적나라하게 보여주는 사례가 꽤 많으니 말이다. 요즘은 조금 인기가 식은 듯한데, 한동안 '설화육'이라 해서 '눈꽃이 날리는 듯한 흰 지방이 결 사이에 긴 고기'를 비싼 값에 팔았다. 일본 쇠고기의 영향으로 보이는데, 이런 쇠고기를 얻기 위해서는 소를 과도할 정도로 비만하게 키워야 한다(사람으로 따지면 키 160센티미터에 몸무게 140킬로그램쯤). 아마도 '품질 좋은' 고기를 생산하는 소는 심각한 만성 성인병을 앓을 것이다. 비슷한 사례로 '푸아그라'가 있다. 강제로 옥수수를 먹여 지방간으로 만든 거위 간 음식이다. 동물이 스스로 선택을.할 수 없다는 이유로 이런 잔인한 일이 태연하게 벌어진다.

　물론 인간은 말할 것도 없다. 어릴 때부터 당분과 고칼로리 음식에 '중독'돼 자신도 모르는 사이에 영양 과잉 상태에 빠진다. 광고로 대변되는 기업 논리와 사회 분위기도 여기에 크게 일조한다. 현대 사람들은 불과 50년 전 사람들과는 전혀 다른 질병으로 죽고 있다. 현대 한국인의 사망 통계를 보면 단연 암이 압도적이고, 뒤이어 고혈압과 동맥경화 등이 원인인 뇌혈관질환·심혈관계질환이 등장하며, 그다음으로 호흡기질환·당뇨병을 위시한 내분비계질환이 뒤를 잇는다.

이제 현대인을 위협하는 질병은 만성 성인병이라고 불리는 것들이다. 이 명칭은 엄밀히 따지면 정확한 의학적 개념은 아니나 사람들이 오래 살고 의식주가 풍부해지면서 나타나는 '과잉'에 의한 질병으로 정의한다. 크게 심혈관계질환, 대사성질환, 암이 이에 해당한다. 서로 매우 다른 병이지만, 말 그대로 만성적이고 타인에게서 옮지 않으며, 오로지 자신의 생활 습관에 따라 발생한다는 공통 특징이 있다. 그리고 한 번 이런 질환에 걸리면 생활 습관을 바꾸고 평생 약을 먹어야 한다는 점도 같다.

과거의 질병과 비교해서 현대의 질병은 다른 양상을 보이지만, 공포의 대상이라는 점은 같다. 한 번 병에 걸리면 끝까지 고통당하다 죽는 점도 마찬가지다. 비만, 운동 부족 등 개인에게 책임을 전가하는 방법 외에 변변한 원인을 제대로 밝히지도 못하고 있다. 당뇨나 비만, 동맥경화 등을 발생하는 유전자를 찾았다는 단편적인 보고를 심심치 않게 접하기는 하지만, 결정적으로 이런 병을 극복할 계기를 마련했다는 소식은 없다. 한 질병에 원인과 설이 많다는 얘기는 결정적인 단서를 잡지는 못했다는 뜻과 같다.

인터넷에서 '만성 성인병'을 검색하면 무수히 많은 글이 뜬다. 거의 대부분이 어디에 특효라거나 대부분의 만성 성인병에 '직방으로 듣는' 특효약이라는 내용이다. (놀랍게도 이런 만병통치약 어느 것도 '약'으로 인정받지도 못했다. 광고 내용의 절반만 맞아도 노벨상보다 더 큰 상을 받았음 직한데 말이다.) 아무튼 만성 성인병이 이미 산업의 대상이 됐다는 사실을 말하고 싶다. 만성 성인병으로 거의 70퍼센트나 되는 사람들이 죽고 있으니 어쩌면 당연한 현상일지도 모르겠다.

현대 의과학이 하염없이 헤매는 동안 틈새를 노린 영악한 부류가 활약하고 있다. 소위 사이비 성향이 농후해 보이는 무수히 많은 치료법과 공인되지 못한 '약'이 난무하는 세상이 되고 말았다. 산업혁명 때 사이비 약에 열광하던 풍조와 다를 바 없다. 이미 이 분야는 거대 산업을 형성했다. 한국에서는 최근 바이오 관련 주식이 날개 돋친 듯 팔리더니, 소위 삼성이나 현대의 최고가 주식보다도 더 높은 가격에 거래될 정도라고 한다. 한국 경제는 바이오 관련 회사를 중심으로 끌고 나가야 한다는 전망이 나올 정도다.

이제 현대 사회는 질병이 사람 목숨은 물론 한 나라의 산업 자체를 뒤흔들 수 있는 영향력을 가지게 된 듯하다. 과거와 그 양상이 다를지는 몰라도 여전히 질병은 인류 사회의 전반을 지배하고 문명의 흐름을 제어하는 보이지 않는 거대한 힘으로 '처음과 같이 지금도 항상' 존재한다.

인류 최대의 난적, 암

인간은 스스로를 만물의 영장이라고 부르기를 서슴지 않는다. 굳이 《성경》을 인용하지 않더라도 지구상의 모든 생물과 무생물을 다 지배할 권능이 있다고 지금껏 굳게 믿어왔다. 이를 오만하다고 지적하는 사람들도 있다. 다들 이 말에 다들 수긍하는 척은 하지만 마음속에는 여전히 선민의식과 우월감이 자리 잡고 있다.

　1990년에 인류 역사상 가장 큰 프로젝트 하나가 시작됐다. 분자 생물학적 지식을 총동원해 인간 유전자가 간직한 비밀을 낱낱이 밝혀내려는 실험이었다. 미국 에너지부와 보건부에서 15년 동안 30억 달러의 예산을 들인 계획으로 야심차게 출발했다. 바로 인간 게놈 프로젝트다. 당시만 해도 이 프로젝트가 인류의 생존에 관한 비밀과 다른 생물을 총 망라한 생명의 신비까지 모두 밝혀낼 것으로 다들 믿어 의심치 않았다. 난치병이 일거에 해소되고 무병장수의 꿈이 실현되리라 기대했다. 그리고 실험은 아주 성공적이었다. 예상보다도 훨씬 빠른 2000년에 게놈의 기본 정보를 공개할 수 있었다. 2003년에는 공식적으로 게놈 서열을 발표하기에 이르렀다.

그런데 기대한 바와는 달리 게놈 프로젝트가 완성되고 14년이 흐른 지금까지도 우리는 무병장수의 꿈과는 너무나 먼 거리에 있다. 사실 이 실험이 진행되는 중간에 흘러나온 보고를 들으면서 모종의 불안감도 느낄 수 있었다. 특히 고등동물의 제왕이라고 자부하는 인간의 유전자가 하등동물로 취급되는 선모충이나 초파리의 유전자와 크게 다르지 않다는 사실을 알게 됐을 때, 인간의 (근거 없는) 자만심은 여지없이 구겨지고 말았다.

게놈 프로젝트에서 가장 크게 기대한 바는 암과 같은 난치병 치료다. 과거에 몇몇 유전성 질환은 원인이 되는 결정적인 유전자 변이를 찾아내는 등 상당한 진전을 이뤘기에, 이런 기대는 너무나 당연했다. 하지만 한두 개 유전자 이상으로만 생기는 간단한 질병은 지극히 드물며, 우리가 알고 있는 병 대부분은 여전히 오리무중이다. 난치병은 여전히 난치병이고, 암은 여전히 인류의 난적이다. 지금의 과학 수준으로도 암에 대해서는 장님 코끼리 더듬는 정도의 '무지함'을 넘어설 아주 간단한 실마리조차 찾지 못하고 있다.

독일 키엘 대학의 토마스 보슈 교수팀은 암의 근원을 찾기 위한

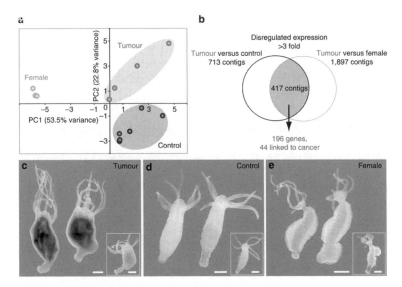

토마스 보슈 팀의 논문에 수록된 히드라 도표

연구를 시행해온 결과를 2014년 6월 《네이처 커뮤니케이션스*Nature Communications*》에 발표했다.[25] 이들은 가장 원시적인 다세포동물인 히드라*Hydra*를 조사해 종양을 가진 폴립(몸은 원통형이고 위 입 주위에 촉수가 배열된 강장동물의 기본 체형) 개체를 발견했다. 이 연구에는 몇 가지 큰 의의가 있다.

첫째, 종양은 원시적이고 진화상 가장 오래된 동물에게서부터 존재해왔다는 사실을 증명했다. 그리고 이 종양은 오직 암컷 히드라 폴립에만 나타나며, 인간의 난소암과 유사한 특성을 보인다는 점을 발견했다.

둘째, 히드라의 종양 조직에서 모든 정상 생물체에 존재하는 자연 세포사멸 과정을 막을 수 있는 유전자와 종양을 급격히 자라게 하는 유전자를 다 발견했다. 이는 암만이 가진 분자생물학적 특징이다. 일반적인 신체 조직은 시간이 경과하면서 자연스럽게 노화되고 퇴화되는 반면, 암 세포는 죽지 않고 계속 분열하고 성장한다. 소위 '불멸' 능력이 있기 때문에 숙주의 몸이 다 파괴될 때까지도 암은 성장을 멈추지 않는다.

셋째, 히드라의 종양 세포가 침습적Invasive이라는 점이다. 보슈 팀은 이 연구를 통해 암세포의 침습적 성격은 오래된 진화 과정에서 확립된 특징이라고 결론을 내렸다.

결론적으로 암은 다세포 생명체가 지구에 등장했을 때부터 함께 했으며 완전히 제거될 수 없다고 주장했다. 암의 역사성과 난치성을 동시에 잘 보여주는 연구였다.

이처럼 지구 생명체와 거의 기원이 같다고 할 정도로 암은 아주 오래됐다. 인류가 등장하기 전 히드라를 포함해 공룡 화석에서도 골육종이 발견됐고 다른 화석에도 암의 흔적이 남아 있다. 인류 역사에 남은 증거나 기록을 살펴보면, 고대 이집트 미라에서 골육종이나 두개골로 전이된 암이 발견된다.

서기전 3000년경 기록된 에드윈 스미스 파피루스에는 유방암에 관한 언급이 있다. 이집트의 과학자이자 의신으로까지 추앙받는 임

에드윈 스미스 파피루스

호테프의 기록에는 암의 종류와 위치에 따라 치료를 달리 해야 한다는 지침이 나와 있다. 이집트에는 비소와 초산 연고를 이용한 피부암 치료가 행해졌다는 기록이 있지만, 당시 눈에 쉽게 띄는 피부암을 제외하고 유일하게 발견할 수 있는 유방암을 임호테프는 "치료할 수 없는 병"이라고 기록했다.

서기전 2000년경 인도의 문헌에는 달군 쇠로 골종양을 치료한다는 기록이 있다. 헤로도토스는 여행 중 방문한 페르시아 궁전에서

유방암을 치료하는 장면을 목격했다고 적었다. 또《성경》〈역대하〉
21장 18~19절에 나와 있는 여호람의 창자에 내린 신의 저주가 일
종의 암이었다는 추정도 있다.

한편 로마에서는 아르키게네스와 레오니디스 같은 의사가 자궁
암과 유방암을 수술하는 기구를 만들었다고 한다. 특히 아르키게네
스는 혈관 결찰(지혈을 목적으로 혈관을 묶는 법)과 절단술을 개량했으
며, 초발성 질병(원발성 암)과 속발성 질병(전이성 암)으로 암을 구분
해 기술했다.

암에 관한 기록이 이처럼 다양한 듯해도 중세에는 관련 기록이
거의 없다. 학자들은 중세에는 의학 과학 지식이 거의 없었거나 매
우 미개한 수준으로 퇴보했기 때문이라고도 말하지만, 대체적으로
당시 사람들이 너무 일찍 죽은 데다 다른 병에 비해 신경 쓸 겨를이
없었기 때문으로 본다. 암으로 사람이 죽더라도 쇠약해서 죽었다거
나 원인 불명이라고 판단했다는 말이다.

거꾸로 현대에 들어 암이 사망률 1위에 등극한 데에는, 의학이 발
달해 이전에는 모르던 암을 발견할 수 있게 된 까닭도 있다. 어떤
사람들은 현대인이 환경오염 탓에 발암물질로 호흡하고 샤워하며
밥을 해 먹으며 산다고 말한다. 그만큼 현대인에게 암은 과거 어느
시대보다 높은 위험 요소임에 틀림없다.

하지만 현대에 들어 암 사망률이 높은 까닭은 사람들이 암에 걸
릴 수 있을 만큼 충분히 오래 산다는 이유가 가장 크다 하겠다. 어

린아이나 젊은 사람은 특별한 몇 가지 암 외에는 거의 암에 걸리지 않는다. 몸의 세포가 늙는 과정에서, 즉 오랜 시간 동안 세포분열을 하는 과정에서 유전자 내, 혹은 외적인 유전 정보나 생체적 오류가 축적돼 암이 발생할 수 있는 조건이 형성되기 때문이다.

이제 암 치료에 관해 이야기해보자.

사실 수술은 가장 원시적인 의료 행위다. 그럼에도 암은 '아직도' 수술이 주된 치료법이다. 오늘날 그나마 조금이라도 암 치료 효과가 개선된 이유는 수술 기법과 수술 환경이 발전했기 때문이다. 더불어 암을 조기에 발견해서 제거하기 때문이다. 획기적인 치료제나 치료법이 개발돼서가 아니라는 말이다. 속수무책이던 위암이 건강검진을 통해 조기에 발견되면서 그 생존율이 획기적으로 높아졌다. 유방암, 자궁암, 폐암, 갑상선암의 생존율 역시 획기적으로 개선됐다. 이런 만큼 조기 발견과 치료가 암에서는 가장 중요하다.

한편 항암 치료제를 비롯해 다양한 물질을 이용해 치료하는 방법을 항암화학요법이라고 한다. 현대 초기부터 지금에 이르기까지 수없이 많은 치료 약물이 개발됐다. 그런데 이제는 '신약' 개발이 한계에 부딪힌 듯하다. 막대한 자본을 신약 개발에 쏟아부었지만 '기적의 약물'은 아직 탄생하지 않았다.

암을 극복하기 위한 연구는 국가가 주도하거나 대규모의 산업이 주도하는 형태로 변모해가고 있다. 지금은 전 세계를 무대로 한 하나의 거대한 프로젝트라고 할 수 있다. 하루가 다르게 발전 속도가 빨라지니, 이대로만 발전해나간다면 머지않은 미래에 암에 관한 결정적인 지식을 얻어, 진정한 기적까지는 아닐지라도 기적에 가까운 치료법을 찾게 될 날이 올 것이다.

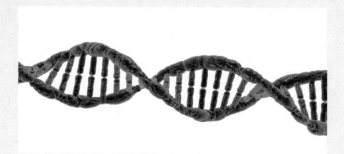

DNA

게놈 프로젝트를 지켜보면서 품은 허무맹랑한 생각이 하나 있다. 인간이 새로운 생명을 '창조'할 능력을 갖게 되리라는 희망이었다. 인류가 드디어 '창조주'의 지위에 오른다니! 당시 우리 인간은 과거 계몽주의 철학이 한창일 때와 같이 꿈에 부풀어 있었다. 처음 인류가 자연을 분석하고 설명할 능력이 생기자, 논리적으로 설명할 수 있는 대상을 인간이 지배할 수 있다고 생각하게 한 바로 그 꿈(사상) 말이다. 게놈 프로젝트 초기에 서구 강대국들은 머지않아 인간이 초월적인 지위를 차지하리라는 뉘앙스를 숨기지 않았다(물론 대놓고 이런 말을 한 사람은 없었다). 그러나 창조주 지위는 간단하게 쟁취할 수 있는 자리가 아니었다. '생명을 구성하는 모든 유전자를 다 알아낸다면 생명을 창조할 수 있다'는 발상이 애초에 잘못됐다.

쉬운 예를 하나 들어보겠다. 컴퓨터 부속품을 한 상자에 넣어서 골고루 섞이도록 뒤흔든 다음 획 쏟아붓는다고 컴퓨터가 만들어지지는 않는다. 과학적인 확률이니까 계속 반복하다 보면 제대로 된 컴퓨터가 떡하니 만들어질 가능성은 분명히 있다. 통계학적으로는 말이다. 말도 안 된다고? 이와 마찬가지로 유전자를 다 안다고 생명을 창조할 수는 없다. 통계 이상의 '그 무엇'이 있어야 가능한 일이다. 우리 인간은 '그 무엇'이 무엇인지 아직 모른다.

광산에서 발견한 암과 인공 암

산업과 관련한 질병을 가장 처음으로 기술한 사람은 아마도 아그리콜라인 듯하다. 그는 《데 리 메탈리카 *De re metallica*》에 광산 환경에서 생기는 질병에 관해 이런 기록을 남겼다.

"공중에 날아다니는 먼지가 기관지와 폐에 들어가 일으키는 질환을 과거 그리스인이 '아스마 Athma(천식)'라고 기술했으며, 이 질환이 심각하게 진행될 경우 폐에 화농이 생겨 죽기도 한다."

"칼파치아 광산에서는 이 무서운 폐병으로 남편을 잇달아 일곱 명이나 잃은 부인도 있었다."

"마이센 지방의 알텐베르크 광산에서는 유독 물질이 상처 속으로 들어가 종양을 만들고 골수까지 병들게 한다."

아그리콜라는 광산에서 일하는 사람들에게 발생한 전형적인 환경병을 기록했다. 지금의 의학 지식으로 판단하자면, 폐가 화농하며 호흡곤란을 동반하는 질병은 진폐증일 가능성이 높고, 종양이 생기는 병은 중금속 오염으로 인한 암으로 추정한다. 암이 진행돼 골수에까지 번진 사례를 기록한 것이다. 당시에는 이들 질병이 무엇인지 알지 못했을 것이다. 설령 알았다고 해도 원인까지 알지는 못했을 것이다.

아그리콜라의 책 표지

　그로부터 300년이 훨씬 넘게 흐른 뒤 암에 관한 한 실험이 진행됐다. 사실 암의 원인에 관한 가설은 무수히 많았다. 고대 신의 형벌설에 이어 거의 1,300년 넘게 정설로 인정된, 네 가지 체액 가운데 흑담즙이 원인이라는 설이나, 림프설, 자극설, 심지어 전염설까지 있었다. 이런 잡다한 가설을 일거에 정리해버린 실험이었다. 바로 직접 암을 유발하는 데 성공한 것이다. 1915년 일본 도쿄 대학의 야마기와 고이치는 토끼의 귀에 콜타르를 발라 만성적인 자극을 줌으로써 피부암을 유발하는 데 성공했다. 암 발생 연구의 전환점이 된 기념비적 실험이었다. 이후에 이어진 여러 연구를 통해 암은 화학물질이나 방사선 등 외부 자극에 세포의 유전자가 손상을 입거나, 또는 바이러스에 감염되면서 세포 내로 바이러스의 유전자가 유입돼 발생한다는 사실이 밝혀졌다.

바이러스의 습격

현대에는 역병이 대규모로 창궐해 엄청난 규모로 인구가 격감하는 일은 거의 없다. 양차 세계대전 같은 특별한 사건이 있을 때를 제외하면 이런 경향은 뚜렷하다. 그렇다고 (당연하지만) 질병이 없어지지는 않았다. 다만 질병의 양상이 변화한 세계의 환경에 따라 다양한 형태로 나타난다.

최근 약 100년간 지구 곳곳에서 문제를 일으킨 질병은 매우 많다. 특히 많은 희생자를 발생시켜 사람들을 공포에 떨게 한 질병에 대해 살펴보자.

콜레라나 뇌수막염, 홍역 등은 선진국에서는 이미 드문 질환이 돼버린 지 오래다. 역사상 누적 사망률을 따지면 가장 무서운 질병

병명	기간	원인	특징
에스파냐 독감	1918~1920	H1N1 인플루엔자 A	제1차 세계대전 당시 5,000만 명 사망
아시아 독감	1957~1958	H2N2 인플루엔자 A	중국 야생 오리 독감 변종. 200만 명 사망
에이즈	1960~현재	HIV	미국 최초 발견. 3,900만 명 사망
제7차 콜레라	1961~현재	콜레라균	인도네시아에서 전 세계 확산. 57만 명 사망
홍콩 독감	1968~1969	H3N2 인플루엔자 A	100만 명 사망
사스	2002~2003	SARS-CoV	774명 사망
신종인플루엔자	2009~현재	H1N1 인플루엔자 A	멕시코 발병. 28만 4,000명 사망
서아프리카 뇌수막염	2009~2010	수막구균A	1805년 처음 발생. 1,210명 사망
콩고 홍역	2011~현재	홍역 바이러스	2000년 전부터 지속 발생. 4,555명 사망
에볼라	2014~현재	에볼라 바이러스	남수단에서 전 세계 전파. 1만 명 사망
메르스	2012~현재	메르스 바이러스	중동에서 전 세계 전파. 587명 사망
지카	2015~현재	지카 바이러스	브라질에서 39개국 전파. 기형아 출산

으로 생각되나 실제로 현지에서 사망한 사람 수는 그리 많지 않다. 단지 가난하고 환경이 열악한 지역의 어린이가 많이 희생됐다는 점이 마음을 아프게 하지만 말이다.

세계보건기구에서는 사망자 기준으로 지난 100년간 가장 치명적인 질병 열 가지를 발표했다. 1위는 에이즈, 2위는 에스파냐 독감이었으며, 아시아 독감, 홍콩 독감, 제7차 콜레라, 신종인플루엔자, 에볼라, 콩고 홍역, 서아프리카 뇌수막염, 사스 순이다. 이 자료를 자세히 보면 특징적인 패턴을 발견할 수 있다. 인도네시아에서 발생한 제7차 콜레라와 서아프리카 뇌수막염을 제외한 모든 질병이 바이러스성이라는 점이다. 〈최근 100년간의 역병〉 표를 보면 이전과는 달리 바이러스성 질병이 현대에 들어 유독 강세를 보인다는 사실을 알 수 있다. 특히 상위 4위까지는 모두 바이러스성 질병이다. 지난 100년간 100만 명 이상의 희생자를 낸 질병도 다 바이러스가 원인이다.

왜 갑자기 바이러스가 극성을 부리고 있을까? 사실 이 문제에 정확한 답을 내리기란 쉽지 않다.

학계에서는 첫째 이유로 세균성 질병이 어느 정도 정복됐기 때문이라고 설명한다. 환경 개선으로 감염 기회가 줄었고 예방접종으로 항체를 가진 인구가 늘면서 감염이 발생하더라도 대규모로 전파되지는 않았기 때문이다.

둘째로는 바이러스 자체의 특성 탓이다. 세균성 질병과는 달리 바이러스는 백신을 만들어내기가 아주 어렵다. 원인 균을 정확하게 파악해 백신을 만든다고 해도 바이러스는 자신의 유전자형을 쉽게 바꿔버린다. 그러면 애써 만든 백신이 소용없게 된다.

지금 사용되는 바이러스 백신이 몇 가지 있긴 하다. 대표적으로 어릴 때 맞는 홍역, 볼거리, 풍진 백신이 있고, 자궁경부암을 유발하는 유두종 바이러스 백신, 간염 바이러스 백신, 최근 많이 맞고 있는 인플루엔자 백신, 대상포진 백신 등이다. 이들 백신은 지금까지는 그 효과가 입증돼 사용되고 있으나, 언제까지 효과를 볼 수 있을지는 알 수 없다.

〈최근 100년간의 역병〉 표를 보면 바이러스의 변이 성향을 어느 정도 짐작할 수 있다. 에스파냐 독감, 아시아 독감, 홍콩 독감, 신종 인플루엔자는 그 원인이 모두 인플루엔자 A 바이러스다. 그런데 이들의 생물학적 표현형은 H1N1, H2N2, H3N2 형으로 바뀌었다가 최근에 이르면 H1N1 형으로 되돌아왔다. 시간이 흐름에 따라 생물학적 특징이 자주 바뀐다는 점을 잘 보여준다.

마지막으로 세계적으로 교류가 매우 활발해졌기 때문에 과거에는 지역에 국한된 질병이 전 세계에 쉽게 전파되는 경향을 지적할 수 있다.

세계보건기구에서는 전염병을 6단계로 구분한다. 1단계는 동물 사이에서만 전염되고 인간에게는 전파되지 않는 경우, 2단계는 동물의 바이러스가 인간에게 감염을 일으킨 경우, 3단계는 사람 간 전파가 증가된 경우, 4단계는 급속하게 전파돼 전 세계적인 전염이 일어날 수 있는 초기 단계, 5단계는 동일 권역의 2개국 이상에 퍼져 대유행에 접어든 상태, 마지막 6단계는 여러 대륙의 국가에 퍼져 전염병이 대유행하는 상태다. 5단계를 에피데믹 Epidemic, 과거에 많이 경험한 6단계를 판데믹 Pandemic 상태라고 한다.

최근에 발생한 전염병 가운데 에볼라와 신종인플루엔자는 5단계까지 갔으나, 판데믹을 형성하지는 않았다. 초동 대처를 할 수 있는 현대적인 사회구조와 시스템 덕분이었다.

그런데 이들 전염병이 역설적이게도 과거에는 괴력을 발휘하기 힘들었을지도 모른다. 예를 들어 에볼라 같은 경우는 원래 아프리카의 원숭이류의 몸속에 잠재적으로 존재하는 바이러스로 질병을 일으키지는 않았다. 그러다 우연히 인간에게 전파되자 무시무시한 위력을 떨친 것이다. 아프리카 초원 지역의 야생 유제류에게는 전혀 질병을 일으키지 않는 프리파노조마균이 사람에게는 치명적인 기면병을 유발하는 것과 같다.

여기에 발달한 교통과 활발한 무역을 언급하지 않을 수 없다. 이를 소재로 한 영화도 있다. 더스틴 호프만 주연, 볼프강 페터젠 감독의 1995년 영화 〈아웃브레이크〉다. 한국 선박의 선원 하나가 에볼라 바이러스에 감염된 원숭이 한 마리를 아프리카 현지에서 몰래 배에 태우는 바람에 바이러스가 미국에까지 퍼지는 상황을 그린 영화다. 그렇다고 해도 이때까지는 '일정한 한계가 지어지는' 경로를 따라 질병이 전파됐다. 비록 과거에 비해 무서울 정도로 빨라지고 다양한 방향으로 전파될 수 있기는 하나, 결국 육로나 해로를 통해 전파되는 양식에는 큰 변화가 없었다.

그러나 최근에는 이 양상에 변화가 생기고 있다. 2011년에 나온 〈혹성탈출: 진화의 시작〉이란 영화에 이 현상을 잘 설명하는 장면이 나온다. 변형된 바이러스를 이용해 알츠하이머를 치료하려고 개발된 '큐어'라는 약품이 결국 인간의 지능을 퇴화시키는 바이러스성 질병을 일으킨다. 이 바이러스가 마치 감기가 퍼지듯 기침으로 인해 공기 중으로 퍼져나가는 장면을 그렸다. 마지막 장면에 이 바이러스가 전 세계적으로 퍼져나가는 과정을 이리저리 날아가는 비행기 경로를 따라 보여준다.

이제 전염병이 '타고 다니는 경로'는 현존하는 가장 빠른 운송수단인 '하늘길'이다. 최근 유행한 사스가 세계적인 항공 허브인 홍콩에서부터 비행기를 통해 일주일도 채 되지 않아 30개국으로 퍼져나갔다. 최근 우리나라를 위협하는 조류독감도 비행기는 아니지만 '하늘길'을 따라 철새가 직접 균을 전파하고 있다.

최근 100년간 바이러스성 질병은 대략 10여 차례 창궐했다. 지금까지는 '사건'이 터질 때마다 어떻게든 그럭저럭 잘 막아냈다. 초반 '속수무책 단계'를 지나기만 하면 그런대로 잘 제압해왔다. 예를 들자면, '죽음의 질병', '신의 형벌'이라고까지 여긴 에이즈를 지금은 만성적인 병으로 구분할 정도로 병세를 잘 다스릴 수 있으며, 최근에는 완치시킬 조짐마저 보인다.

하지만 우리 인류가 바이러스와의 전쟁에서 잡은 승기를 언제까지 유지할 수 있을까? 인류는 과연 바이러스를 격퇴할 가능성이 있을까? 과학자들은 '가능성 없음'이라고 단호하게 결론 내린다. 적어도 현재나 가까운 미래에는 말이다. 바이러스는 지금도 유전적 변이를 일으키며 계속 진화해 변종을 낳고 있다. 인류가 상상조차 못 하는 강력한 바이러스가 탄생하지 말라는 보장은 없다. 변종 바이러스가 나타나면 지금도 혼비백산할 정도로 혼란에 빠지는데, 치명적인 바이러스가 탄생할 경우 상상하기도 싫을 정도의 비극이 벌어질지도 모른다.

국제보건기구에서는 21세기를 '전염병의 시대'라고 규정한 바 있다. 이 무슨 시대에 뒤떨어진 발상이며 구태의연한 정의인가 하고 생각하는 사람도 있겠다. 그런데 미래에 닥쳐올 위험을 미리 대비하려는 정책 방향은 백번 옳지 않은가! 가까운 미래에 인류를 공포에 몰아넣고 대규모 참극을 벌일 질병이 발생할지 모르니 말이다. 만약 그런 일이 발생한다면, 주범은 바로 변종 바이러스일 것이다.

세계는 일정 수준 이상의 물질적·문화적 발전이 이루어진 문명국과 아직은 개발이 더딘 저개발 혹은 개발도상국으로 양분된 듯 보인다. 정치적·제도적 구분이 있다는 말이 아니라, 전혀 판이한 세상처럼 느껴지는 일종의 벽 같은 경계가 있다는 말이다.

질병 관리에 있어서도 마찬가지다. 전 세계 나라 대부분은 이미 체계적인 예방접종과 환경 관리를 통해 많은 질병을 퇴치했고 적절하게 제압한다. 천연두는 19세기 말부터 예방접종이 보편화됐고, 1960년대에는 국제보건기구가 대규모 방역 정책을 시행한 뒤 지금은 멸종돼버렸다. 천연두 바이러스는 1980년도 이후 이미 퇴치됐다고 공식적으로 선언됐으며, 자연 상태에서는 더 이상 생존하지 않는다.

우리나라의 경우 1950년대부터 1970년대 말에 이르는 동안 소아마비 환자가 많이 발생했다. 지금도 후유증으로 고생하는 사람이 많지만 더 이상 환자가 발생하지 않을 정도로 안정됐다.

문제는 제3세계 국가다. 이들 나라에서는 많은 질병이 아직도 활개를 치고 있는 실정이다. 파키스탄과 방글라데시는 지금도 소아마비에 매우 취약하다. 나이지리아 역시 얼마 전까지 소아마비로 골머리를 앓았다.

'무지' 탓에 이런 일이 발생했다고 생각할지 모르겠다. 물론 그럴 가능성도 있지만, 정작 문제는 악의적이라고 말할 수밖에 없는 '뜬소문'에 있다. 나이지리아에서는 소아마비 백신을 돼지고기로 만든다는 소문이 돌았다. 이는 이슬람 국가에서는 차라리 죽는 편이 낫다고 생각할 수 있는 충분한 이유가 된다. 게다가 소아마비 백신 탓에 에이즈에 걸린다거나 여성이 불임이 된다는 소문이 가세했다. 실제 이런 이유를 들어 나이지리아 북서부의 한 주에서는 주지사가 직접 나서 소아마비 예방접종을 1년간 금지하기까지 했다.

백신을 맞은 뒤 이런 일이 실제 발생했을 가능성도 없지는 않다. 에이즈 잠복기에 소아마비 백신을 투여하면 안 그래도 취약한 상태에서 면역계에 부담이 생겨 에이즈 증상이 바로 나타날수도 있다. 건강이 좋지 않은 여성이 백신을 맞으면 (원래도 불임이었을 가능성이 매우 높지만) 백신 탓에 불임이 됐다고 오해할 가능성도 높다.

파키스탄과 방글라데시도 이와 비슷한 이유로 소아마비 예방접종을 거부했다. 그런데 실제 이 지역의 상황은 더 안 좋았다. '음모론'까지 가세한 것이다. 이 음모론은 어느 정도 사실에 근거했기에 문제가 더 컸다. 미국 중앙정보국이 파키스탄에 숨어든 오사마 빈 라덴을 잡기 위해 어린이에게 B형 간염 백신을 투여한다고 하면서 피를 뽑아 비밀리에 DNA를 대조해보는 작전을 펼쳤다. 이 작전은 성공적이었고, 결국 오사마 빈 라덴은 사살됐다. 하지만 비밀이 오래갈 리 없는 법. 미국의 이 교활한 작전은 얼마되지 않아 만천하에 드러났다. 파키스탄, 아프가니스탄 등 이슬람 국가에서 국민의 불신은 걷잡을 수 없을 정도가 됐다.

전염병에 관한 음모론은 여러 가지가 있다. 2014년 서아프리카 지역에서 에볼라가 창궐했을 때, 주민들은 방호복을 입은 이상한 사람들이 나타난 지역에서 사람들이 떼로 죽어가는 장면을 목격하고, 백인이 자신들을 말살하려고 병을 퍼뜨린다고 여겼다. 이 때문에 병에 걸리거나 바이러스에 오염된 사람들이 의료진을 피해 산지사방으로 흩어져 숨어버렸고, 바이러스는 조기에 진압되지 못해 더 넓은 지역으로 퍼져나갔다.

또 "에이즈는 CIA의 음모다"라는 소문도 있다. 미국이 흑인과 동성애자를 말살하려고 에이즈 바이러스를 퍼뜨렸다는 내용이다. 그리고 새로운 전염병이 생길 때마다 글로벌 제약회사가 돈벌이를 위해 저개발국과 빈곤 계층에 질병을 퍼뜨렸다는 음모론도 있다.

내가 미국에 근무할 때 겪은 일이다. 당시 뉴욕 한복판의 세계 제일의 암 병원이라는 메모리얼 슬론-케터링 암센터 정문에 "They kill children in there!"라는 피켓을 들고 시위하는 사람들이 있었다. 이들은 "어린이 백혈병에 쓰는 약을 인도에서 비윤리적이고 비과학적으로 대충 임상실험했고, 무수히 많은 문제가 있음에도 다 무시하고 약을 출시했다"라고 주장했다. 그리고 "검증도 되지 않은 약을 가져다가 병원에서 써서 그 약을 투여 받은 많은 어린이가 죽었다"라고 했다. 말하자면 세계 최고의 병원이라는 가면 뒤에 숨어서 아이들을 살해하고 있다는 주장이었다.

이와는 조금 다를지 모르나 비슷한 경험이 또 있다. 2014년에 에볼라가 아프리카 지역에 창궐했을 때, 미국은 적극적으로 의료팀을 보내 헌신적으로 의료 구제 활동을 했다. 당시 전 세계 사람들이 이들의 봉사 정신에 감동을 받았다. 《타임》지는 목숨을 걸고 질병의 최전선에 나서 희생한 이들 의료진을 "에볼라 전사들 The Ebola Fighters"이라는 이름으로 올해의 인물로 선정하기도 했다. 그런데 그 당시 순수하게 봉사한 사람만 있는 건 아니라는 사실을 우연히 알게 됐다. 나는 우연히 미국 정부 관료와 만난 자리에서 이런 이야기를 나눴다.

관료   왜 한국 의사들은 이런 일에 동참하지 않는지 이해되지 않아요.

나   그러게요. 지금 전 세계 의료진이 헌신적으로 활동하는데…. 우리도 많이 느꼈으면 좋겠습니다. 그래도 요새는 국경없는의사회 같은 단체에 몸담으려는 젊은 의사도 많죠.

관료   장 박사, 그런 말이 아니에요. 얼마나 좋은 기회인지 모르고 있다는 말이에요.

나   그게 무슨 말씀이신지?

관료   지금 미국이 어떻게 하고 있는지 아십니까? 미국이 그 지역에 막대한 물량을 쏟아부어 병을 구제하려는 것 같아요? 주목적은 그게 아니에요. 미국은 지금 그 병이 뉴욕 한복판에 퍼졌다고 가정하고 대처하는 훈련을 하고 있어요. 현지 의료진들 장비를 보세요. 그런 장비가 아프리카 허허벌판에 필요하다고 생각해요?

그 사람들은 지금 그 지역을 시내 한복판이라고 생각하고 모든 상황에 관한 데이터를 모으고 있어요.

나 그, 그럼 그게….

관료 이제 감이 오십니까? 거대한 시뮬레이션 실험이에요.

이제 '감'이 오시는가? 미국이 하는 짓을 보면 음모론의 주인공이 돼도 백 번 천 번 마땅하다는 생각이 절로 든다. 그저 힘없고 가난한 나라의 국민만 불쌍할 따름이다.

9 동양

또 다른 큰 흐름

인도, 세계 의학의 원조

고대로부터 독자적으로 발전해온 서양과 동양은 지금까지도 서로에 대한 깊은 이해 없이 병존하고 있다. 지금은 비록 문물이 교류되고 서로에 대한 지식이 쌓이기는 했지만, 근대 이전에는 서로를 제대로 알지도 못했고 이해하려 들지도 않았다.

근대 유럽에서는 동양에 대한 선망과 동경이 '유행'하면서 대항해 시대가 열렸다. 서구 열강은 마치 파리가 집요하게 꼬이듯 앞 다퉈 동양으로 진출했지만, 이들의 주요 관심사는 풍부한 자원을 약탈하는 데 있었다. 그러니 애당초 상생과 화합을 기대할 수 없었다.

현재 세계의 학문이나 과학을 이끌고 있는 주체는 서양 문명이다. 우리는 어릴 때부터 디즈니의 만화 혹은 미국 등 서양의 콘텐츠를 보며 자랐다. 우리 문화를 먼저 이해하기보다 서양의 유머를 몸에 익히고 서양 문명의 발전사를 먼저 배운 까닭에, 그리스 신화나 《성경》을 줄줄 외는 일을 자랑스러워하지만 동양 고전에 눈길 한 번 주지 않는 일을 우리는 당연하게 여긴다. 근대부터 현대에 이르는 시간 동안 동양은 문명의 길 밖으로 밀릴 수밖에 없는 불우한 처지에 있었기 때문이다. 그러니 어느 분야나 할 것 없이 서양의 관점에서 벗어나는 일은 참으로 힘들기 마련이다. 이런 까닭에 이 책도 지면 대부분을 서양 위주의 사건에 할애할 수밖에 없었다.

서양에서는 유럽 대륙을 휩쓴 페스트를 포함해 여러 질병에 관한 연구가 활발하게 진행됐기 때문에 제대로 된 자료가 많다. 특히 미국 시카고 대학의 교수인 윌리엄 맥닐의 《전염병과 인류의 역사》는 방대한 자료를 바탕으로 한 저술로 이후의 연구에도 큰 영양을 미쳤다. 그럼에도 동양의 상황은 거의 무시되거나 모든 질병을 다 페스트로 파악하는 등 조금은 '불성실한' 면이 있다.

동양 문명은 인도와 중국 문명이 가장 대표적이다. 이들 문명에 일어난 일을 조명하면서 동양의 질병과 그 영향에 대해 알아보겠다. 먼저 인도 문명을 살펴보자.

인도에서는 서기전 2500년경부터 인더스 강 연안에서 문명이 일어났다. 모헨조다로, 하라파 등 유적지에는 청동기 문명이 꽃핀 증거가 남아 있다. 이 문명의 주역은 드라비다족이다. 이들은 멀리 메소포타미아 지역과도 교역을 했다. 이 문명은 후대에 인더스 문명이라고 칭한다.

약 1,000년쯤 지나 북서부 이란고원 지역에서 아리안족이 침입해 들어왔다. 아리안족은 드라비다족을 인도 남부로 밀어내고 인더스 강 유역과 갠지스 강 유역까지 진출해 인도 북부의 알짜배기 땅을 차지해 새로운 문명을 건설했다. 이 문명은 서기전 1500년경 시작 된 철기 문명으로 갠지스 문명이라고 불린다. 이들은 기존 원주민 인 드라비다족을 억압하기 위해 바르나제도를 만들었다. 이 신분제 는 카스트제도로 이어져 오늘날까지 유지돼 이 지역의 종교적 전통 이 됐다.

철기 문명과 문자를 바탕으로 종교와 문화 발전을 이룬 아리안 족 때부터 비로소 역사와 기록으로 문명의 실체를 확인할 수 있다. 그 이전의 인더스 문명이 어떤지는 아직 확실하게 알 수 있는 방법 이 없지만 인더스 문명의 유적지인 모헨조다로에서 발견된 상하수 도 시설과 쓰레기 수집장 등을 보면 뛰어난 도시 건설 기술을 가늠 할 수 있다. 분명 과학 기술이나 문자 기록 등이 발달했으리라 짐작 한다.

의학사에서는 서기전 1500년경부터 서기전 800년까지를 베다 시 대라고 부르며, 그 이후 서기전 800년부터 서기 1000년까지를 브라 만 시대라고 부른다. 베다 시대의 의학은 고대 인도의 브라만교 성 전聖典인 《리그베다 Rigveda》와 《아타르바베다 Atharvaveda》에 기록이 남아 있다. 베다 시대에는 다른 초기 문명과 마찬가지로 질병을 죄악이

《아타르바베다》의 한 페이지

나 신의 형벌로 파악했다. 그래서 치료 방법도 주술적이었다. 그런데 《리그베다》에 바다의 공기나 냉수욕을 찬미하는 노래가 있는 점으로 볼 때, 위생 개념이 일찍부터 발달했다는 사실을 알 수 있다. 한편 《아타르바베다》에는 많은 질병이 체계적으로 분류됐고 그 증상이 기록돼 있는데, 의학이 상당한 수준에 이르렀다고 추정된다.

브라만 시대에 이르러 인도 고대 의학은 체계적으로 발전한다. 그런데 인도에서 발생한 종교인 힌두교나 불교에서도 드러나지만 질병을 전생의 잘못 탓이라고 파악한다. 비록 브라만 시대의 의학이 전 시대의 종교적 신비주의에서 일부 벗어났다고는 하나, 여전히 질병관 자체에 큰 변화가 없었다는 사실을 알 수 있다.

이 시대의 대표적인 의학 문헌은 《아유르베다Ayurveda》인데, '아유르베다'는 '생명의 서書'를 뜻한다. 이 문헌에는 내과의사의 '조상'으로 인정되는 아트레이아Atreya, 외과의사의 '선조'라 할 수 있는 수슈루타Susruta의 기록이 포함돼 있다. 이들은 히포크라테스보다 1세기 정도 앞선 의사들이다. 또 차라카Charaka, 바그바타Vagbhata의 기록도 있다. 수슈루타, 차라카, 바그바타는 인도 3대 의학자로 불린다.

《아유르베다》에는 당시 의학 수준을 알려주는 기록이 매우 풍부하다. 먼저 질병을 탁월하게 구분하고 있다. 정소나 난소의 문제나 임신 중 관리를 잘못해 발생하는 선천적인 질병이 있는데, 귀머거리, 소경, 백치 등이 이에 속한다. 그리고 신체나 마음의 특이한 질병, 외상, 계절성 질병, 신령에 의한 질병이 있다. 또 노화, 기아, 탈수 등이 속한 자연발생적인 질병으로 구분한다. 종교적인 문제로 해부학이 발전하지 못했지만 증상을 관찰하고 질병의 특징을 파악하는 임상진단법은 매우 발달했다.

이런 내용을 포함해 다른 어떤 문명에서도 파악하지 못한 놀라운 수준의 의학 개념이 《아유르베다》에 기록돼 있다. 소변의 단맛을 감별해 당뇨병을 진단했고, 콜레라나 말라리아와 기타 열병 등을 계절성 즉, 전염성 질환으로 파악했다. 특히 나병이 전염성 질병이라는 점을 알았다. 게다가 말라리아가 모기로 전파되며 주기성이 있다는 사실을 알았으며, 쥐가 떼죽음하고 나면 페스트가 번진다는 점도 파악했다. 더 놀라운 사실은 알코올 중독과 같은 정신병과 정신 착란증의 여러 형태를 기술했고, 신체적·정신적 치료 가능성까지 제시했다는 점이다.

인도 고대 의학의 가장 두드러진 특징은 독물학을 포함한 약물학이다. 차라카는 대략 500여 종의 약품을 기술했으며, 수슈루타는 무려 760여 종의 식물성 약품과 용도를 상세하게 기록했다. 동물성 약제와 광물성 약제도 함께 사용했는데, 특히 수은이 가장 귀한 약제였다. 기록에 따르면 수은을 피부병, 열병, 신경병, 나병 치료에 사용했다. 나중에는 매독 치료에도 사용했다고 한다. 수은을 치료 용도로 가장 먼저 사용한 나라가 인도라는 설이 있다. 잘 알려진 것처럼 후일 유럽에서는 수은을 매독 치료제로 사용하기도 했다.

인도산 약제는 예로부터 매우 귀중하게 여겨져서 이집트, 그리스, 아랍에서 찾았고, 그 뒤 서유럽에까지 전파됐다. 인도에서는 약제 자체뿐만 아니라 약제를 사용하는 방법도 중요하게 여겼다. 수슈르타의 기록에 따르면, "약은 환자나 질병보다 강하면 안 된다". 이 개념은 지금의 관점으로 봐도 절대적으로 옳다.

또 인도 고대 의학은 외과학, 즉 수술이 발달했다. 이집트 의학이 겨우 비교될 수 있겠지만 이집트의 의학 지식이 미라를 만들고 보존하는 수준에 머무른 점을 생각할 때, 인도의 외과 수준은 타의 추종을 불허할 정도였다. 청결법과 수술 후 붕대법 등이 발달했으며, 수술 전에 동물 실험을 해서 수술 술기를 익혔다는 기록을 보면 현대 기준으로 보아도 놀라울 정도다. 물론, 수술은 기도로 시작하고 환자는 점성술에 맞는 방향으로 눕혀야 한다는 등의 미신 요소도 있다. 그런데 오늘날에도 수술하기 전에 기도하는 사람들이 있기 때문에 이를 굳이 미신적이라 몰아세울 필요는 없다.

수슈루타는 자신이 개발한 수술용 도구가 무려 121종이나 됐고,

인도 하리드와르에 있는 수슈루타 동상

뜨거운 쇠나 화학물질로 소작燒灼하는(지지는) 기술을 수술에 사용했다. 마취는 주로 포도주나 최면술을 이용한 것으로 보인다. 수슈르타가 개발한 수술법도 정말 놀랍다. 그는 백내장 수술을 처음 시행해 지금도 안과학의 선구자로 불린다. 또한 그가 개발한 코 성형수술은 지금도 사용될 정도다. 귀나 코를 베어내는 형벌이 성행한 인도에서는 코를 복원하는 것이 숙원이었는데, 그는 이마의 피부를 도려내 혈관과 뿌리를 그대로 보존한 채 피판skin flap(피부판)을 돌려서 코를 복원하는 수술을 시행했다.

이를 본떠 이탈리아에서 이 수술이 처음 시행됐는데 서양에서는 이 사실을 좀처럼 인정하지 않으려 했다. 뿌리 깊은 서구 제국주의

사상 때문인데, 결국 진실을 인정할 수밖에 없어서 이 수술은 인도가 원조라는 설이 이제는 정설이 됐다. 또한 장폐색(장이 막혀 내용물이 통과하지 못하는 질병)을 치료하기 위해 개복, 장절제, 봉합까지 할 정도였고, 복부 측벽을 개복해 방광결석을 적출하는 수술까지 가능했다고 한다. 여기에 산과産科도 발달했다. 조산술을 비롯한 산과 지식이 크게 발달했으며, 제왕절개 수술이 행해졌다.

인도 고대 의학은 다른 어떤 문명의 의학보다 훨씬 더 과학적이지만 종교와는 명확하게 분리되지 않았다. 인도 의학의 영향을 받은 것으로 알려진 그리스 의학은 인도 의학과 유사한 점이 많지만 종교와 분리된 점이 다르다. 또 인도 의학은 체계적인 교육으로 전수됐다. 학문과 경험을 동시에 겸비하라고 강조했으며, "내과와 외과는 새의 양 날개와 같다"라는 수슈루타의 말처럼 모든 치료를 다 할 수 있는 능력을 갖춰야 한다고 여겼다. 또한 의사는 자비심과 인격을 갖춘 사람만이 될 수 있다고 강조했다.

서기전 6세기경이 되자 엄격한 카스트 제도에 반발해 불교가 생겨났다. 고타마 싯다르타가 창시한 불교는 인간 존중의 정신을 기본으로 불타佛陀(부처. 깨달은 사람)를 이상이자 절대적이고 무한한 존재로 파악한다. 누구나 각성하고 깨달으면 불타가 될 수 있으며, 신을 창조자나 정복자로 인정하지 않는다. 불타에 이르는 방법으로 지혜와 자비를 강조했으며, 특히 현실을 직시하는 경향을 강하게 보인다.

아소카 왕 시대에 이르러 불교가 융성해지자 중심 교리인 자비에 근거해 빈민 구제 활동이 활발해졌다. 더불어 인간 생명 존중과 현실적이고 합리적인 진단과 치료가 인도 의학에서도 강조됐다. 이를 바탕으로 인도 의학의 체계는 크게 촉진됐다. 특히 환자를 치료하는 체계적인 기관인 병원이 서양보다 수백 년이나 앞서 설립됐다.

인도 고대 의학의 사상적 특징을 살펴보자. 인도 의학은 인체를 세 가지 근본 체액(공기, 담즙, 점액)으로 파악했다. 열과 냉이라는 몸의 두 가지 근본 특성과 자연의 다섯 가지 근본 원리(土, 水, 火, 氣, 天)와의 조화에 따라 질병이 결정된다고 봤다. 이런 특징은 서양과 동양의 의학에서 각기 다른 모습으로 나타난다.

학자에 따라서는 인도 의학이 모든 의학의 시발점이라고 판단하기도 한다. 불교가 동방으로 전파되면서, 이를 따라 약초학, 음양, 오행 등의 의학 지식과 철학이 중국, 한국, 일본, 동남아 등지로 전파돼 동양 전통 의학 설립에 영향을 끼쳤다는 주장이다. 그리고 서양 의학이 발전하는 데 인도 의학 지식의 전파가 결정적인 역할을 했다는 주장도 있다. 이 주장은 조금 설득력이 떨어진다. 오히려 아리안족 고유의 의학 지식이 한 갈래는 인도로 들어와 발전하고 다른 한 갈래는 소아시아와 지중해를 거쳐 그리스와 유럽에까지 영향을 미쳤다고 보는 편이 타당하다. 그 뒤 교류를 통해 인도의 약물학이 서양에 전파됐다고 볼 수 있다.

중국과 동아시아의 역병

중국의 역사는 황허 강 유역에서 문명이 탄생한 뒤 유구한 시간 동안 발전해왔다. 이 역사의 무대는 중국 땅에만 국한되지는 않았다. 동아시아, 중앙아시아, 그리고 서역이라고 불린 경계 너머의 땅까지 아우를 만큼 방대하다. 중국을 중심으로 한 문명은 방대한 지역에 걸맞게 다채롭고 이질적인 요소를 모두 수용해 포괄적인 성격을 띤다.

우리나라는 역사시대 이전부터 중국, 일본을 포함한 주변 지역과 서로 긴밀하게 영향을 주고받으며 오늘날에 이르렀다. 이들과 때로는 경쟁적으로 때로는 상호 협조적으로 관계를 유지해왔다. 이런 관계 속에서 문물과 문화뿐만 아니라 질병도 함께 '교류'됐다. 따라서 먼저 중국의 질병 상황을 살펴보면 우리나라나 일본의 상황도 보일 것이다.

《전염병과 인류의 역사》 마지막 부분에 재미있는 내용이 있다. 당시 퀸시 대학의 극동사 교수인 조셉 차 교수가 편찬한 〈중국의 전염병유행 연표〉라는 부록이다. 이 연표를 상하이 국립기남대학에서 편찬한 《중국역대천재인화표中國歷代天災人禍表》를 이용해 만들었다고는 하나, 단지 서양의 역사 체계 즉 연도를 서기로 표기하는 데 머물러, 좀 많이 부족해 보인다. 아마도 중국계인 듯한 조셉 차 교수가 "유럽어로 발간된 어느 전염병 연표보다 정확하고 전염병에 의한 피해의 기록도 상세하다고 믿는다"라고 했지만, 실제 내용은 해도 좀 너무했다는 생각이 들 정도다. 예를 들면 이런 식이다. 171년 전염병이 돌다. 장소 미상/ 173년 전염병이 돌다. 장소 미상/ 179년 전염병이 돌다. 장소 미상…. 이런 식으로는 당시에 어떤 일이 있었는지, 정확한 지명은 어디인지 대부분 알기 힘들다.

그럼에도 조셉 차 교수의 기록은 시대순으로 잘 정리돼 있기는 하다. 이 연표에 의존해 역사적 사실을 살펴보도록 하자. 기록은 "서기전 243년 전국적으로 전염병이 돌다"라고 시작한다. 이때는 중국 역사상 가장 치열한 전쟁 시기였다. 서기전 206년부터 시작된 전국시대의 말기로 여러 나라가 모두 휩쓸려 전쟁을 벌였다. 당시에 기세를 잡은 진나라가 다른 나라를 하나씩 멸망시키고 있었다. 중국 전역에서 전쟁이 벌어진 만큼 민중의 고통은 극에 달했다. 역시 기근이 닥치고 역병이 창궐했다. 그 뒤의 기록은 없지만 아마도 진나라가 중국을 통일하는 서기전 221년까지 이런 상황이 지속됐다고 생각해도 무리가 없다.

그리고 시대를 훌쩍 건너뛰어 서기전 48년에 하남, 산서, 산동 지방에 홍수와 기근, 전염병이 돌았다고 기록한다. 이때는 한나라 시대로 적어도 정권이나 왕조에는 특별한 변동이 없었다. 그렇지만 기근과 역병이 기승을 부리는 시간이 지속되자 한나라는 약해질 수밖에 없었다. 결국 서기 8년, 외척인 왕망에 의해 한나라는 멸망하고 신나라가 들어섰다. 그러나 왕망의 운명은 엉뚱한 곳에서 어긋났다. 서기 10년, 13년, 19년에 황허 강이 범람하고 재해가 자주 일어났으며 지방 호족이 반란을 일으켰다. 서기 16년에는 남쪽의 반란을 토벌하기 위해 출병한 군대가 역병에 걸려 군사가 70퍼센트 가까이 죽어 진압에 실패한다. 이 틈을 타고 적미군赤眉軍, 녹림군綠林軍으로 불리는 농민군이 전국적으로 반란을 일으켜 신나라는 결국 서기 23년에 멸망하고 말았다

조셉 차의 연표에는 171년부터 185년에 이르는 시간 동안 역병이 적어도 5회 기록돼 있다. 역병이 발생한 장소를 모른다고 기록했지만 역사서에서 다룰 정도라면 적어도 좁은 한두 지역에서 벌어진 일은 아닐 게 분명하다. 중국 역사를 보면 이 시간은 한나라(후한) 시대 말기로 소위 정권에 '망조가 제대로 든' 시기였다. 외척이 발호하고 환관이 득세하는 등 전형적으로 망국의 징후를 보였다. 행

정이나 구민 정책이 제대로 집행될 리 없었고, 엎친 데 덮친 격으로 전국에 역병이 창궐했다. 결국 우리에게 익혀 알려진 '삼국지 시대'로 접어들기 전까지 한나라는 군웅이 할거하고 황건적의 반란이 전국에 위세를 떨치는 등 혼란에 빠져들었다.

그리고 서기 208년에는 "호북의 군대에 전염병이 돌다. 3분의 2가 기근과 전염병으로 죽다"라고 기록돼 있다. 호북은 둥팅 호(동정호) 북부를 말한다. 이 기록은 그 유명한 적벽대전 당시의 상황을 보여준다. 적벽대전은 《삼국지》에서 백미로 일컬어지는 부분으로 수없이 많은 연극과 영화의 소재가 됐다. 원소를 무찌르고 화북까지 평정한 조조는 중앙의 형주까지 집어삼킨 뒤 천하를 평정하기 위해 대군을 이끌고 손권의 오나라를 공략했다. 군사 규모로나 인재 수준을 보면 도저히 상대가 안 되는 전쟁이었다. 그러나 오나라의 주유와 촉나라의 제갈량의 탁월한 전략과 신기에 가까운 명장들의 활약으로 조조 군은 참패를 당한다. 결국 천하는 위, 오, 촉 세 나라로 갈라진 채 균형을 유지한다.

우리는 모두 이 전쟁의 극적인 과정과 결말을 좋아하지만, 정통 역사서에는 이 대목이 조금 다르게 나와 있다. 영웅들의 활약에 대해서도 조금 다른 견해를 보이고 있어 《삼국지》의 내용은 실재하지 않은 일이라 주장하는 사람도 있다. 어쨌든 이 전쟁의 과정을 살펴보자.

조조의 대군은 잘 훈련된 정예병이었으며, 황제의 명을 받은 정부군이라는 명분까지 있었다. 하지만 그들은 긴 전쟁을 치르며 남하하는 동안 모두 많이 지쳤으며, 대부분 북부 출신이라 남부의 덥고 습한 기후와 양쯔 강(장강)에 띄운 배 위에 건설된 요새에 적응하기 힘들었다. 《삼국지》에 따르면, 조조 군 진영에는 역병이 돌았고 연환계連環計(배를 쇠사슬로 엮도록 꾄 뒤 화공으로 공격한 계략)에 빠진 조조 군을 촉나라와 오나라 연합군이 제갈량의 신통력으로 불러온 남풍을 이용해 화공으로 불태워 승리했다. 그런데 정사인 《강표전江表傳》이나 《오주전吳主傳》에 따르면, 군진에 역병이 돌자 조조가 병이 번지는 것을 막기 위해 스스로 배에 불을 지르고 퇴각했다고 한다.

이런 여러 상반된 견해가 있음에도 불구하고, 압도적인 세력의 조조 군이 패배한 결정적인 이유가 군진에 번진 역병이라는 점은 분명하다. 군사의 3분의 2가 역병으로 죽은 마당에 어떻게 승리할 수 있겠으며, 어떻게 전쟁을 지속할 생각을 하겠는가. 현명한 지략가인 조조라면 절대로 그렇게 하지 않을 것이다. 비록 수많은 전설이 생겨나고 별의별 가설이 난립하지만, 이 유명한 전쟁도 결국은 역병으로 인해 결판났다고 봐야 한다.

다음으로 우리가 주목할 만한 사건은 서기 598년의 기록이다. 조셉 차의 연표에 따르면, 이 시기부터 708년에 이르는 시간 동안 산동부터 중국 남부와 내륙 깊숙한 곳에까지 역병이 창궐해 수없이 많은 사람이 죽었다. 무려 열두 차례의 역병이 이 시기에 집중적으로 기록됐다. 이때는 통일을 이룬 중국이 우리나라와 전쟁을 치르던 때다. 조셉 차도 "한반도와 전쟁 중 만주 남부에 전염병이 돌다"라고 기록했다.

수양제는 대규모 토목 공사를 일으켜 백성을 착취하고 학정을 일삼은 인물이다. 그는 서기 589년 수나라가 천하를 통일하고 채 30년이 되기 전에 나라를 멸망하게 만든 결정적인 원인을 제공했다. 멸망 요인은 고구려와의 전쟁에서 패한 뒤 각지에서 일어난 반란을 막을 수 없어서였다. 그런데 막강한 신생 통일 왕국이 고구려 같은 작은 나라를 정벌하는 일이 그렇게 어려웠을까? 인구 규모나 군사력, 보급력 등 모든 부분에서 고구려는 수나라와 비교하기 힘든 수준이었는데도 말이다.

우리는 이미 이 전쟁의 결말을 잘 알고 있다. 이 전쟁에서 활약한 고건무(영류왕)의 승전이나 을지문덕의 살수대첩을 굳이 언급하지는 않겠다. 다만 고구려는 수나라의 어마어마한 대군을 세 차례나 물리쳤다. 당시 수나라에서는 "요동으로 가 헛되이 죽지 말라"라는 노래가 불릴 정도였다고 한다.

고구려는 지형지물과 기후를 파악해 절묘한 계책을 세워 수나라를 이길 수 있었다. 수나라는 고구려를 침범하기 위해서는 랴오허 강(요하) 남부의 늪지대인 요택을 꼭 건너야 했다. 그런데 요택의 습하고 추운 기후와 장거리 행군 탓에 지친 수나라군에 역병이 돌았다. 수나라군이 무력화된 까닭은 여기에 있다고 봐야 한다. 바로 "만주 남부에 전염병이" 돈 것이다. 더구나 고구려군이 청야수성 전략을 쓰자 수나라군은 속절없이 패퇴했다. 열 명 가운데 아홉 명이 사망할 정도였다. 결국 이 패배의 영향으로 수나라는 멸망의 길로 들어서고 말았다.

이후 고구려는 수나라를 대신해 등장한 당나라와 격렬한 전쟁을 치른다. 고구려에는 새로이 등장한 연개소문이라는 영웅이 있었고, 안시성을 지켜낸 양만춘 장군이 있었다. 그리고 일치단결된 국민이 있었다. 전쟁 초기에는 수나라 때와 크게 다르지 않았다. 당태종은 연개소문이 혁명을 일으켜 혼란에 빠진 틈을 타 고구려를 공격했다. 처음에는 배를 이용해 랴오허 강으로 침범하려 했지만 고구려 수군에 참패하고 말았다. 이후 절치부심한 당태종은 정예병을 구성해 군량을 철저히 준비한 뒤 치밀한 전략을 세워 고구려를 침범했다. 하지만 안시성에서 양만춘의 전략에 휘말려 오도 가도 못하는 신세가 됐다. 이때 양만춘이 쏜 화살에 눈이 맞은 당태종이 결국 회군을 결정했으나 부상에서 회복하지 못하고 사망했다. 사망할 때 고구려를 정벌하지 말라고 유언을 남겼다고 한다.

그런데 《구당서舊唐書》, 《신당서新唐書》, 《자치통감資治通鑑》 등 중국 역사서에는 이를 아주 모호하게 기록했다. 당태종이 종양으로 죽었다는 기록이 있는가 하면, 감기와 이질로 죽었다는 기록도 있다. 어떤 기록에는 늑막염 같은 증상이나 장티푸스 같은 증상을 원인으로 거론한다. 당시는 이미 사관의 의무와 원칙이 철저하게 정립된 시기였다. 이런 점에서 역사 기록이 이처럼 혼란스럽다는 사실은 매우 이례적이다. 단재 신채호 선생은 중국 사관이 황제가 고구려의 화살을 맞고 죽었다는 치욕스러운 기록을 숨기기 위해 모호하게 기록했다고 주장한다. 만약 당태종이 병에 걸렸다고 하더라도 그 병은 요동에서 생긴 게 분명하다. 그는 결국 요동 침략 3년 만에 죽고 말았고, 처절한 유언을 남긴 것이다.

중국의 긴 역사에서 소위 '제왕'이라고 일컬을 수 있는 사람은 약 559명 정도라고 한다. 이들 가운데 '황제'라고 부를 수 있는 사람은 397명이고 왕은 162명이다. 이들 가운데 약 3분의 2는 병에 걸려 사망했고, 나머지는 모두 '자연스럽지 않은 죽음'을 맞이했다.[26] 이런 까닭에 청나라 강희제는 "백발의 황제가 그 몇이런가!"라며 탄식했다고 한다.

자연스럽지 않은 죽음을 맞이한 왕들은 주로 독살된 경우가 많다. 고대 동양의 독약으로는 주로 비소계 화합물인 비상砒霜이 사용됐다. 우리가 사극에서 자주 보는 사약을 바로 이 성분으로 만든다. 죽는 일이야 다 똑같겠지만, 당시에는 비상을 내리는 일을 상당히 배려한 처분으로 여겼다고 한다. 사약을 받는 사람이 왕궁이 있는 북쪽을 향해 세 번 절하거나, 중국 같으면 만세 삼창을 부르고 약을 받을 정도로 이를 '은혜'라고 생각했다.

또 다른 독약으로는 역사서에 자주 등장하는 짐주鴆酒가 있다. 늘 독이 있는 먹이를 먹고 살아서 온몸에 독기가 있는 짐새라는 새가 있는데, 짐새의 깃을 담근 술이 바로 짐주다. 무색·무미·무취의 고급 독약으로 암살에 주로 이용됐다고 한다. 《표준국어대사전》에 따르면, 짐새는 중국 남방에 사는 새로 몸의 길이가 21~25센티미터에 몸은 붉은빛을 띤 흑색이며 부리는 검은빛을 띤 붉은색이고 눈은 검은색이다. 그런데 이 새가 실존하는 새인지 의견이 분분하다. 독약을 만들기 위해 남획한 결과 멸종돼 오늘날 존재하지 않는다는 의견도 소수 있지만 말이다. 현재는 짐주를 독성 물질을 첨가해 만든 술 정도로 파악한다. 투구꽃이나 독미나리 또는 수은계 화합물이나 마전자馬錢子, 부자附子 같은 것도 독성 물질로 많이 사용됐다.

사실, 우리가 쓰는 모든 약은 잠재적으로 독이다. "용량이 독을 결정한다"라는 파라셀수스의 말처럼 적정량을 쓰지 않으면, 사람들은 모두 북쪽을 향해 세 번 절하고 만세 삼창을 부른 희생자처럼 될 가능성이 높다.

그런데 이런 사실을 몰라 명을 재촉한 왕도 많다. 누구나 그렇듯 권력의 정점에 오른 왕은 가능한 한 절대적 지위를 오래 유지하고 싶을 것이다. 그래서 진시황처럼 소위 불로장생이라는 허황된 목표에 매달린 왕도 많았다. 진시황은 사기꾼에 불과한 서복이라는 도사의 꾐에 빠져 막대한 재물을 낭비했다. 그런 일을 겪고도 포기할 줄 모르고 죽을 때까지 신선과 선약에 집착했다.

한무제도 불사의 단약丹藥(신선이 만든다는 장생불사의 약)을 구하려고 애를 썼다고 한다. 특히 도교가 성행한 당나라 때는 선단술仙丹術에 대한 '믿음'이 대단해서 많은 황제가 이 약을 복용했다. 사실, 단

약은 주사朱沙(수은으로 이루어진 광물)를 주성분으로 하는데 납, 황, 수은 등 광물을 솥에 넣고 제련해낸 물질이다. 한마디로 말하면 그 냥 독 그 자체이다. 여기서 발전한 금영단金英丹은 수은에다 비소까 지 포함한 독이었다고 한다. 그러니 이런 독을 즐겨 먹은 왕이 온전 할 리 있겠는가? 당나라 황제 가운데 적어도 열한 명은 단약에 빠 졌고, 그 가운데 여섯 명은 이 탓에 죽었다고 한다. 명나라에서는 다섯 황제가 희생됐고, 청나라의 옹정제도 장기간 단약을 복용한 결과 중금속에 중독된 것으로 보인다.

가장 유명한 중국의 명의는 단연 화타다. 그는 《삼국지연의》의 인상적인 장면에 등장한다. 촉나라의 명장인 관우가 독화살에 맞아 팔이 퉁퉁 붓고 살이 상해 들어갈 때(현대적 진단으로 골수염으로 보인다), 화타가 홀연히 나타나 그를 살펴보며 독화살에 맞은 상처가 깊어 뼈에 닿았으니 당장 수술해야 한다고 말한다. 극심한 고통이 동반되니 여러 군사가 관우를 결박하게 해 수술하자고 했지만, 가히 신적인 용맹을 가진 관우는 "그게 무슨 대단한 일이라고!" 하며 바둑을 두며 수술을 받았다고 한다. 화타는 살을 가르고 뼈에까지 퍼진 독을 칼로 긁어냈다. 사각사각 뼈를 깎는 소리에 주변 사람이 모두 경악하는데도 담대한 의사와 환자는 태연하게 수술을 끝냈다고 한다. 정말 대단한 환자요, 의사다. 수술 자체도 당시로서는 정말 놀라운 일이 아닐 수 없다.

화타는 다른 장면에도 등장한다. 만성 두통에 시달리던 조조에게 병이 깊어 단순한 침술이나 약으로는 고칠 수 없으니 두개골을 갈라 뇌 속의 근원을 제거해야 한다는 처방을 내렸다. 이를 암살 의도로 파악한 조조는 결국 화타를 죽이고 만다.

그런데 정사와 《삼국지연의》의 내용은 조금 다르다. 진수가 쓴 《삼국지》에는 화타가 사망한 시기를 관우가 독화살을 맞기 6년 전으로 기록했다. 그렇다면 관우의 팔을 고친 의사는 화타가 아닌 이름을 알 수 없는 어떤 신의였겠다. 대만 의사 허나이창은 《진시황은 열사병으로 죽었다》에, 《삼국지연의》를 쓴 나관중은 화타가 당대 사람이 아니라는 사실을 알고 있었지만 극적인 장면을 연출하기 위해 명성이 높은 화타를 등장시켰고, 소기의 목적을 달성했다고 썼다. 그런데 나관중도 일말의 양심은 있었는지, 화타의 이름 글자를 약간 변형해 썼다고 한다. 《삼국지연의》의 화타는 '華陀'이고 정사에 나오는 화타는 '華佗'다.[27]

화타 동상

이렇듯 실존 인물인 화타가 관우를 수술했을 가능성은 없다. 하지만 그가 마비산이라는 마취약을 개발했고, 이를 이용해 많은 외과 수술을 시행했다는 점만은 사실로 보인다. 여러 이유로 그의 비법이 후대로 전해지지 못했고, 유교 전통 탓에 생전이나 사후에도 인체를 훼손하는 일은 금기시됐기 때문에 동양에서 외과학은 더 이상 발전할 수 없었다.

동양에서는 고대부터 약초와 약재를 이용하는 의학이 꾸준히 발전해왔다. 《신농본초경》과 《황제내경》으로부터 전통적으로 이어져 내려오는 약초학이 중국을 비롯한 동양 세계의 철학에 부합하는 의료로서 자리 잡았다. 이런 내과계 의사 가운데 대표적인 사람이 편작이다. 그는 전국시대의 의사로 장상군에게 의학을 배우고 비전의 의서를 물려받아 명의가 됐다. 죽은 사람을 살려내기까지 했다고 알려졌다. 편작은 사람을 보기만 해도 오장육부를 훤히 들여다볼 수 있었기 때문에 온갖 병을 다 알고 치료할 수 있었다. 편작에 관한 전설적인 이야기가 있다. 그가 환자의 가슴을 열고 두 사람의 심장을 바꾸는 수술을 했다는 이야기다. 《열자》의 〈탕문〉 편에 나오는 이 이야기는 (비록 오늘날 곧이곧대로 믿는 사람은 없지만) 그만큼 그의 의술이 뛰어났다는 점을 알려준다.

그런데 이상하게도 편작의 행적이 서기전 7세기에서 서기전 3세기까지에 걸쳐서 나타난다. 이를 보면 아마도 그가 실존했을 가능성보다는 당시에는 아주 뛰어난 의사를 편작이라고 불렀을 가능성이 높다. 아니면 명성이 있는 의사들의 전설적인 실력이 합쳐져서 편작이라는 전설의 명의를 만들어내지 않았을까 짐작한다. 편작이 활동한 시기가 무속과 마술적 개념의 의학이 경험적 지식을 바탕으로 한 본격 의학으로 발달하는 시대에 해당하므로, 당시 등장한 실력이 뛰어난 의사들을 편작으로 파악하지 않았을까?

중국에는 긴 역사만큼이나 유명한 명의가 또 있다. 후한 말기의 장중경은 중국의 히포크라테스라 일컬어진다. 화타보다 약간 이른 시기에 태어나 후한이 몰락해가는 시기에 살았다. 당시는 '제2차 한랭기'로 불렸다. 평균기온이 2~4도 정도 낮아서 농작물 소출이 적었고 전염병이 빈번하던 시기였다. 169년부터 185년까지 큰 역병이 적어도 8회 이상 창궐했다. 기록에 따르면, 장중경은 가족 가운데 죽은 사람이 3분의 2나 되고 그중 70퍼센트는 상한傷寒으로 죽었다. 상한은 혹독한 추위 탓에 생기는 병을 말하는데 열병도 상한에 속한다. 장중경의 대표 업적인《상한론》도 이런 배경에서 저술됐을 가능성이 높다.《상한론》은 이전 의학이 금과옥조로 삼은《황제내경》이 음양오행설에 근거해 병을 해석하는 데 그칠 뿐, 치료 방침을 제시하지 못하는 단점을 극복했다. 그리고 질병은 고정되지 않고 늘 변화하므로 변화 과정에서 나타나는 증후를 파악하고, 사람마다 다른 병증과 증세를 구분해야 한다는 점을 지적했다. 장중경은 환자의 증상을 세심하게 진단하지 않는 일은 "작은 대롱으로 세상을 보려는 것과 같다"라고 했다. 실제로 병을 경험하고 이해해야 환자를 도울 수 있다고 했으니, 실로 진정한 의사의 전형이라고 할 수 있겠다.

한국의 질병관

한국에도 고대 동양 사회나 다른 문명사회와 비슷한 질병관이 존재했다. 질병이 독립적인 어떤 특수한 사건이라기보다는 주변 환경과 우주의 현상까지 망라한 인과관계 탓에 발생한다는 개념이다. 이 질병관은 현대에도 영향을 미친다. 물론 원시적인 주술이나 저주 같은 내용도 없지는 않지만, 사람의 몸을 단순히 물질적 관점이 아니라 총체적 관점으로 파악해, 질병을 건강과 동떨어진 상태가 아니라 건강이라는 스펙트럼 내에 존재하는 연속적 상태로 파악하는 탁월함을 보여준다.

한국 역사에는 질병에 관한 기록이 그리 많지 않아서 질병과 사회의 영향을 살펴보는 일이 쉽지 않다. 그나마 이를 간접적으로 파악할 수 있는 역사 기록이 있다. 지금부터 그 기록을 중심으로 한국의 질병사를 살펴보자.

우리나라의 건국신화를 보면 환웅이 풍백, 우사, 운사를 거느리고 하늘에서 내려와 곡穀, 명命, 병病, 형刑, 선악善惡의 오사五事를 포함한 인간의 365사事를 주관한다는 내용이 나온다. 고대부터 질병이 가장 중요한 인간사 가운데 하나로 파악되고 있음을 알 수 있다.

김두종의 《한국의학사》에 따르면, 고대국가인 숙신肅愼(고조선 때지금의 만주와 연해주 지방에 살던 퉁구스족의 나라)에는 "사람이 죽으면 즉시 들에 묻어 장례한다死者卽日野葬"라는 기록이 있다. 예濊(예맥濊貊. 고조선의 관할 경계 내에 있던 나라)에는 죽은 자가 살던 집을 버리는 풍습이 있었다. 이런 풍습은 시체가 있던 집에 남아 있는 독이나 균이 환경을 오염하고, 산 사람이 이에 감염될 수 있다는 가능성을 인식했다는 점을 시사한다.

우리나라에서는 고대부터 글을 사용했고 책을 편찬했기 때문에 의학 관련 책도 많았으리라 추정한다. 하지만 불행하게도 현재 남아 있는 기록물은 그리 많지 않다. 다만, 외국 책에 인용된 흔적으로 그런 책이 있었음을 알 수 있다. 예를 들어 고구려의 《고려노사방》은 당나라의 《외대비요방》이라는 책에 인용됐고, 신라의 《신라법사방》, 백제의 《백제신집방》은 일본의 《의심방》이라는 책에 인용됐다. 또한 고구려 의사가 백제와 일본으로 파견되고, 백제에는 의박사醫博士(의학 업무를 담당하던 관직)와 채약사採藥師(의약 업무를 담당하던 관직)가 따로 있었으며 역시 일본에 의학을 전수했다는 기록이 있다. 이런 기록을 보면, 삼국시대 의학은 이미 높은 수준에 이르렀음을 짐작할 수 있다. 특히 남조와 교류한 백제는 불교와 인도 의학을 일찍부터 접해 뛰어난 수준의 독자적인 의학이 발전했으리라 여겨진다.

이현숙이 발표한 〈역병으로 본 한국고대사〉(《신라사학보》 28호, 2013)에 따르면, 《삼국사기》에는 삼국시대에 역병이 총 18회 발생했다고 나오는데, 겨울에 9회 봄에 5회로 주로 추운 계절이었음을 알 수 있다. 역병이 발생한 환경으로는 기후 이상이 11회, 기근이 4회, 전쟁이 2회로 기록돼 있다. 이를 보면, 역병은 주로 복합적인 환경에서 발생했다는 사실을 알 수 있다. 간혹 예외가 있었지만, 삼국시대에는 주로 한 나라 안에서 국지적으로 역병이 돌던 반면, 통일신라 시대부터는 동아시아 나라 간 교류가 빈번해지면서 역병이 세계화되는 현상이 나타났다. 삼국시대 마지막 무렵부터 수나라, 당나라와 일본을 망라한 전쟁이 벌어지자 질병의 규모나 피해도 막대했다고 한다.

앞에서 언급했듯, 수나라가 고구려를 침입했다가 질병에 치명적인 일격을 당했고, 뒤이어 등장한 당나라 당태종도 요동 침공에 성공하지 못하고 질병으로 사망했다. 이후 636년부터 648년까지 당나라에 역병이 여섯 차례나 창궐했다는 기록이 있는데, 이는 고구려와 벌인 전쟁과 무관하지 않을 것으로 본다. 전쟁에서 겨우 살아남은 병사들이 여러 지역으로 귀향해 질병을 퍼뜨렸을 가능성이 높기 때문이다.

백제가 멸망한 후 뒤이어 강성하던 고구려도 국론 분열과 내분으로 멸망한다. 하지만 그 이후에도 한반도는 여전히 전쟁 상태에 머물러, 백제의 후예임을 자처하는 왜가 전쟁에 뛰어들었고, 당나라가 신라마저 삼키기 위해 획책한 탓에 동아시아는 그야말로 전쟁의 소용돌이에 휘말리게 됐다. 전쟁이 벌어지자 낯선 타국의 질병에 면역력이 없는 새로운 인구가 노출되면서 역병은 일파만파로 번져 나갔다. 〈역병으로 본 한국고대사〉에는 매우 재미있는 구절이 실려 있다. 《니혼쇼키》(일본서기)의 기록 일부인데, 백제가 멸망하기 전인 642년에 왜로 망명한 백제 귀족 교기에 관한 내용이다.

교기가 망명한 지 4개월 만에 자신의 아이와 종자가 연이어 죽었다. 교기와 그의 처는 아이가 죽었는데도 그 시체를 방치하고 와 보지도 않아 금수와 같다는 비난을 받았다.

이현숙은 논문에서, 이 기록이 전염성 질환으로 가족이 사망한 백제인이 행한, 당시의 기준으로도 이해할 수 없는 비상식적인 행동을 지적한 것으로, 백제인이 경험한 치명적인 전염병 탓에 일어난 일을 적은 것이라고 했다. "자신의 아이와 종자가 연이어 죽었다"라고 하는 대목은 그들이 모종의 치명적인 전염병으로 죽었다는 사실을 말하며, 교기와 그의 처가 이런 '금수와 같은' 행동을 한 데에는 환자나 죽은 사람 근처에만 있어도 전염되는 무서운 질병이 7세기 전반에 백제에 있었기 때문이며, 이런 참상을 기억하는 교기와 처는 감히 아들 시신을 수습할 엄두조차 내지 못했다는 것이다.

또 이 논문에 따르면, 이 질병이 중국 남조에 유행하다가 남조와 교류가 빈번하던 백제에도 퍼졌고, 이 때문에 인구가 크게 감소하고 사회경제의 기반이 흔들리면서 백제는 나당 연합군의 공격에 맥없이 무너지고 말았다. 백제는 전쟁이 벌어지기도 전에 이미 병들어 무너지고 있었던 것이다. 실제 660년 백제와 전쟁을 치르던 신라군 진영에 역병이 돌았고, 병사들이 귀환한 그해 겨울에 경주에서 역병이 크게 돌았다는 기록이 있다. 당나라에도 역병이 돌아 682년에는 장안과 낙양에 죽은 사람이 서로 포개져 있을 정도였다고 한다.

전쟁의 소용돌이에 휘말린 동아시아 나라 모두가 서로 생소한 질병을 주고받았다. 단순한 풍토병도 다른 지역 사람에게는 위력적인 역병이 돼 모든 나라에 엄청난 희생자를 낸 것이다.

통일신라 시대가 되자 의학은 비약적으로 발전했다. 승의학僧醫學이 보급됐고 서역의 의약을 도입했으며, 의학 교육기관이 설치되고 교육제도를 확립하는 등 신라는 독창적인 의학을 수립했다.

고려 시대에는 신라 의학이 계승 발전됐으며, 인도와 아라비아 의약이 수용됐다. 특기할 만한 사실은 고려 시대에 국가 의료 기관을 정비해 빈민 구제와 의료를 담당하는 혜민국, 대비원, 태의감, 상약국 등이 설치됐다는 점이다. 그리고 현존하는 우리나라 최고의 의학서인《향약구급방》은 우리 고유의 약방서藥方書로서 우리나라에서 산출되는 향약 180여 종의 성분과 채취법, 처방법이 기록됐다. 고려의 의학이 독자적으로 발전했음을 잘 보여주는《향약구급방》에는 이두로 표기된 우리나라의 약재 이름이 한자 이름과 함께 기록돼 있어 고려의 본초학 수준을 짐작케 한다.

조선 시대는 우리나라 역사상 가장 수준 높은 문명을 이룩한 시대라고 해도 과언이 아니다. 의학은 중국 일변도에서 벗어나 독자적으로 발전했으며, 특히 세종 시기에 눈부시게 발전했다. 세종은 전국 각지에서 생산되는 약재를 조사해 향약의 분포 상태를《세종실록지리지》에 수록케 했다. 또한 약재를 채취하는 적절한 시기를 조사해《향약채취월령》도 만들었다. 세종 15년에 편찬된《향약집성방》은 질병을 57개로 크게 구분하고 다시 959개로 세밀하게 나눠 각 질병의 증상과 이에 처방하는 약을 기술했다. 모든 임상 분야를 총망라한 어마어마한 저술인 셈이다. 세종은 집현전에 명해 당시까지 전해져 내려오는 모든 의약서를 모으고 정리해서《의방유취》365권도 완성했다. 이 책은 고대 중국의 의학서뿐만 아니라 명나라 초기의 의학서까지 포함한 역작이다.

그런데 세종은 당뇨병 탓에 말년에 시력을 잃는다. 격무와 운동 부족으로 평생 여러 질병에 시달리다 결국 54세라는 나이에 사망하고 말았다. 세종이 건강해 좀 더 오랫동안 재위했다면 아마 조선은 더 찬란하게 발전했으리라.

뒤를 이은 문종은 무려 30년간 세자로서 아버지 세종을 보필하며 수많은 업적을 남겼다. 하지만 즉위 2년 만에 만성 질병으로 사망하고 어린 단종이 즉위했다. 문종이 독살당했다는 등 다소간 의혹이 있지만, 대체적으로는 세자 때부터 병약하던 그가 오래 살지는 못했으리라 짐작한다. 당시 문종의 사망 원인은 종기였다. 요즘에야 다양한 항생제가 있어서 종기 따위는 문제도 아니지만, 당시에는 꽤 많은 사람이 단순한 감염이나 염증으로 사망하기까지 했다.

보통 종기는 면역력에 문제가 있는 경우가 아니라면 대부분 그다지 심각한 결과를 낳지 않는다. 문종의 당시 나이가 겨우 39세이던 점을 생각하면 건강에 문제가 있지 않고서야 사망할 가능성이 없었다고 봐야 한다. 여러 정황 증거를 보면 문종 역시 아버지의 체질을 물려받아 당뇨병이 있었을 가능성이 크다. 당뇨병에 의한 만성 쇠약 등 여러 질병에 결정적으로 '종기'까지 생겨 사망했을 것이다.

단종을 죽이고 왕위에 오른 세조는 단종의 어머니인 현덕왕후가 꿈에 나타나 침을 뱉으며 저주한 뒤 침 뱉은 자리에서 시작된 피부병으로 평생 고통받았다고 한다. 《조선왕조실록》에는 세조의 질병에 관한 기록이 무려 43회나 나온다. 세조는 특히 가려움증을 동반한 피부질환이 심해 해법을 찾으려고 노력했다. 이런 까닭에 세조 자신도 의학에 능통하게 돼 의사가 갖추어야 할 자세를 강조한 《의

약론》을 지어 보급하기까지 했다. 세조 말년을 기록한 자료에 근거하면, 세조 역시 당뇨병이 있었을 가능성이 매우 높다. 물론 세조도 인간이니, 죄책감으로 인한 정신적 증상도 있었겠다.

조선 시대에 안타까운 죽음을 맞은 왕으로는 효종을 이야기하지 않을 수 없다. 효종은 인조의 아들로서 왕위에 오르지 못하고 일찍 사망한 소현세자의 뒤를 이어 세자에 책봉됐다. 그는 아버지 인조가 삼전도에서 오랑캐 왕에게 항복하며 겪은 치욕을 잊지 않고 청나라를 쳐서 원한을 풀고 북방으로 진출하려는 계획을 세웠다. 하지만 북벌의 원대한 꿈을 채 이루지도 못하고 재위 10년 만에 세상을 떠난다.

이긍익의 《연려실기술》에 따르면, 효종의 귀 밑에 종기가 나서 상태가 심각해지자 어의가 침을 놓아 고름을 짜내려 했다. 그런데 침을 잘못 놓아 출혈되면서 엄청난 양의 피를 쏟았고, 급기야 사망하고 말았다. 이 부위는 바로 경동맥이 지나간다. 현대 의술로도 매우 조심해야 하는 부위다. 더구나 염증이 있으면 근처 조직이 약해져 있기 때문에 조금만 실수해도 큰 사고가 날 가능성이 높다. 당시 어의는 바로 경동맥을 잘못 건드린 듯하다.

효종은 어렸을 때부터 얼굴과 몸에 부스럼과 종기가 자주 났다고 한다. 감기에도 자주 걸리고 소갈증(당뇨) 증상도 있었다. 결국 효종이 젊은 나이에 사망해 우리나라의 명운을 바꿨을지도 모를 북벌 정책은 수포로 돌아간다. 일설에는 효종의 염습을 진행할 때 시신이 갑자기 부풀어 오르며 부패가 급속히 진행돼 관곽에 안치할 수 없을 정도였다고 한다. 이를 근거로 효종이 독살당했다고 주장하는 사람들도 있다.

왕족은 영양을 과잉 섭취하는 경향이 있다. 이 때문에 소위 제왕병이라 불리는 만성 성인병에 걸릴 확률이 높다. 그러나 조선 왕가에는 당뇨병이 유전질환이었을 가능성이 매우 높다. 더불어 만성 피부질환을 앓은 왕이 많은 점을 볼 때, 조선 왕가는 유전적 만성질환이 많은 가계로 생각하는 편이 합리적이다.

반면 조선 시대 일반 백성의 상황은 어땠을까? 다른 나라와 비슷하게 조선 백성도 기근, 기아, 자연재해 등으로 인한 고통을 심하게 겪었다. 그 가운데 특히 역병에 큰 피해를 입었다. 중세 유럽에 유행한 페스트가 중국에는 전파됐지만 조선에 들어왔다는 증거는 없다. 그러나 천연두, 말라리아, 티푸스 같은 전염병이 자주 발생했다. 조선 말기에는 콜레라 역시 무섭게 창궐했다.

16세기 중종, 명종, 선조 때에 역병이 전국에 돌아 피해가 엄청났다. 특히 중종 때 역병(인플루엔자로 추정)으로 평안도에서만 약 1년 반 동안 2만 2,000명이 넘는 사람이 사망했다. 이 사망자는 호적에 기록된 사람만 계산된 수치이기 때문에 실제로 희생된 사람 수는 훨씬 더 많을 것이다. 긴 시간 동안 역병이 창궐하자 조선은 약해질 대로 약해졌다. 따라서 앞서 언급했듯 임진왜란 때 그렇게 속수무책으로 당할 수밖에 없었다는 주장도 있다.

1821~1822년 사이에 유행한 콜레라는 조선 역사상 가장 큰 타격을 입혔다. 평양에 수만 명, 서울에 13만 명이 사망했으며 전국적으로는 수십만 명이 희생당했다. 1859년에서 1860년 사이에 다시 콜레라가 유행했을 때는 40만 명이나 되는 사망자가 발생했다.

조선 시대에는 자연 질서의 붕괴나, 하늘 또는 귀신의 노여움, 저주 탓에 역병이 발생한다고 생각했다. 그래서 역병이 발생하면 가장 먼저 왕이 근신하거나 천신이나 귀신에게 제사를 지냈다. 굶주린 백성을 구제하는 정책을 쓰기도 했지만 큰 효과를 볼 수는 없었다. 격리나 피접避接은 어느 정도 효과적이기는 했지만 결국 근본 대책이 아니었다. 따라서 조선 시대에는 이전 시대에도 널리 인정되던 양생법養生法이 강조됐다. 평소 병에 걸리지 않도록 관리하는 방법으로, 건강을 다스리고 건전한 상태를 유지하는 양생법을 최고로 쳤다. 현재 의학 개념으로도 옳은 방법이다.

물론 양생법으로 질병을 미연에 방지한다 하더라도 병이 생기지 않을 수는 없다. 이미 질병에 걸리고 나면 의사에게 치료를 받아야 한다. 조선 시대에는 의사를 양성하고 관리하며 체계적인 진료가 가능한 의료 제도가 발달했다. 《경국대전》에 따르면, 성종 대에 이미 삼의사三醫司 제도가 확립돼, 왕실 진료를 담당한 내의원, 종친과 관료 진료를 담당한 전의감, 백성 진료를 담당한 혜민서가 활발하게 기능했다. 아울러 지방 의료를 담당하는 의생이 배치돼 국가 의료기관으로서 활동했다.

특히 백성 의료를 담당하는 혜민서가 상설화됐다는 점은 매우 중요하다. 비싼 약재를 구하지 못해 고통당하는 백성을 위해 국가가 약제 전매를 통제해서 빈민에게까지 혜택이 돌아가도록 한 탁월한 정책이다. 조선 건국의 기틀을 마련한 뛰어난 학자이자 정치가 정도전이 이를 구상했다고 한다.

조선 대표 명의는 단연 허준이다. 그는 선조 때 세자의 천연두를 치료한 공로로 정3품의 품계를 받으며 최고의 지위를 얻었다. 허준은 서자 출신인 데다 처음 출발은 일개 중인인 의관에 불과했다. 그러나 그는 임진왜란으로 의주까지 몽진한 선조와 동행하며 생사고락을 같이하며 절대적인 신임을 얻어 양반 품계를 받았고, 비록 사후에 추증됐지만 정1품에까지 오를 수 있었다.

허준의 가장 뛰어난 업적은 《동의보감》 편찬이다. 그는 《동의보감》뿐만 아니라 여덟 권의 훌륭한 의학 서적을 집필했다. 《동의보감》은 총 25권 25책으로 구성된 방대한 의학서로 중국의 고전 의서와 한국의 의서는 물론 약방문까지 총망라한 것이다.

이 책의 특징은 첫째로 의학과 양생의 방법을 하나로 합쳐서 기술됐다. 병의 치료와 예방, 건강 유지를 같은 관점에서 이해할 수 있도록 한 것이다. 둘째는 당시까지 존재하던 모든 의학서를 종합했고, 다양한 학설과 처방을 일목요연하게 정리해 병의 증상과 진단, 치료법, 예후 등을 파악할 수 있게 했다. 셋째로는 뛰어난 편집으로 백과사전의 색인처럼 분류를 상세히 하고, 관련 내용끼리 쉽

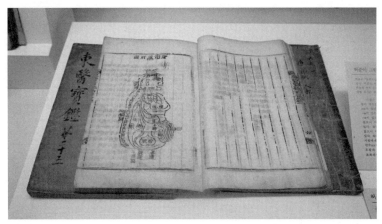

〈동의보감〉

게 참조할 수 있도록 정리했다. 또 참고 문헌을 일일이 밝혀 원작을 찾아볼 수 있도록 했다.

　이런 획기적인 특징으로 인해 《동의보감》은 조선을 넘어 세계적인 의학서로 자리 잡았다. 한의학의 본류라고 하는 중국에서도 《동의보감》은 30차례 넘게 출간됐다. 이보다 더 많이 찍어낸 책은 불과 몇 종 되지 않는다고 한다.

나오는 글

붉은 여왕의 법칙

마지막으로 '붉은 여왕의 가설'을 이야기하면서 이 책을 끝맺는다. 이 말은 루이스 캐럴의 명작 《이상한 나라의 앨리스》의 속편인 《거울나라의 앨리스》의 한 장면에서 착안한 말이다.

앨리스는 거울나라에서 붉은 여왕과 함께 나무 밑에서 계속 달리게 되는데, 아무리 달려도 늘 제자리에 그대로 있다는 사실을 알아채고는 붉은 여왕에게 이렇게 묻는다.

"계속 뛰는데, 왜 나무를 벗어나지 못하나요? 내가 살던 나라에서는 이렇게 달리면 벌써 멀리 갔을 텐데."

그러자 붉은 여왕이 이렇게 답했다.

"여기서는 냅다 달려봐야 제자리야. 나무를 벗어나려면 지금보다

《거울나라의 앨리스》 삽화

두 배는 더 빨리 달려야 해."

거울나라는 한 사물이 움직이면 다른 사물도 그만큼의 속도로 따라 움직이는 특이한 곳이었다.

미국의 진화생물학자 밴 베일런이 〈새로운 진화 법칙 A New Evolutionary Law〉이라는 논문에서 '지속 소멸의 법칙 Law of Constant Extinction'을 설명하고자 붉은 여왕의 가설을 언급했다. 베일런은 지구상에 존재한 생명체 90~99퍼센트가 멸종했는데, 다른 생명체에 비해 상대적으로 진화가 더딘 생명체가 결국 멸종한다고 했다. 살아남기 위해서는 끊임없이 진화해야 한다는 말이다. 제자리에 있고자 해도 냅다 달려야만 하며, 앞서 가려면 남들보다 두 배는 더 빨라야 한다. 바로 거울 속의 붉은 여왕의 나라와 같다는 뜻이다.

돌이켜보면, 인류가 걸어온 길은 언제나 가시밭길이었다. 인류는 늘 대규모 희생을 치르고서야 위기를 벗어날 수 있었다. 하지만 한 번도 굴복한 적이 없었다. 위기가 찾아오면 그 위기를 극복하고자 노력했고, 다시 그 일을 반복하지 않으려 최선을 다했다. 사실, 그렇게 한 집단만이 살아남아서 종족을 퍼뜨리고 오늘까지 이어져왔다는 말이 맞을지 모른다.

한편 우리 배후에서, 우리가 보지 못하는 그늘 속에 숨어, 우리를 지배하는 질병 역시 여전히 막강한 위력을 떨치고 있다. 인류의 대처는 언제나 시기를 놓쳤으며 의학 발전도 늘 한 걸음 뒤졌다. 비단 과거의 일만이 아니다. 오늘날에도 인류는 여러 질병의 위협에서 자유롭지 않다. 또 암 같은 병은 현재까지는 도저히 어찌해볼 수 없는 벽인 것도 사실이다.

현재 인류는 질병 역사상 가장 버거운 적을 만나고 있는지도 모른다. 이 위기를 온전하게 넘어서지 못할지도 모른다. 게다가 미래에는 더 무서운 질병이 나타날 것이다. 인류를 가장 많이 살해해온 난적인 질병을 극복하고자 인류는 지금 절박한 심정으로 전쟁을 치르고 있다. 물론, 이 전쟁의 끝이 어디로 이어질지는 아무도 장담할 수 없다. 다만 질병에 굴하지 않고 용감하게 맞설 뿐이다. 이 시도는 허영이 아니다. 지금껏 인류를 지배해온 질병의 그늘에서 벗어나고자 하는 노력이다.

지금 우리는 정말 '냅다' 달리고 있다. 과거 어느 때보다도 두 배는 더 빠르게 달리고 있는지도 모른다.

참고 문헌

《가정의학》, 대한가정의학회, 계축문화사, 1997.

《鷄林醫事》, 小池正直, 1887.

《고구려 대수 · 당 전쟁사》, 국방부전사편찬위원회, 1991.

《고구려의 서방정책 연구》, 이성제, 국학자료원, 2005.

《과학 지식인의 탄생: 토머스 헉슬리》, 폴 화이트 지음, 김기윤 옮김, 사이언스북스, 2006.

《교회용어사전》, 가스펠서브, 생명의말씀사, 2013.

《당쟁으로 보는 조선역사》, 이덕일, 석필, 1997.

《동북공정과 한국학계의 대응논리》, 고구려연구회, 여유당, 2008.

《로마의 탄생과 포에니 전쟁》, 김창회, 진선규 그림, 주니어김영사, 2010.

《문명과 질병으로 보는 인간의 역사》, 황상익, 한울림, 1998.

《北平特別市公署衛生局二十伍年度業務報告》, 北平特別市公署衛生局 編印, 北平市政府衛生局, 1938.

《사상사 개설》, 고영복, 사회문화연구소, 1996.

《死因統計》, 內閣統計局, 1935.

《살아있는 세계사 교과서》, 전국역사교사모임, 휴머니스트, 2005.

《삼국사기》, 김부식, 이병도 옮김, 을유문화사, 1996.

《삼국유사》, 일연, 김원중 옮김, 민음사, 2008.

《새로쓰는 연개소문傳》, 김용만, 바다출판사, 2003.

《세계사 개념사전》, 공미라 외, 북이십일 아울북, 2009.

《세계사 다이제스트 100》, 김희보, 가람기획, 2010.

《소환사》, 다카히라 나루미, 신은진 옮김, 들녘, 2000.

《실크로드 사전》, 정수일, 창비, 2013.

《아이작 아시모프의 과학 에세이》, 아이작 아시모프, 권루시안 옮김, 아름다운삶, 1990.

《여행 이야기》, 이진홍, 살림, 2004.

《역사》, 헤로도토스, 천병희 옮김, 숲, 2009.

〈역병으로 본 한국고대사〉, 이현숙, 《신라사학보》28호, 신라사학회, 2013.

《外臺秘要》, 王熹, 人民衛生出版社, 1982.

《衛生局年報》, 衛生局, 1900.

《의학, 놀라운 치유의 역사》, 로이 포터, 여인석 옮김, 네모북스, 2010.

《의학개론》, 이부영, 서울대학교출판부, 1997.

《의학개론》, 전종휘, 신광출판사, 1997.

《이것이 서양 문명이다》, 마이클 매크론, 이희재 옮김, 황금가지, 2002.

《이브의 일곱 딸들》, 브라이언 사이키스, 전성수 옮김, 따님, 2002.

《이븐 바투타 여행기》, 이븐 바투타, 정수일 옮김, 창작과비평사, 2001.

《인구와 보건》, 권이혁, 동명사, 1967.

《인명사전》, 인명사전편찬위원회, 민중서관, 2002.

《인물로 보는 해부학의 역사》, 송창호, 정석출판, 2015.

《일리아스》, 호메로스, 천병희 옮김, 숲, 2007.

《재미있는 탐험 이야기》, 김영·송영심, 윤유리 그림, 가나출판사, 2014.

《전염병과 인류의 역사》, 윌리엄 맥닐, 허정 옮김, 한울, 2008.

《전쟁의 판도를 바꾼 전염병》, 예병일, 살림, 2007.

《제왕열기》, F.E.A.R, 허윤정 옮김, 들녘, 2002.

〈제중원 일차년도 보고〉, 《延世醫史學》 제3권 제1호(통권9호), 1999.

《조선사람 허준》, 신동원, 한겨레신문사, 2001.

《조선상고사》, 신채호, 김종성 옮김, 역사의아침, 2014.

《조선왕조실록》, 이성무, 살림, 2015.

《朝鮮衛生事情要覽》, 朝鮮總督府, 1922.

《朝鮮醫學史及疾病史》, 三木榮, 大阪, 1963.

《종교학대사전》, 편집부, 한국사전연구사, 1998.

《진시황은 열사병으로 죽었다》, 허나이창, 강초아 옮김, 앨피, 2016.

《진화학》, Strickberger, 김창배 외 옮김, 월드사이언스, 2014.

《질병의 사회사》, 신규환, 살림, 2006.

《초기 기독교 이야기》, 진원숙, 살림, 2007.

《콘셉트 커뮤니케이션》, 이현영, 커뮤니케이션북스, 2014.

《콜럼버스가 바꾼 세계》, 앨프리드 크로스비, 김기윤 옮김, 지식의숲, 2006.

《펠로폰네소스 전쟁사》, 투퀴디데스, 천병희 옮김, 숲, 2011.

《프랑스사》, 김복래, 미래엔, 2005.

《한국 과학기술 인물 12인》, 김근배, 해나무, 2005.

《한국근대보건의료사》, 신동원, 한울, 1997.

《한국의학문화대연표》, 김두종, 탐구당 1982.

《한국의학사》, 김두종, 탐구당, 1981.

《향약집성방》, 유자통 외, 신민교 외 옮김, 영림사, 1989.

《허준의 동의보감 연구》, 김호, 일지사, 2000.

《현대 물리학이 발견한 창조주》, 폴 데이비스, 류시화 옮김, 정신세계사, 1988.

《화장실의 작은 역사》,다니엘 푸러, 선우미정 옮김, 들녘, 2005.

《화학대사전》, 세화 편집부, 세화, 2001.

〈흑사병 논고〉, 박흥식, 《역사교육》106호, 역사교육연구회, 2008.

〈흑사병에 대한 도시들의 대응〉, 박흥식, 《서양중세사연구》25호, 한국서양중세사
학회, 2010.

AJP Taylor, *English History 1914-1945*, Oxford University Press, 1967.

Andre Siegfried, *Routes of Contagion*, Harcourt Brace & World, 1965.

August Hirsch, *Handbook of Geographical and Historical Pathology*, Cornell University
Library, 2009.

C. J. Hackett, "On the origin of the human Treponematoses," The Bulletin of the
World Health Organization 29, 1963.

Charles M. Tipton, "Susruta of India, an unrecognized contributor to the history of exercise physiology," Journal of Applied Physiology 104, 2008.

E. H. Hudson, *Treponematosis and Man's Social Evolution*. Amer Anthropologist, 1965.

Emil Schultweiss and Louise Tardy, "Short History of Epidemics in Hungary until the Great Cholera Epidemic of 1831," Centaurus 11, 1966.

F. Clark Howel and F. Bouliere(ed.), *African Ecology and Human Evolution*, Aldine Pub. Co., 1963.

F. L. Dunn, "Epidemiological Factors: Health and Disease in Hunter-Gatherers," In Richard B Lee and Irven DeVore(eds), *Mand the Hunter*, Chicago, 1968.

F. L. Lambrecht. "Trypanosomiasis in Prehistoric and Later Human population: A Tentative Reconstruction," In Don Brochwell and A.T. Sandison, *Diseases in Antiquity*, Sprinfield, Illinois, 1967.

Frank Fenner and F. N. Ratcliff, *Myxomatosis*, Cambridge University Press, 2009.

H. N. Allen and J. W. Heron, *First Annual Report of the Korean Government Hospital, Seoul*, R. Meiklejohn & Co., 1886.

Henry H. Scott, *A History of Tropical Medicine*, Ams Pr Inc., 1939.

J. F. D. Shrewsbury. "The Plague of Athens," Bulletin of the History of Medicine XXIV, 1950.

John R. Green, *Medical history for students*, Charles C Thomas Publisher, 1968.

Joseph B. Birdsell, "On Population Structure in Generalized Hunting and Collecting Populations," Evolution 12, 1958.

Joseph B. Birdsell, *Quantitative Biology*, 1957

Joseph Walsh, "Refutation of the Charges of Cowardice against Galen," Annals of Medical History 3, 1931.

L. J. Bruce-Chwarr, "Paleogenesis and Paleo-epidemiology of Primate Malaria," The Bulletin of the World Health Organization 32, 1965.

M. Douglas, "Population Control in Primitive Peoples," British Journal of Sociology

17, 1966.

M. S. Bartlett, "Measles Periodicity and Community Size," Journal of the Royal Statistical Society 120, 1957.

Malcolm Gladwell, "The Dead Zone," The New Yorker, 1997.

Mary Douglas, "Population Control in Primitive Peoples," British Journal of Sociology 17, 1966.

N. A. Croll, *Ecology of Parasites*, Cambridge University Press, 1966.

Paul A. Janssen and I. Dequeecker, *Palaeopathology: Disease and Injuries of Prehistoric Man*, 1970.

Paul S. Martin, "The discovery of America," Science 179, 1973.

Paul. S. Martin and Herbert E. Wright(ed.), *Pleistocene Extinction: the Search for a Cause*, Yale University Press, 1967.

Ralph H. Major, *Fatal Partners, War and Disease*, Doubleday, Doran & company, inc., 1941.

Richard Fiennes, *Zoonoses of Primates: the Epidemiology and Ecology of Simian Diseases in Relation to Man*, Ithaca, 1967.

Robert Biggs, "Medicine in Ancient Mesopotamia," History of Science 8, 1969.

Simonsen L., Clarke M. J., Schonberger L. B., Arden N. H., Cox N. J., and Fukuda K., "Pandemic versus epidemic influenza mortality: a pattern of changing age distribution," The Journal of Infectious Diseases, 1998.

Suetonius, *Lives of the Caesars*, Oxford University Press, 2009.

Thorkild Jacobsen, "The Assumed Conflict between Sumerian and Semites in Early Mesopotamian History," Journal of the American Oriental Society 59, 1939.

Vernon L. Smith, "The primitive Hunter Culture, Pleistocene Extinction, and Rise of Agriculture," Journal of Political Economy 83, 1975.

이미지 출처

밀러의 실험장치	©GFDL, 위키미디어 공용
메데이아가 펠리아스 왕의 딸들을 속여 펠이아스 왕을 죽이는 장면	Antonio Tempesta 作, 위키미디어 공용
미토콘드리아	위키미디어 공용
《이브의 일곱 딸들》 원서 표지	
메가네우라 화석	©Ghedoghedo, 위키미디어 공용
디메트로돈	©DiBgd, 위키미디어 공용
찰스 다윈	위키미디어 공용
《종의 기원》	위키미디어 공용
토머스 헉슬리	존 콜리어 作, 위키미디어 공용
네안데르탈인	©Tim Evanson, 위키미디어 공용
겸상적혈구	©OpenStax College, 위키미디어 공용
〈퐁드곰 동굴에서 매머드를 그리는 크로마뇽인 예술가〉	찰스 로버트 나이트 作, 위키미디어 공용
〈에덴동산에서 추방당한 아담과 하와〉	웰컴콜렉션
아노펠레스 모기	©Jim Gathany, CDC
흡충과의 대표적 생물인 간디스토마	©Banchob Sripa et al., 위키미디어 공용
천연두에 걸린 아스테카인	위키미디어 공용
이라크에 있는 고대 지구라트	©Hardnfast, 위키미디어 공용
가나안으로 향하는 아브라함	József Molnár 作
람세스 2세 석상	©Than217, 위키미디어 공용
〈홍해에 빠지는 파라오의 군대〉	
임호테프 좌상	©Drnhawkins, 위키미디어 공용

호루스의 눈을 상징하는 ℞

네발로 기는 네부카드네자르 2세 　　　　웰컴콜렉션

크노소스 궁전 유적 　　　　©Bernard Gagnon, 위키미디어 공용

트로이 유적 　　　　©David Spender, 플리커

아가멤논에게 간청하는 크리세스 　　　　©Jastrow, 위키미디어 공용

크노소스 궁전의 황소 뛰어넘기 벽화 　　　　©George Groutas, 위키미디어 공용

키루스 2세의 무덤 　　　　©Truth Seeker, 위키미디어 공용

마라톤평원 　　　　©Tomisti, 위키미디어 공용

〈테르모필레 전투의 레오니다스〉 　　　　다비드 作, 위키미디어 공용

델포이 아폴론 신전 유적 　　　　©Patar knight, 위키미디어 공용

투키디데스 조각상 　　　　©Walter Maderbacher, 위키미디어 공용

미네르바(아테나)와 부엉이 　　　　©Jastrow, 위키미디어 공용

〈바빌론에 입성하는 알렉산드로스 대왕〉 　　　　샤를 르브룅 作, 위키미디어 공용

카이사르 흉상 　　　　©Andreas Wahra, 위키미디어 공용

갈레노스 초상 　　　　피에르 로슈 비뉴롱 作, 위키미디어 공용

〈하피와 싸우는 아이네아스 일행〉 　　　　프랑수아 페리에 作, 위키미디어 공용

한니발 흉상 　　　　©Phaidon Verlag, 위키미디어 공용

콘스탄티누스 1세 동상 　　　　©Charlesdrakew, 위키미디어 공용

유스티니아누스 모자이크 　　　　©Petar Milošević, 위키미디어 공용

테오도라 모자이크 　　　　©Petar Milošević, 위키미디어 공용

그리스의 불을 뿜는 그리스 함대 　　　　위키미디어 공용

성벽에 붙은 화장실 　　　　©Jik jik, 위키미디어 공용

창밖으로 요강을 비우는 여인 　　　　©Willemnabuurs, 위키미디어 공용

레프로사리움 　　　　위키미디어 공용

손에 종을 든 나병환자 　　　　©Gianreali, 위키미디어 공용

〈모던 타임즈〉 영화 포스터	위키미디어 공용
〈비너스의 탄생〉	보티첼리 作, 위키미디어 공용
〈라보엠〉의 한 장면	©Bengt Nyman, 플리커
남대문 도안 크리스마스실(1932년)	대한결핵협회
페텐코퍼	위키미디어 공용
마르부르크 논쟁 장면	Christian Karl August Noack 作, 위키미디어 공용
코페르니쿠스	위키미디어 공용
에스파냐 독감에 걸린 미군 병사들	©국립의료박물관(미국)
토마스 보슈 팀의 논문에 수록된 히드라 도표	《네이처 커뮤니케이션스》
에드윈 스미스 파피루스	©Jeff Dahl, 위키미디어 공용
DNA	PublicDomainPictures.net
아그리콜라의 책 표지	위키미디어 공용
《아타르바베다》의 한 페이지	©William Dwight Whitney & Charles Rockwell Lanman, 위키미디어 공용
인도 하리드와르에 있는 수슈루타 동상	©Alokprasad, 위키미디어 공용
화타 동상	©Nat Krause, 위키미디어 공용
《동의보감》	©Jocelyndurrey, 위키미디어 공용
《거울나라의 앨리스》 삽화	존 태니얼 作, 위키미디어 공용

주

1   George MacDonald, *The Epidemiology and Control of Malaria*, Oxford University Press, 1957.

2   MS Bartlett, "Measles Periodicity and Community Size," Journal of the Royal Statistical Society 120, 1957: 48-70.

3   F. Fenner and F. N. Ratcliff, *Myxomatosis*, Cambridge University Press, 1965: 251-86.

4   Andé Siegfried, *Routes of Contagion*, Harcourt, Brace & World, 1965: 18.

5   Thorkild Jacobsen, "The Assumed Conflict between Sumerians and Semites in Early Mesopotamian History," Journal of the American Oriental Society 59, 1939: 485-495.

6   Emil Schultweiss and Louise Tardy, "Short History of Epidemics in Hungary until the Great Cholera Epidemic of 1831," Centaurus 11, 1966: 279-301.

7   호메로스, 《일리아스》, 천병희 옮김, 숲, 2008.

8   James B. Pritchard(ed.), *Ancients Near Eastern Texts Relating to the Old Testament*, Princeton University Press, 1950: 10.

9   투퀴디데스, 《펠로폰네소스 전쟁사》, 천병희 옮김, 숲, 2011.

10   Gaius Suetonius, *Lives of the Caesars: Nero*, Read How You Want, 2006; August Hirsch, *Handbook of Geographical and Historical Pathology*, Charles Creigton(trans.), The New Sydenham Society, 1883-1886: 126.

11   Joseph Walsh, "Refutation of the Charges of Cowardice against Galen," Annals of Medical History 3, 1931: 195-208.

12   마이클 매크론, 《이것이 서양 문명이다》, 이희재 옮김, 황금가지, 2002.

13   Procopius, *History of the Wars II*, H. B. Dewing(trans.), Harvard University Press, 1914: 226-230.

14   David M. Wagner et al., "*Yersinia pestis* and the Plaque of Justinian 541-543 AD: a genomic analysis," The Lancet Infectious Diseases, 2014: 319-26.

15   Ibid.

16   Maria A. Spyrou et al., "Historical *Y. pestis* Genomes Reveal the European Black Death as the Source of Ancient and Modern Plaque Pandemics," Cell Host & Microbe 19, 2016: 874-81.

17 　Jacques Le Goff and Jean-Noël Biraben, "La peste dans le Haut Moyen age," Annals: Economics, Societies, Civilization 24, 1969: 1508.

18 　로이 포터, 《의학, 놀라운 치유의 역사》, 여인석 옮김, 네모북스 2010.

19 　황건, 〈현대의학으로 질병 치료를 받았다면 역사는 바뀌었을까?-〈6〉나폴레옹의 병과 워털루 전투〉, 《국방일보》, 2017. 2. 8.

20 　앨프리드 크로스비, 《콜럼버스가 바꾼 세계》, 김기윤 옮김, 지식의숲, 2006.

21 　로이 포터, 앞의 책.

22 　로이 포터, 앞의 책.

23 　황상익, 《문명과 질병으로 보는 인간의 역사》, 한울림, 1998.

24 　http://www.happypet.co.kr/news/?at=read&ct=story&idx=4171 참조.

25 　https://www.nature.com/articles/ncomms5222 참조.

26 　허나이창, 《진시황은 열사병으로 죽었다》, 강초아 옮김, 앨피, 2016.

27 　허나이창, 위의 책.